| 高等教育现代化研究丛书 |

董泽芳◇主编

高质量高等教育公平的实现机制探新

GAO ZHILIANG GAODENGJIAOYU GONGPING DE SHIXIAN JIZHI TANXIN

张继平／著

華中师範大学出版社

新出图证（鄂）字 10 号

图书在版编目（CIP）数据

高质量高等教育公平的实现机制探新/张继平著. —武汉：华中师范大学出版社，2023.6

（高等教育现代化研究丛书 / 董泽芳主编）

ISBN 978-7-5622-9963-9

Ⅰ.①高… Ⅱ.①张… Ⅲ.①高等教育—公平原则—研究—世界 Ⅳ.①G649.1

中国版本图书馆 CIP 数据核字（2022）第 226675 号

高质量高等教育公平的实现机制探新

© 张继平 著

责任编辑： 曾 艳　**责任校对：** 王 胜　**封面设计：** 罗明波

编辑室： 学术出版中心　**电话：** 027-67867792

出版发行： 华中师范大学出版社有限责任公司

社址： 湖北省武汉市洪山区珞喻路 152 号　**邮编：** 430079

电话： 027-67863426（发行部）　**传真：** 027-67863291

网址： http://press.ccnu.edu.cn　**电子邮箱：** press@mail.ccnu.edu.cn

印刷： 湖北恒泰印务有限公司　**督印：** 刘 敏

开本： 710mm×1000mm 1/16　**印张：** 16.75

版次： 2023 年 6 月第 1 版　**印次：** 2023 年 6 月第 1 次印刷

字数： 250 千字　**定价：** 85.00 元

欢迎上网查询、购书

总　序

教育是国之大计、党之大计。党的二十大报告提出了“实施科教兴国战略，强化现代化建设人才支撑”的重要论断，围绕教育优先发展、科技自立自强、人才引领驱动等作出新的全面部署。这为我们在全面建设社会主义现代化国家新征程上加快建设教育强国、科技强国、人才强国指明了方向。

高校承担着人才培养、科学研究、社会服务、文化传承创新与国际交流合作等重要职能，是教育高地、科技高地、人才高地的融合体。习近平总书记指出，高等教育发展水平是一个国家发展水平和发展潜力的重要标志。国家对高等教育的需要比以往任何时候都更加迫切，对科学知识和卓越人才的渴求比以往任何时候都更加强烈。实现高等教育现代化是实现教育现代化的核心内容，是建设教育强国、科技强国与人才强国的重要保障，是全面实现中国式现代化的强大基础，是推进中华民族伟大复兴的先导工程。

实现我国高等教育现代化，既要顺应国际高等教育的发展潮流，符合全球高等教育发展的共同愿景，体现世界一流的高等教育理念、体系、质量和水平；也要具有鲜明的中国特色，契合中国的国情，坚持社会主义办学方向，重视对优秀传统文化、核心价值理念和正确教育思想的弘扬，走出一条在高等教育大国基础上建设高等教育强国的道路；还要遵循我国现代化发展、教育现代化发展与人才发展自身的规律。高等教育现代化是一个立足本国、向他国学习，并不断自我创新的过程。基于此，我国高等教育现代化应该是立足于人口规模巨大国情的现代化，是追求人的全面发展、全体人民共同富裕、物质文明和精神文明协调并进、人与自然和谐共生的现代化，走和平发展道路的现代化。

实现我国高等教育现代化要把握机遇，用好机遇。当今世界正处于国际形势大变动时期，中国的发展也进入新时代，综观国际、国内形势，我国正处在进一步发展的重要战略机遇期，这为高等教育现代化发展提供了千载难逢的机遇。如世界经济格局新变化为高等教育现代化提供了强大的外部动力，“科教兴国”与“人才强国”战略为高等教育现代化建设提供了重要的战略支撑，经济持续发展与对高教投入加大为高等教育现代化发展提供了必要的物质保障，全党全社会对“教育优先发展”战略的认识深化为高等教育现代化发展创造了良好的精神环境，广泛的国际开放与合作背景拓宽了我国高等教育现代化国际交流平台，等等。在促进我国高等教育现代化发展的进程中，我们必须以高度的使命感把握机遇，用好机遇。

实现我国高等教育现代化也必须正视问题、研究问题。这些问题主要有：一是有些理念滞后，表现在很多大学对大学主体是什么、为什么办大学以及大学应该怎样办等缺乏深层次的理性认识；二是价值取向偏颇，表现在重功利价值轻学术价值，重科技价值轻人文价值，重局部近期价值轻整体长远价值，重个人发展价值轻社会发展价值，重效率价值轻公平价值，重适应社会的价值轻社会导引的价值，重分化的价值轻整合的价值，重维护稳定价值轻改革创新等方面，价值取向上的偏颇必然导致办学方向的迷茫、培养目标的模糊与高等教育功能的萎缩；三是发展定位不当，表现在我国当前许多高校在定位上仍然存在着办学目标雷同、服务面向不清、办学层次混乱、发展模式单一、办学特色淡化等问题；四是经费投入不足，表现在我国生均财政经费偏低，不同地区高校生均经费差距很大，公办高校经费投入与规模发展不相适应，不少高校的硬件建设和软件建设受到极大限制；五是制度建设薄弱，表现在大学与政府、社会的关系尚未理顺，大学自身的主体性的失落，有些大学内部也因种种原因出现行政权力异化，如职能官位化、作风衙门化、学术行政化等现象；六是教师现状堪忧，表现在部分高校教师人文素质偏低、敬业意识淡薄、价值观念偏颇和师德教风不佳等方面；七是培养模式僵化，反映在部分高校培养目标过专、专业划分过细、专业设置求全、教学方法重灌、学习方法过死、评价方法单一等；八是教学质量堪忧，主要反映在学生的自主学习能力不高、实践能力偏弱、创新人才较差等方面。我们必须以高度的责任感研究问题、破解难题。

本套丛书正是基于上述认识，围绕我国社会现代化进程中高等教育现代化面临的问题进行了探究。如有专著根据高等教育现代化是为了实现科教强国、人才强国的目标，将有效开发高校人力资源作为研究对象，以当今国际形势变动、国内发展转型、学校自身变革对高校教师开发以及人才培养的需求为研究切入点，重点评介了国内外高校人力资源开发与管理的相关理论，结合对当前高校人力资源开发与管理现状的调查研究，着重分析了高校人力资源选、用、管、评的机制优化与实施策略。有专著依据我国高等教育现代化追求公平与质量并重的目标，阐释了评价考生入学公平的最终标准是人人都能接受适合自己的高质量高等教育，人人都能成为社会的有用之才，人人都有出彩的机会；高等教育分流机制创新的根本目的是促进高等教育公平，前提条件是保证教育质量，高等教育分流机制创新必须合目的性、合规律性、合条件性。有专著认为实现乡村振兴是我国高等教育现代化的重要任务，提出了“培育一粒种子，带动一个专业，服务一群产业，扶持一方经济”“以师兴乡”的办学理念，开展了研究生层次乡村工匠之师培养培训创新实践与理论研究，总结出了“三界共振＋三双共振＋三术共振”要素之和及其相互作用的“全息共振”模式。有专著围绕高等教育对乡村振兴的智力支持的理念，采用访谈、个案等形式对某些具有典型性的农村社区进行实证调查，分析了高等教育对乡村振兴进行智力渗透方面的成绩与问题，提出了实现高等教育为乡村振兴提供切实有效智力支持的对策建议。有专著基于“制度—环境—行为”和“行为—环境—制度”两条主线，围绕制度、社会结构与组织环境、行为主体三大中心及其相互作用，对应用型本科高校教师工作考核制度的变迁机制和运行现状进行了探究。有专著立足于高等教育现代化是追求全体人民共同富裕、城乡协调发展的现代化，提出高师实践教学改革应以实习支教为抓手，整合教师教育实践教学改革和农村师资补充，建构地方政府推动下高校实习生、高校教师、乡村教师与城镇教师循环流转的“四元多维”模式，以促进贫困地区教育发展。有专著基于高职院校服务战略产业的方向，研究了区域战略性新兴产业对人才的需求，调查了职业院校人才培养现状，探讨和建构了推进职业院校服务区域战略性产业的路径和相关政策保障。有专著根据高等教育现代化的目标，从新制度主义理论视角出发，研究了推动高校分类发展，引导应用型本科高校特色发展，完善教师权益保障制度、工资薪酬制度和职称评定制度等的思路与对策。有专著以112所地方本科师范院校为样本，对组织目标、组织结构、组织行为等方面的转型问题进行了研究，提出了建立省级统筹下的教师教育体系、形成分类评估的制度、促进适合区域特色的本土化发展之路等对策。有专著基于知识生产模式理论的分析视角，综合运用多种方法，研究了西南地区地方高校的学科建设问题，剖析了地方高校与学科、地方高校与知识、学科与知识的逻辑关系，总结了西南地区地方高校学科建设的基本经验，梳理了地方高校学科建设中的主要问题，提出了在高等教育现代化进程中优化地方高校学科建设的基本路径。有专著以教育博士专业学位研究生培养模式为研究对象，以知识生产模式转型为理论视角，考察了我国教育博士专业学位研究生培养中的问题，提出了构建“系统集群—结构要素”组合的教育博士专业学位研究生培养模式和改革路径。

本套丛书在选题上都是紧紧围绕高等教育现代化发展，立足于问题研究，着眼于学科发展，致力于实践服务，既有宏观的政策考察，也有中观的制度分析，更有微观的对策探讨；书中提出的可行性建议与举措，对促进我国高等教育改革与发展具有一定的参考价值，希望能为构建中国式现代化高等教育体系，推进高等教育现代化发展贡献微薄之力。本套丛书的作者有些是资历尚浅的青年学者，书中有些观点和论证还显稚嫩和不足，但他们对教育深厚的人文情怀与现实关切令人感动。

中国高等教育现代化建设是一个系统工程，还有许多值得研究的问题。由于作者水平所限，以及对高等教育现代化发展的规律认识不深，本套丛书必有诸多不足，希望诸位读者不吝赐教。在此要特别感谢华中师范大学出版社领导、编辑部主任及各位编辑对本套丛书的大力支持。

董泽芳

2023 年 5 月 12 日

目　录

绪论　新发展理念呼唤高质量高等教育公平

高质量高等教育公平是使所有公民更加平等的一种价值信念、一种生存方式、一种政策路径，它使所有公民均有机会上更好的大学，获得更高的经济收入，形成更顺畅的高等教育分流，实现更合理的社会分层与流动。党的十八大提出“着力提高教育质量”“大力促进教育公平”，党的十九大强调“努力让每个孩子都能享有公平而有质量的教育”，均反映党和国家对教育质量和教育公平的高度重视。高质量高等教育公平作为质量与公平的融合体，体现的是教育利益在全体社会成员之间合理而平等的分配，反映的是受教育权利和机会的均等，预示的是生存能力和发展机会的公平，是一种多元化的价值选择、一种普惠性的价值追求，是现代化高等教育高质量发展的结果。知识经济社会，高质量高等教育是个体分享社会资源的重要手段甚至是必要手段，个体接受高质量高等教育的公平状况不仅决定着一个人发展机会的公平，也对社会公平产生重要影响。在中国经济社会转型发展加快、产业结构转型升级加速、社会贫富分化加剧的过程中，高质量、高水平、高层次的现代化高等教育成为个体由低社会阶层向高社会阶层流动的阶梯，人们在摒弃低质高等教育的前提下，不但追求普质意义上的高等教育公平，更倾向于追求优质、特质层面的高等教育公平。而现实的情况是，中国高等教育规模虽然庞大，但高质量、多元化、有特色的高等教育仍然稀缺，高质量高等教育供给与人们的需求之间还存在一定落差，社会的满意度有待提高，人们追求更高水平的高等教育公平的诉求较为急迫。

按理说，高等教育规模的蓬勃发展本是一件好事，高等教育迈进普及化的门槛，意味着高等教育规模不断扩大、结构更加合理、品种更臻丰富、效益持续提升，无疑会更大程度地满足人们的高等教育需求，为更多适龄青年提供更好地接受高等教育的机会，更高水平地实现高等教育公平。但如果质量与效益保障制度建设没有及时跟进，配套机制建设没有迎头赶上，正如泡沫经济会随时坍塌一样，高等教育公平的大厦也会成为摇摇欲坠的空中楼阁。2019 年，中共中央、国务院印发《中国教育现代化 2035》提出，要“加快推进教育现代化、建设教育强国、办好人民满意的教育”。适应人民群众对美好未来的期待，当今中国高等教育的进一步跨越式发展，不应只是量的增长，而应是质的飞跃；不应只是机会的增加，而应是内涵的丰富；不应只是形式的平等，而应是实质的公平。高质量高等教育公平作为一项国家政策、政府行为和社会福利分配机制，已成为现阶段中国高等教育改革发展的重要目标和行动纲领，是加快推进世界一流大学与一流学科建设的现实需要，是加快高等教育现代化进程、实现中国从高等教育大国向高等教育强国转变的必然选择。

一、从温饱到小康：高等教育创新发展的期盼

高等教育创新发展是以更新高等教育发展观念、变革高等教育发展模式、优化高等教育发展路径为基本价值取向的发展，是因应小康社会人民对满意高等教育的需求而提出来的。以创新发展理念办人民满意的高等教育，保证人民公平地享有接受高质量高等教育的机会，是党和政府义不容辞的职责，是促进社会公平正义的客观要求，是中国从温饱社会迈进小康社会后进一步发展的必然趋势。

建设更高水平的小康社会，高等教育在经济社会发展和科技创新中的地位和作用十分重要，它对一个国家或地区的学习服务能力、人才支持能力、知识贡献能力和国际竞争能力都具有重要影响，因而世界银行强调指出，“有效的教育是知识经济的基础。从历史的角度看，经济增

长和社会进步与人力资源发展密切相关"[①]。实现知识经济的普遍增长，一条必走的经验之路就是创新高等教育发展模式，加快高等教育发展步伐，提升高等教育在经济发展中的贡献力。自 2002 年以来，伴随着中国高等教育大众化进程的开启，高等教育系统以努力办好让人民满意的教育为宗旨，采取各种措施为每个公民提供公平、高质量的高等教育机会，着力解决高等教育公平程度不高、分流不畅的问题。经过长期不懈的努力，中国高等教育入学机会公平水平已跨过"小康线"。2020 年，中国高等教育毛入学率进一步增长，超过 50%[②]，迈进高等教育普及化的门槛。与此同时，中国优质高等教育机会公平达到"合格水平"，高校毕业生就业机会公平迈向"中满意度"[③]。正如人们的生活追求是从温饱水平到小康水平逐步迈进的过程一样，当高等教育公平水平达到"小康程度"之后，人们越来越倾向于追求富裕水平的高等教育，提高质量与促进公平并重的发展理念由此受到人们更广泛的重视。提高质量是高等教育发展的"生命线"，保障公平是高等教育改革的"风向标"，以提高质量促进高等教育公平是我国高等教育改革发展的主旋律。纵观高等教育大众化和普及化的历程，高等教育规模的扩大使民众获得高等教育入学机会的可能性增大，但随之而来的文凭贬值现象也日渐凸显[④]，高等教育机会增长的光环在一定程度上掩盖了高等教育质量不够高的现状，也在一定程度上遮蔽了高等教育公平水平不尽如人意的现实，由此导致民众对高等教育的满意度不高，抱怨声较多。

高质量高等教育是经济发展的"加速器"、社会分层的"筛选器"、科技进步的"孵化器"、文化创新的"推进器"，在实现人类平等方面的

① 世界银行学院.中国与知识经济：把握 21 世纪[M].北京：北京大学出版社，2001：69.

② 中华人民共和国教育部.2020 年我国高等教育毛入学率达 54.4%[EB/OL].(2021-03-02)[2021-10-10].https://txs.youth.cn/xw/202103/t20210302_12737937.htm.

③ 张继平.大众化十年：我国高等教育机会公平水平的发展变化[J].中国高教研究，2014(3)：31-36.

④ 孙启进.横向学历对大学生毕业去向影响的社会学分析：基于对 2010 级本科毕业生的调查研究[J].教育研究与实验，2014(5)：15-21.

作用比人类任何其他发明都伟大得多①。在人们追求富裕生活的今天，中国高等教育的主要矛盾体现为社会日益增长的高等教育需求与高等教育供给相对不足，特别是优质、特质高等教育资源不足，人们对高质量高等教育的普遍企盼与有限优质、特质高等教育机会分配不均之间的矛盾，导致高等教育分流的通道狭窄，千军万马争过“双一流”建设高校的“独木桥”，阻碍着人们追求更高公平水平的高等教育。社会对高质量高等教育的期望在增长，对低质量高等教育的失望也在增加。因此，坚持高等教育创新发展，必须把创新摆在国家发展战略的核心位置，不断推进制度创新、机制创新，培育创新活力，激发创新动力，形成高等教育质量保证的新机制，凝聚高等教育公平的新动力，推动高等教育发展观从单向度地扩大规模向规模与质量并重转向，在创建优质、特质高等教育体系的基础上提升高等教育公平水平，让不同群体的考生切实感受到发展的幸福。

二、从量变到质变：高等教育协调发展的要求

协调发展是在把握中国特色社会主义高等教育事业总体布局的前提下，正确处理发展中的重大关系，促进数量增加和质量提升的统一，实现“量”与“质”的相互协调，彼此融合，形成现代化高等教育高质量发展的合力。从“量”与“质”的关系来看，事物发展一般都遵循从简单到复杂、从低级到高级、从数量到质量的路径。量变引起质变，量的积累将引起质的飞跃，是一般事物发展变化的基本规律；量变引起质变，质变又会引起新的量变，这是辩证唯物主义的基本观点。

高等教育的协调发展，客观上也是顺应这一发展规律的，即无论是从“精英”向“大众”阶段的发展，还是从“大众”到“普及”阶段的发展，每一个阶段的发展都蕴含着一次量的积累，当量的积累完成之后便会向更高的阶段推进，即量变引起质变；当质变完成之后，又会进入

① 布鲁贝克.高等教育哲学[M].王承绪，郑继伟，张维平，译.杭州：浙江教育出版社，1987：66.

新一轮的调整或量的积累阶段，量变与质变互相转换，周而复始[①]。从质量互变规律出发，中国高等教育由量变到质变，实际上是从外延式发展向内涵式发展的转型，是在高等教育做大的基础上做强，即为人民群众提供更多的受高等教育机会又提供更高质量的高等教育，实现机会公平和质量公平的“双丰收”。当然，实现这一转变是一个复杂的过程，是高等教育公平水平从较低层次向较高层次转变的过程。在此过程中，作为国家政策和现代社会核心价值的体现，高质量高等教育公平首先强调的是教育机会分布的一种协调状态、一种合理水准，是在量的基础上反映质的内在规定性，是提高质量与促进公平的有机统一，既反映现代高等教育质量观的深刻变化，也反映国家政策方向的变化。党的十八大、十九大都从不同角度提出要建设更高质量、更加公平的高等教育体系，这不仅是对新时代教育事业总体要求的贯彻落实，也是党和国家努力办人民满意教育的实践行动。从政策运行的角度出发，提高质量与促进公平都不是孤立的存在体，它们共处于一个生态系统之中，不断进行交互作用和交互影响。提高质量是提升高等教育公平水平的前提条件，高等教育公平水平提升是高等教育质量提高的客观反映；没有质量的公平只能是暂时的、表面的，没有公平的质量只能是片面的、肤浅的[②]。将提升质量与促进公平并提，不仅要从机会之“量”的维度评价高等教育公平水平，还必须从机会之“质”的方面把握高等教育公平程度。对于受教育者的一生发展而言，公平的高等教育机会不仅意味着同等地跨入大学的门槛，而且意味着同等地迈进“好大学”的门槛。所谓“好大学”，如果按照简单的质量标准，就是社会各界满意的大学。在精英高等教育阶段，学生上大学之后皆能实现较满意的就业，所以所有大学基本上都可称为“好大学”；在大众化高等教育阶段，毕业于优质大学的学生更能实现较满意的就业，人们更倾向于将优质大学称为“好大学”；

---

① 武毅英，王小五.建设高教强国：高等教育从量变到质变的必然[J].中国高等教育评论，2010(12)：231-239.

② 董泽芳，张继平.以质量保障提升高等教育公平水平的思考[J].高等教育研究，2015(3)：1-5.

在普及高等教育阶段，只有那些学术水平一流、办学特色鲜明的大学才能赢得学生的青睐，因而人们会把优质、特质大学称为“好大学”。这种质量观的变迁要求大学不能夜郎自大，而要坚持协调发展的观念，以质量立校、以特色兴校，赋予不同出身的学生公平地上“好大学”的机会，促进城乡协调发展、阶层协调发展、区域协调发展，才能赢得家长、学生、社会的赞誉。

三、从大众到普及：高等教育绿色发展的倒逼

绿色发展既是一种理念与机制，又是一种发展方式，指高等教育要维护“绿色”教育生态环境的理念，追求高等教育公平的“绿色”健康，不能走“唯机会主义路线”，而要随着高等教育毛入学率的增长和高等教育规模的扩大，更加注重优质、特质高等教育机会公平。按照美国社会学家马丁·特罗（Martin Trow）的观点，高等教育毛入学率达到 50%以上为普及化阶段。当高等教育跨出精英阶段的门槛之后，高等教育大众化深入发展的必然结果就是高等教育普及化，这是世界高等教育发展的整体趋势，也是高等教育发展的一般规律。

绿色发展要求高等教育在从大众化阶段向普及化阶段发展的过程中，维护好高等教育的质量生态、竞争生态，但这些生态随着高等教育发展速度的变化而不断在改变。进入 21 世纪，世界高等教育普及化的进程呈加速发展趋势。2003 年，世界上有 33 个国家进入高等教育普及阶段；2004 年，全球有 36 个国家和地区高等教育毛入学率超过 50%，韩国的高等教育毛入学率达到 87%；2016 年，超过 50 个国家和地区达到高等教育普及化水平，全球高等教育形成普及化的洪流①。顺应全球高等教育普及化的潮流，中国以增加适龄青年高等教育入学机会为目标，加速高等教育大众化、普及化进程，取得巨大成就。据教育部于 2016 年 4 月 7 日发布的《中国高等教育质量报告》：从 1998 年扩招以来，我国高等教育毛入率持续增长，2002 年达到 15%，进入高等教育

---

① 李立国.普及化高等教育应该是一流多元[N].光明日报，2016-11-08.

大众化阶段；2015 年达到 40%，高于全球平均水平[①]；2020 年，中国高等教育毛入学率达到 51.6%，2021 年达到 54.6%，已迈进高等教育普及化的门槛。从局部来看，北京、天津和上海等特大城市的高等教育毛入学率早在几年前就已相继超过 50%，几乎与发达国家同步进入高等教育普及化阶段。高等教育普及化是中国高等教育发展史上的一个极其重要的事件，也是中国高等教育发展壮大的重要标志。潘懋元先生在论及高等教育普及化时鲜明地指出，高等教育普及化意味着发展，而发展总是硬道理[②]。当然，从精英高等教育到普及高等教育，不只是高等教育规模的简单发展，也与高等教育质量观、高等教育公平意识的发展密切相关。在精英教育阶段，高等教育具有高度选拔性，高等教育分流机制不畅，学生不仅难以进入优质、特质高等教育机构，而且难以进入"普质"高等教育机构，高等教育属于少数人的特权，高等教育公平处于"落后水平"；在普及高等教育阶段，优质、特质高等教育仍然具有较强的选拔性，但随着高等教育规模的稳步增长，高等教育提质创新的步伐不断加快，越来越多的学生走进象牙塔，"上大学难"的问题基本得到解决，高等教育机会不再为社会优势阶层所垄断，较低社会阶层和弱势群体获得了越来越多的高等教育机会，从而使高等教育机会分配更加平等化，越来越多的公民享受到高等教育的惠民政策，所有符合条件的公民都有机会接受高等教育，上大学已由少数人的特权转变为多数人的权利和义务，高等教育公平水平由较低程度向较高程度发展，实现从"落后水平"向"温饱水平"的跨越[③]。在高等教育普及化的背景下，"低质""普质"高等教育机制已不能满足人民群众的需要，人们更加倾

① 中华人民共和国教育部.系列高等教育质量报告首次发布:事实和数据说话,展现中国高等教育质量的自信与自省[EB/OL].(2016-04-07)[2021-10-10].http://www.moe.gov.cn/jyb_xwfb/xw_fbh/moe_2069/xwfbh_2016n/xwfb_160407/160407_sfcl/201604/t20160406_236891.html.

② 潘懋元.关于高等教育发展战略的几个问题[C]//吴岩.聚焦首都高等教育:普及化的首都高等教育发展高层论坛集萃.北京:教育科学出版社,2008:18.

③ 张继平.大众化十年:我国高等教育机会公平水平的发展变化[J].中国高教研究,2014(3):31-36.

向于追求“小康水平”的高等教育，自然而然地将目光投向高质量高等教育公平，倒逼高等教育质量保证制度与公平制度与时俱进地进行变革。如果高等教育质量不高，高等教育投资消费的可收益性、可依赖性就会很低，学生上大学就难以形成“物有所值”的感受，许多问题就会随之而生。

如果说在较短的时间内实现从精英高等教育阶段迅速步入大众高等教育阶段，是中国高等教育在发展史上树立的一座丰碑，那么在相似的情形下实现从大众高等教育阶段向普及高等教育阶段的迈进，则是21世纪我国高等教育发展面临的又一场新革命。这场革命意义深远，对高等教育的绿色发展将产生根本性影响，昔日的质量观、公平观将被颠覆，无论发达地区还是欠发达地区，无论城市还是乡村，无论贫穷的人还是富有的人，都将毫无例外地卷入这场革命，因而国家、社会、家庭都有义务为高等教育普及化做出贡献。因为在21世纪，越来越多的国家和地区会在某个时间点实现高等教育普及化。为适应国际国内劳动力市场对高层次人才的需求，提升国家和个人竞争力，接受高等教育不仅成为国家的义务，也成为个人的义务。

四、从竞争到合作：高等教育开放发展的实践

开放发展是国家繁荣富强的必由之路，也是实现我国从高等教育大国到高等教育强国之理想的不二路径。坚持开放发展，就是要顺应我国高等教育融入世界高等教育发展的趋势，奉行互利共赢的开放战略，发展更高层次的开放型教育，积极参与全球竞争与合作，提高中国在全球高等教育治理中的话语权，构建广泛的利益共同体。坚持高等教育开放发展，是科学总结我国历史经验教训的必然结果，闭关自守必然导致高等教育质量低下，使公平水平落后于时代。推行高等教育开放政策，是顺应世界高等教育发展趋势的客观选择，实行开放政策是发展自己也推动全世界高等教育发展的需要。用开放发展理念推动高等教育开放与高等教育国际化，不仅能够扩大优质、特质高等教育资源供给，满足人民群众的选择性教育需求，而且能够推动高等教育体制与机制创新，是多

赢之举。

今日世界已成为一个你中有我、我中有你的命运共同体，国家之间既是竞争者又是合作者。坚持开放发展，秉持共商、共建、共享原则，致力于实现各国高等教育在发展机遇上的共创共享，促进中国与世界高等教育在发展机遇相互转化中实现合作共赢，是中国扩大高等教育对外开放的重大战略举措。党的十八届五中全会指出，“开放是国家繁荣发展的必由之路”。2015 年 10 月 24 日，国务院印发的《关于统筹推进世界一流大学和一流学科建设方案》明确提出，要“推进国际交流合作”，“加强与世界一流大学和学术机构的实质性合作，加强国际协同创新，切实提高我国高等教育的国际竞争力和话语权”。2016 年 1 月 15 日召开的全国教育工作会议明确提出，“以开放发展拓展教育资源”，“要实实在在地把质量作为新时期我国教育工作的主题，把时间、精力和资源更多地用在内涵建设上，实现我国教育更高质量、更有效率、更加公平、更可持续的发展”。党的十一届三中全会以来，中国高等教育领域实行对外开放的基本政策，打开国门发展高等教育。经过 30 多年的发展，中国高等教育已基本形成全方位、多层次、宽领域的对外开放格局，中外学生交流规模不断扩大，国际间教育合作项目富有成效，中外合作办学发展势头好，高等教育政策交流向日常化、机制化的方向发展，这些都在一定程度上促进了我国高等教育质量提升，并使更多学生享受到优质高等教育机会公平，然而优质高等教育资源不足仍然是影响我国高等教育公平发展的制约因素。

事实上，当前中国高等教育开放的程度还比较低，活性还不够大，同国际高等教育机构之间资源开放共享程度还不够高，导致有限的优质高等教育资源未能发挥应有效益，人们所追求的国际性优质、特质高等教育资源严重不足，高等教育系统内外的非公平竞争加剧。这就需要改变高等教育发展唯竞争而自守的思维，通过开放合作解决高等教育发展的内外联动问题，形成对外开放新体制，以深化高等教育体制改革为现实基础，以开展与世界各国高等教育合作为实践途径，不断提高对外开放水平，实施互利共赢的开放战略。把既符合我国利益又能促进共同发展作为处理与各国教育合作关系的基本准则，主动“走出去”，大胆“引进来”，拓宽利用国外优质高等教育资源的渠道，推动高等教育资源的国际交流与共享，为我国高等教育实现内涵发展、提高国际化水平和国际竞争力、增强高等教育公平程度，搭建更宽广的平台。

五、从传统到现代：高等教育共享发展的驱动

共享发展就是要用共享理念来引领高等教育公平竞争与发展，让全体社会成员享受优质均衡的高等教育成果，满足人们对优质高等教育资源日益增长的需求，为所有的孩子提供相对公平、相对充足的发展机会。中国从传统社会向现代社会转型，人们日益追求改革成果的共建共享。高等教育现代化是国家现代化的重要内容，实际上蕴含着高等教育公平的现代化。高等教育公平的现代化，主要体现为高质量高等教育公平水平的高度发展。党的十八大报告提出，“要坚持教育为社会主义现代化建设服务”，是对高质量高等教育公平目标的最好诠释。

当前，中国经济社会的诸多领域已踏上现代化征程，但高等教育现代化水平还明显滞后、发展不足，优质、特质高等教育的地区差异还比较严重。中国高等教育发展的不足一方面表现为社会日益增长的高质量高等教育需求与高质量高等教育供给相对不足之间的矛盾，另一方面表现为贫困地区的优质、特质高等教育资源缺乏，阻碍着人们追求更高公平水平的高等教育。因此，当我们审视高等教育在毛入学率增长及机会公平所取得的成就时，不能仅仅停留在入学机会的数量上，还必须考虑入学机会的质量。质量公平意味着人们公平地上“好大学”的愿望得到满足，国家能够因此培养更多的优秀人才，改革成果因此而更好地共享，社会因此而更好地受益。第十一、十二届全国政协委员钟秉林教授在2015年“两会”接受特别访谈时说：“没有质量的公平是没有任何意义的，低质量的公平，老百姓也是不会满意的。”在现代化的社会里，数量公平只为人们提供平等的低水平或中等水平发展的机会，而质量公平则为人们提供平等的高水平发展的机会，质量公平比数量公平更为重要。当人们赋予学生接受高等教育机会的同时，如果没有可靠的质量标

准作保障，或者不能面向学生未来发展提供高质量的教育服务，那么大学这一敞开的“机会之门”非但不能成为受教育者的发展机遇，甚至还会使学生为其付出更高的机会成本①。当今社会，不少贫困家庭“因教致贫”“因学致贫”，事实上就是现代化情境中成果共享不充分的体现。

如果把传统教育价值观和现代教育价值观做一对比，就可以清晰地发现这一现象产生的逻辑。在精英教育时代，人们总是站在城外观看高等教育的风景，只要把子女送入大学的门槛，就等于把高等教育的旖旎风光放回家中，只要一人上大学，不仅可以实现全家生活无忧的理想，而且可以实现跻身上层社会的梦想。但在大众高等教育时代，特别是在普及高等教育时代，这样的价值观会荡然无存，大学不再是炫目的风景线，同等地进入大学也并不意味着公平，因为大学与大学之间的价值已发生根本性变化，只有那些高质量、有特色的大学才会产生较大的投资收益，否则会给人造成学而无获、无效投资的感受。鉴此，以政策驱动创建一种更加公平、更高质量的高等教育体系，让全体社会成员享受优质均衡的成果，不仅是现代教育理念变革的强烈要求，更是建设人力资源强国、提高国家竞争力的重要战略决策。

① 张烨.走向高等教育质量公平：基于我国高等教育制度建构轨迹的思考[J].高等教育研究，2012(10):8-13.

第一章 理论建构：高质量高等教育公平的多维审视

高质量高等教育公平既是一种理论，也是一种教育改革发展的价值准则，在促进职业教育与普通教育合理发展方面起着导向性作用，在促进学生理性选择大学与专业、合理流向适切自身特性的高等教育方面起着基础性作用。在高等教育现代化特征日益明显、高等教育普及化进程不断加快、高等教育民主化呼声高涨的背景下，质量公平不仅关乎社会成员能否公平地拥有上“好大学”的权利和机会，而且决定着个体与群体能否享有公平地发展的可能性，高质量高等教育公平成为一个令世人瞩目的话题。《国家中长期教育改革和发展规划纲要（2010—2020年）》把促进公平、提升质量作为国家的基本教育政策，《中共中央关于制定国民经济和社会发展第十三个五年规划纲要》提出“共享发展”“注重机会公平”的理念，《中国教育现代化2035》强调“着力提高教育质量，促进教育公平”，均反映出教育政策着力点的新变化。全面深化高等教育改革必须秉持公平与质量并重的发展理念，办好每一所学校，教好每一个学生，为人人成才提供更具个性、更高质量、更加公平的教育。

第一节 高质量高等教育公平的核心内涵

高质量高等教育公平是一个多元素的聚合体，既有深刻的历史烙印也有鲜明的时代特征，既有主观的价值追求也有客观的实践标准，既是一个因地制宜、循序渐进的推进过程又是一种因材施教、普遍受益的教育结果。当今世界，没有绝对高质量的高等教育，也没有绝对公平的高等教育，高质量高等教育公平受众多的外在因素和内在因素制约。追求高质量高等教育公平，需要深刻理解其特定的时代内涵，把握其基本内容、主要特点和政策功能。

一、高质量高等教育公平的概念界定

高质量高等教育公平是一个相对性的概念，在不同政策话语体系中有不同的标注。这里的“高质量”，是一种高于普通水平的质量标准，一是学术水平高，负责这类高等教育的机构主要是研究型大学和研究教学型大学；二是社会声望高，提供该类高等教育的机构，从行政隶属上来看包括教育部直属重点大学及省部共建高校，从建设机制来看包括原“985 工程”和“211 工程”高校，今曰“双一流”建设高校（包括世界一流大学建设高校和一流学科建设高校）；三是就业质量高，承担此类高等教育的机构包括特色鲜明的行业型、应用型、专业型、区域型高等院校。如果说前两种高等教育可被称作“优质高等教育”，那么第三种高等教育则可被称作“特质高等教育”，这三种高等教育均是人们心目中满意的高等教育，它们共同筑起高质量高等教育体系的堤坝。

高质量高等教育公平是所有公民在排除先赋性因素后，不分地域、性别、民族、出生、宗教信仰，均公平地享有接受优质、特质高等教育的权利和机会，从而公平地获得更高的经济收入和更高的社会地位。高质量高等教育公平包含两方面的内容，一方面，高质量高等教育公平既包括权利公平、机会公平也包括效果公平，这个演变的序列代表着教育公平水平在纵向上的尺度。由于机会公平是高等教育公平的第一道栏，本研究侧重于探讨高质量高等教育入学机会公平。另一方面，高质量的高等教育既包括优质的高等教育，也包括特质的高等教育，这种高等教育质量观的变迁标志着教育公平水平在横向上的联系。高质量高等教育公平是水平性公平和垂直性公平的统一体，在纵向的层次上体现为学生获得高质量的专科教育、高质量的本科教育和高质量的研究生教育机会公平，在横向的类型上体现为学生获得高质量的普通高等教育和高质量的职业高等教育机会公平。高质量高等教育公平纵横兼顾的政策机制在于，高质量的高等教育是社会分层的“筛选器”，高水平的高等教育公平是社会合理流动的“稳定器”[①]。在我国经济社会加速发展、高等教育资源总量不断扩大的前提下，追求高质量的高等教育公平意味着高等教育理念和高等教育质量观的深刻变革，不仅是一种崇高的理想，也是一个现实的目标。

（一）接受高质量高等教育的权利公平

公民接受高质量高等教育的权利作为一项基本人权，是每个人应公平地享有并由国家法律保障实现的一项重要的受教育权，也是公民享受其他文化教育的前提和基础，必须得到尊重与保护。从高等教育公平水平上看，权利公平属于“合格水平”的公平，是最基本、最起码的公平，在破除高等教育特权和减弱阶层分化方面起着基础性、根本性的作用。在一个追求公平正义的社会，“高等教育如果不能成为缩小阶层差距、促进社会流动的手段，反而成为固化阶层差距的工具和有钱人的特权，那么，高等教育改革的合理性就大可值得怀疑”[②]。从提高改革合法性的角度出发，依法保障人人享有接受高质量高等教育的权利，既是依法治教、依法治招的具体体现，也是依法治国方略在高等教育领域的实践。虽然从宪法的层面来看，确保人人享有高质量高等教育受教育权是一个从法治意识到法治思维、从法治思维到法治信仰、从法治信仰到法治行动的复杂过程，但是，随着我国高等教育大众化的深入推进，大学之门日益向更多人开放，人们公平地接受高等教育的权利问题会逐步得到解决，接受高等教育不再是少数人的特权，而是所有具有相应资格者的一种权利。在此前提下，人们越来越倾向于关注接受高质量的高等教育，越来越热衷于追求深层次的高等教育公平。因此，依法保障公民

① 董泽芳，张继平.以质量保障提升高等教育公平水平的思考[J].高等教育研究，2015(3)：1-5.

② 史瑞杰，等.从精英教育到大众教育：高等发展中的效率与公平问题研究[M].北京：高等教育出版社，2008：30.

公平地享有接受高质量高等教育的权利，将成为依法治国的重要方面和实现高等教育治理现代化的必由之路。

（二）获得高质量高等教育的机会公平

机会公平倾向于使能力相同的社会各阶层成员公平地获得高质量的高等教育机会，而不论其家庭出身、性别、种族、地域、财产状况、宗教信仰如何。机会公平是教育公平尺度在纵向上的发展，标志着高等教育公平水平上升到“良好水平”。当今社会，高等教育公平水平与社会公平水平的相关性越来越大，受教育水平直接影响人们创造社会财富和占有社会财富的水平。从“教育改变命运”的角度看，高质量高等教育机会在人群中的公平分布格外引人关注，高等教育公平正在从单纯地追求入学机会均等转向追求高质量的高等教育机会平等，从追求“普质”层面上的高等教育机会公平转向追求优质、特质层面上的高等教育机会公平，这也是高等教育由形式公平向实质公平的转变。《国家中长期教育改革和发展规划纲要（2010—2020年）》指出，“教育公平的关键是机会公平”。对于人的发展来说，“公平的教育机会意味着能够培养更多的优秀人才，社会整体会因此而受益”①。如果说高等教育大众化赋予了人们形式上的高等教育机会公平，那么高等教育质量保障将促进实质性的高等教育机会公平。实质性的高等教育机会公平意味着每个学生不仅有机会上大学，而且均有机会上“好大学”。在大学文凭不断贬值的情形下，“好大学”成为雇主筛选人才的重要考量，因此上“好大学”是低社会阶层、低收入群体改变其社会地位和经济状况的一个重要途径。如果高质量高等教育更多地向低社会阶层、低收入群体开放，就可以提高他们占有社会财富的份额，使更多弱者摆脱贫困而向上流动，从而缩小社会贫富差距，提高社会公平程度。

（三）取得高质量高等教育的效果公平

效果公平可谓“优秀水平”的高等教育公平，高质量高等教育公平

① 杨东平.中国教育公平的理想与现实[M].北京：北京大学出版社，2006：23.

最崇高的追求就是教育成功机会均等和教育效果相对均等，即每个学生接受高质量高等教育后都能成人成才，找到满意的工作，谋得理想的职业，创造精彩的人生。从根本上说，高质量高等教育公平的落脚点是就业过程和结果的公平，核心取向是促进大学生实现高水平的就业，从而打破“就业难”与“用工荒”并存的困局，开创“上好学”与“求职易”并存的新局。假如学生花很高成本投资高等教育，却不能获得公平的教育效果，一毕业就失业，不但会形成高收费低就业的心理反差，而且会造成“因教致贫、因学致贫”问题，甚至有可能导致高等教育投资实际收益率下降，引发新的社会不公平①。毕竟，上大学是一笔不小的开支。“无论是期望进入大学的，还是已经进入大学的，学生们都期待着能接受一流的教育。”② 从现实的情况来看，高水平就业在很大程度上得益于高质量的高等教育，因此以质量保证提升就业水平是促进高等教育成功机会公平的根本途径。倘若每一所高校都在其所属领域或行业办出特色、成为一流，每一个学生都能获得名副其实的优质高等教育或特质高等教育，不但能化解高等教育市场上的供需矛盾，而且能减小用人单位对高素质人才期待与现实之间的落差，提高人才培养与社会需求的契合度、学生求职与雇主用人的满意度，有效破解大学生就业难的问题，提升高等教育公平水平和社会公平水平。

二、高质量高等教育公平的主要特点

高质量的高等教育公平是在高等教育规模稳步扩大的基础上，以促进公平为价值取向，以提高质量为改革重点，不断满足学生接受高质量高等教育的需求，实现高等教育可持续发展和推进社会公平进程。高质量高等教育公平是高层次、高规格、高水平的教育公平，体现了高等教育改革发展已由规模扩张、数量增长为主步入以提高质量和改善水平为

---

① 李廉水，吴立保.和谐社会视野下高等教育公平的制度设计研究[M].北京：科学出版社，2010:43.

② 博克.回归大学之道：对美国大学本科教育的反思与展望[M].侯定凯，译.上海：华东师范大学出版社，2008:4.

主的新阶段，标志着高等教育发展战略从“以量谋大”到“以质图强”的转变，承载着亿万群众对公平教育和高质量高等教育的双重期盼。在新形势下，高质量高等教育公平的特点主要体现在以下方面：

（一）育人为本，面向学生的个性发展

人是高等教育的中心，人们追寻高等教育公平旨在实现所有人的发展和个人的自由全面发展。从教育使人成为人的角度出发，“个人的理性、才智、品格（德性）以及个性的特质只能在教育的平等关系中发展起来”①。因此，促进高质量高等教育公平应坚持育人为本的理念，为学生提供相对公平的高等教育机会，让学生成人成才，实现个性化的高度发展，最终达到人人发展公平。在我们今天这样一个服膺于“丛林法则”（即弱肉强食、优胜劣汰、残酷竞争）的社会②，受教育水平直接决定着人的发展机会和财富的再次分配，因此，保障每个学生尤其是弱势群体学生的受教育权利和获得公平的高等教育机会，无疑是人之成为人的第一要义和第一追求。根据我国高等教育机会公平水平不断提高的现状，在今后相当长的时期内，应更多地关注优质、特质高等教育机会公平，让高质量高等教育惠及更多学生，特别是通过全面实施素质教育和因材施教，让每一个学生都受到适切而质优的高等教育，实现个性潜能的自由发展、充分发展、高度发展。因材施教是个性化教育的本质，是让各类人才脱颖而出的科学方法，因而是教育公平的最高境界。高等教育改革要立足于人的成长，办好每一所高校，让每一所高校都成为高质量的高校，全面提高高等教育质量，提供促进每个人个性发展和适应社会需要的高等教育，使高等教育真正成为每个人平等流动的阶梯和人生出彩的舞台。

（二）学术立校，关照学生的能力提升

学术是大学的灵魂和核心，是学生的成长之基与发展之源。高质量

① 金生鈜.教育与正义：教育正义的哲学现象[C]//王国平.教育公平与优质教育研究.杭州：杭州出版社，2013：601.

② 吴永军.教育公平：当今中国基础教育发展的核心价值[J].教育发展研究，2012，32(18)：1-6.

高等教育公平的基本特征就是提高教学学术与科研学术水平，为学生发展创造相对公平的受教育条件，促进学生学术研究和实践探索能力的提升，使每个学生都能在现代社会找到适合自己生存和发展的空间。美国学者亚伯拉罕·弗莱克斯纳（Abraham Flexner）曾指出，一所毫无学术成果的医学院或法学院既没有必要也无权进入大学①。学术是大学安身立命之本，大学必须坚持学术立校，以学生为中心进行教学科研活动，从关注学生入学机会的形式平等转向关注学生能力提升的事实平等。不过，在官僚主义盛行的大学场域里，行政权力往往逾越了行政管理的边界，嵌入乃至代替了学术权力，教师的学术权力日渐弱化，造成了众多教师不专心教学和科研业务，不关心学生的需要和期待，而热衷于追求权术、祈求职位，学生从教师那里获得的学术指导非常有限，教师和学生行走在两个陌生的高等教育世界里，这种情况在“巨型大学”里最为常见，高质量高等教育公平只能停留在字面上，无法落实到具体的行动上。大学是学术机构而不是官僚机构，其主要职责是教学科研而不是行政管理，必须秉承学术至上的理念，以学术追求为本真，构建以鼓励学术思考、支持学术实践、提升学术能力为使命的现代大学组织，形成教学学术与科研学术并重的学术体系，激发学术活力，增强学术影响，以学术发展推动学校发展和学生发展。

（三）创新兴教，促进学生的学业成功

创新是提高学生发展水平和促进高等教育可持续发展的不竭动力。高质量高等教育公平的根本目的就在于通过创新创业教育为每个学生提供相对均等的成功机会，即学生接受创新创业教育后能形成较高公平程度的高等教育结果，获得学业成绩尤其是就业方面的公平待遇和公平感受。随着“就业＋创业”时代的来临，学生学业成就已成为衡量教育质量的一个关键性指标，国外众多高校已建立起学生学业成就监测和评价体系。就我国而言，政府也开始认识到以学业成就监测促进教育公平和

① 弗莱克斯纳.现代大学论：美英德大学研究[M].徐辉，陈晓菲，译.杭州：浙江教育出版社，2001：6.

提高质量的重要性，并将就业作为学业成功的重要衡量标准。李克强总理说：“就业是民生之本，就业稳则心定、家宁、国安。”大学生就业是我国就业问题中带有战略性的核心问题，目前存在着“就业难”与“用工荒”双重矛盾，必须通过创新创业教育来实现大众创业、万众创新。2015 年，《国务院办公厅关于深化高等学校创新创业教育改革的实施意见》指出，深化高等学校创新创业教育改革，是推进高等教育综合改革、促进高校毕业生更高质量创业就业的重要举措。高校作为创新教育的主体，要落实立德树人根本任务，主动适应经济发展新常态，以培养具有创业基本素质和开创型个性的人才为目标，以推进素质教育为主题，以提高人才培养质量为核心，分阶段分层次地进行创新思维培养和创业能力锻炼的教育，加快培养规模宏大、富有创新精神、勇于投身实践的创新创业人才队伍。

（四）特色办学，满足学生的多元需求

办学特色是大学发展的核心竞争力。高质量高等教育公平的核心追求就是要创办一种比现在更有特色、更加多样、更高水平的高等教育，形成一种能满足学生多元需求的高质量高等教育体系，而不是表面化的高等教育平均，更不是消灭差异、消灭层次、消灭多样、消灭特色、消灭品牌。英国经济学家马歇尔（T. H. Marshall）认为，平等的机会意味着展示差异的平等机会，保证公民的平等应该留有余地，承认公民的天赋不同①。在大众化高等教育阶段，建立在精英学者团体共同理念基础上的统一的高等教育质量标准，正在被以社会需求多元化为特征的多样化的质量标准所取代②。高质量的高等教育既有学术型的，也有应用型的，还有实用型的。建立中国特色的高质量高等教育体系不是所有高校都向研究型抑或研究教学型大学看齐，而是不同类型与层次的高校合理定位，在自身所属的领域内办出特色，成为一流。把适合自身层次、类型、使命、培养目标、培养方式的学生选拔出来，让每个学生都有机

① 李文胜.中国高等教育入学机会的公平性研究[M].北京：北京大学出版社，2008：6.

② 张应强，苏永建.高等教育质量保障：反思、批判与变革[J].教育研究，2014，35(5)：19-27.

会获得适合自己学业要求、兴趣爱好和个性特点的高等教育，促进学生各得其所、各展其长，成为不同领域、不同行业的高素质人才。目前，大部分高校办学缺乏特色，与学生对多种高质量高等教育类型的期待之间还存在很大矛盾，必须通过特色发展加以解决。为此，各高校要避免盲目攀比、趋同发展的做法，静下心来挖掘特色、凝练特色、培育特色、形成特色，广泛开展特色教育，为学生提供更多、更专、更好的高等教育资源。

（五）依法治招，保证学生的合法权益

依法治招是建设现代大学制度的重要保障。高质量高等教育公平的本质要求就是依法保障人人都能公平地享有接受高质量高等教育的权利，确保学生的合法权益不受侵犯。从制度建设的角度讲，高等学校招生制度，不仅是现代大学制度的重要组成部分，也是社会制度的重要组成部分。高等学校招生制度是甄别个人、选拔人才的一种形式。被选拔的新生，获得接受高等教育的权利，有可能成为高等专门人才，毕业后享受高学历的待遇。社会的发展需要人才的选拔，而个人的发展则不能逾越“选拔阶段”[①]。保障这个人皆不可逾越的选拔的公正性，是制度建设的关键所在。因此，只有坚持依法治教，才能保证千万个考生的切身利益，使高等教育改革沿着质量提升和促进公平的主线，走上合乎教育规律、合乎国家和人民需要、科学有效的发展道路。当前，由于优质高等教育资源相当有限，高校招生腐败成为职务犯罪的高发区和教育不公平的重灾区，有些高校招生人员借自主招生之名大肆腐败，招收“点招生”“赞助生”“条子生”“票子生”“中介生”……优质高等教育公平不断受到人们的质疑。促进优质高等教育公平，当前紧要的任务是全面贯彻落实《国务院关于深化考试招生制度改革的实施意见》，深化高校考试招生制度改革，推进依法治考、依法治招，严惩各种暗箱操作、弄虚作假、以权谋私、权钱交易等违规行为，构建起“不敢腐、不能腐、不想腐”的有效机制。

---

① 基俊.中国高校招生制度[M].长春：东北师范大学出版社，1990：1.

三、高质量高等教育公平的价值追求

提高质量与促进公平虽然是两种不同的追求，却是两条同向而行的道路。提高质量旨在让学生接受满意的教育而实现顺畅的分流，促进公平旨在让学生接受均等的教育而实现合意的分流，提高质量与促进公平是教育分流的两翼，均不可偏废。坚持质量与公平并重的教育分流理念，是国家改革之需、社会发展之要、个体成长之本，其本质追求主要体现在三个方面：

（一）用合适的教育去塑造合适的人

教育的根本目的是培养人。教育分流的逻辑起点就是通过培养人——让学生接受公平而高质量的教育，成为求真、向善、唯美之人，成为国家和社会需要之人。人是世界上最具灵性和最具塑造性的高级动物，因为人与生俱来具有学习某种知识、掌握某种技能、形成某种能力的可能性，即人的生成可以通过合适的教育来塑造。所谓“合适的教育”，简单地说，就是按照能力、兴趣和需要公平地赋予每个人应得的教育机会。合适的教育不仅是公平的——每个人都拥有平等的选择适合自己的教育的权利，而不考虑个体的出生、性别、民族、种族、阶层等差异；而且是高质量的——每个人都可以通过学习适合自己的知识与技能而成为一个真正的人、成为最好的自己。夸美纽斯曾经指出，“谁也不可相信一个没有学会按照一个人的样子去行动，即没有在组成一个人的因素上受到训练的人，真正能成为一个人”①。人只有接受合适的教育之后，才能在教育活动中塑造他自己并在这个世界中创造他自己，成为有知识、有德行、有理性的人，实现他自身的价值目标。合适的教育之于人的塑造的重要性，可以从天才成长的例证中看明白。比如，蔡文姬自幼无师自通音律，其琴师父亲发现这个天才后，采取适合于她的方法进行专门训练，使其琴艺达到炉火纯青的地步；美国盲人作家海伦·凯勒从小就生活在没有声音、没有光明的世界里，但因为接受适合于她的触

---

① 单中惠，朱镜人.外国教育经典解读[M].上海：上海教育出版社，2004：60.

觉训练，不但燃起生命的希望，还成为世界上著名的作家；达·芬奇颇具艺术的灵性，从小就有“绘画神童”的美称，因为接受他喜欢的造型艺术训练，终成为世界上著名的艺术家。相形之下，有些天才虽然具有不同凡响的智慧潜能，但因为没有接受合适的教育，最终难成大器，中国历史上的“仲永之伤”就是很好的例证。恰如把钉子钉入鞋中无法让人感到舒适一样，如果人接受不合适的教育，即使是天才，也可能沦落为庸才、蠢才、废才；人只有接受合适的教育，才能建构知识，分享经验，敞亮心智，成为天才、怪才、奇才。可以说，不合适的教育使人“是其所不是”，而合适的教育则使人“是其所是”。

（二）让不同的学生流向不同的学校

学校教育是阻断贫困代际传递的治本之策，也是筑梦和圆梦的重要途径。在所有国家里，从最富的到最穷的，学校教育在缩小严重不平等的社会和经济变革中起到关键性的作用[①]。然而，不同的学生有不同的人生梦想和教育需求，不同的学校有不同的办学特色和圆梦之道。教育分流的重要法则就是让学生公平地流向适合自己需要和能力的学校，使学生按其身心特点发展自己、成为自己、成就自己。这种教育价值取向，就它同社会需求与个体成长的关系而言，不应培养同一年龄阶段的学生从事同一种特定的、终身不变的职业，不能让同一年龄阶段的学生蜂拥向同一层次、同一类型的学校，因为社会需求是多元的——既需要献身社会、造福人类的“科学巨匠”，也需要扎根一线、服务基层的“大国工匠”；高质量的教育机构也是多元的——既有高质量的普通教育机构又有高质量的职业教育机构，既有高质量的学术探究机构又有高质量的技能训练机构。面对学生的差异性，教育分流不失为一种理智的选择。尽管每个学生都期望通过接受公平的、高质量的教育而实现向上的社会流动，但每个人的条件不同，有的人的遗传基因和兴趣品质里潜藏着“科学巨匠”的成分，有的人的天分和好奇心中则饱含着“大国工匠”的元素，如果不同的学校按相同的标准招录不同能力和不同需求的

① 库姆斯.世界教育危机[M].赵宝恒，李环，等译.北京：人民教育出版社，2001：241.

学生，不但会造成人才浪费，还会让学生学而无获。理想的教育分流就在于让学生选择“对的”，而不是盲目选择“贵的”，即根据学生的能力和需要，让不同的学生流向不同层次、不同类型的教育机构，这样才能点燃学生内心的火种，提高教育的满意程度，从根本上实现高水平的教育公平。如果人人都流向普通教育机构，那么普通教育机构必然会人满为患；如果人人都流向职业教育机构，那么职业教育机构同样会空间不足。坚持质量与公平并重的教育分流，不只是把最好的教育给“最聪明的人”，还要把最好的教育给“并不聪明的人”；不只要把最好的教育给少数人，还要把最好的教育给尽可能多的人。这样才能缩小阶层差距，为不同族群的人提供公平的向上流动的机会，全面提升社会公平水平和人们的幸福指数。

（三）使独特的天性得到自由地生长

每个学生都是独特的，每个学生都有为自由而成长的本性，教育分流的一个重要目标就是立足于当代社会发展所需要的各类人才，依据人生而具有的某种特定的天赋潜能与习性——我们称之为天性[①]，分门别类地进行培养，使每一个适学个体都能平等地接受适得其所的高质量教育，自由地成长为不同领域的人才，在社会分工体系中扮演不同的角色。人从出生伊始，就具有从事社会活动、认识世间事物、适应自然环境等先赋本能，这使得人具有不断发展的可能性，但人的天赋、禀性、能力、兴趣、气质等各不相同，因而人与人之间有差异是合理的，也是必然的，这是构成多元化社会的前提条件，也是社会合理分工的重要基础。事实上，人类社会早就发现分工是必要的，这样每个人都能各安其位，在恰当的位置上把他所做的事情做到最好，形成“人适其事，事得其人，人尽其才，事尽其功”的自然秩序。此其间，教育的任务就是根据学生个性的独特性和兴趣的多方面性，实施针对性、差异性的教育策略，使善歌者继其声，使善舞者继其形，让每个人的个性都得到充分自由的发展，为社会合理分工、合理流动培养多样性的人才。在这种意义

① 卢梭.爱弥尔[M].彭正梅，译.上海：上海人民出版社，2011：45.

上，教育公平的真谛就是尊重与发现学生的天性，按照学生的天性进行教育经验的改组和改造，使每个学生的潜能得到有效开发，不断向文化世界、价值世界和意义世界挺进[①]，而无须刻意追求教育模式的趋同，即不同天性的学生既没有必要接受培养目标相同的高质量教育，也没有必要按照统一的模式进行训练，更不能用统一的标准进行评价。统一性的教育模式既不适于学校的个性发展，也不适于学生的个性发展。评价教育分流的合理性不是看学生是否同等地接受相同的高质量教育，而是看学生是否公平地获得个性化最优发展——每个学生都要发展，但发展的方向与目标不一样；每个学生都要成长，但成长的道路与方法不一样；每个学生都要优秀，但优秀的条件与标准不一样。

四、高质量高等教育公平的政策功能

公平、高质量的高等教育既是人民群众对高等教育发展的殷切期待，也是高等教育改革的终极目标。在高等教育普及化阶段，深入推进高等教育政策改革以促进高质量高等教育公平，对全面建成小康社会、促进共享社会文明成果等都具有重要价值。

（一）全面走向富裕社会的着力点

高等教育是经济社会发展的动力源，提升高等教育质量、促进高等教育公平是中国社会走向富裕的重要推手。西班牙教育家奥尔特加·加塞特（Ortega Gasset）曾经指出："一个伟大的国家，一定有伟大的大学；同样，没有伟大的学校，也就成不了伟大的国家。"[②] 大学之所以伟大，不在于大楼之大，也不在于规模之大，而在于大学作为一种高等教育机构，能让进入大学的人都接受公平、高质量的高等教育。党的十八大报告指出，在中国特色社会主义建设事业中，教育公平是社会公平的重要基础，是不断追求的目标，教育公平和民族发展密切相关，教育是否公平关系到百姓的切身利益和中华民族的荣辱兴亡。可以毫不夸张

① 刘济良，等.生命的沉思：生命教育理念解读[M].北京：中国社会科学出版社，2004：12.

② 加塞特.大学的使命[M].徐小洲，陈军，译.杭州：浙江教育出版社，2001：49-51.

地说，高质量高等教育公平是兴邦之计、富国之策。让每个进入大学的人都接受高质量的高等教育是提升教育公平水平的根本途径，也是传承文明和知识、培养年青一代、创造美好生活的重要方法。

（二）深化高等教育改革的动力源

高等教育是国家大计，也是民生之计；高等教育是今天的希望所在，更是明天的理想所存。努力提升高等教育质量，着力促进高等教育公平，是全面深化高等教育综合改革的必由之路。中共中央2013年颁布的《关于全面深化改革若干重大问题的决定》提出，要“大力促进教育公平，构建利用信息化手段扩大优质教育资源覆盖面的有效机制，逐步缩小区域、城乡、校际差距”。教育部2015年关于全面深化教育领域综合改革的工作要点提出，“着力促进教育公平、着力调整教育结构、着力提高教育质量，坚定不移沿着中国特色社会主义教育道路前进”。教育部2019年工作要点指出，坚持高质量发展，坚持发展抓公平，加快推进教育现代化，建设教育强国，办好人民满意的教育。全面深化高等教育改革要坚持育人为本，以改革创新为动力，以促进公平为重点，以提高质量为核心，推动高等教育事业在新的历史起点上科学发展，加快从高等教育大国向高等教育强国、从人力资源大国向人力资源强国迈进，为中华民族伟大复兴和人类文明进步作出更大贡献。

（三）共享社会文明成果的风向标

党的十八届五中全会通过的《中共中央关于制定国民经济和社会发展第十三个五年规划的建议》将共享作为五大发展理念之一，提出“坚持发展为了人民、发展依靠人民、发展成果由人民共享”。高质量高等教育作为一项优质社会资源，其共享是中国特色社会主义的本质要求；高质量高等教育作为一种社会文明成果，是全社会的文明，而非单个个体的文明[①]，缔造和发扬社会文明的多样化和民族性的特点需要高等教育机构把实行公平原则和培养优秀人才结合起来，向所有社会群体和经

① 方世南，齐立广.促进社会文明建设：政府公共管理的价值诉求与目标导向[J].学习论坛，2010(3):42-45.

济团体的成员敞开大门，这样才能真正地实现让每个人都在不同程度上直接依靠高等教育，来享受共同的知识遗产和最新的研究成果①；才能凝聚全体人民的力量，万众一心，致力于国家的经济建设、政治建设、文化建设、社会建设和生态文明建设；才能不失时机地提升社会主体文明、社会关系文明、社会制度文明和社会行为文明。

（四）巩固扶贫攻坚成果的突破口

2015 年 12 月 25 日，《中共中央、国务院关于打赢脱贫攻坚战的决定》提出，到 2020 年，即“十三五”末，要确保中国现行标准下农村贫困人口实现脱贫，贫困县全部摘帽，解决区域性整体贫困。国家在提出实现扶贫的“五个一批战略”中，明确地提出“发展教育脱贫一批”。从中可以看出，高质量高等教育在扶贫攻坚和促进公平中的价值。高质量高等教育公平的实质是个体不因家庭出身、种族性别、财产状况而受到限制，均公平地享有进入“好大学”学习的机会和获得成功的可能性。但在事实上，每个人的出身存在很大差异。有的学生出身并生活在现代化水平高、经济发展水平高的城市，不但生活条件优越，而且能接受高质量的基础教育，高中毕业后更易于进入重点大学，获得高质量的高等教育机会；有的学生则出生和生活在地处偏远、经济落后的农村，他们的生存条件和发展机会是不平等的，落后的基础教育则使他们从步入学校的第一天起就已经输在“起跑线”上，他们要进入重点大学则需要付出更多的努力。西部地区、农村地区的情况也同样如此，他们长期为全国的现代化建设提供了丰富的资源，但长期得不到充足的高质量教育资源，如果不给予大力扶持，实行倾斜政策，他们将永远跟不上主流社会发展的步伐。2021 年 2 月 25 日，习近平同志在全国脱贫攻坚总结表彰大会上宣告，中国脱贫攻坚战取得全面胜利，现行标准下 9 899 万农村贫困人口全部脱贫，832 个贫困县全部摘帽，12.8 万个贫困村全部

---

① 国际 21 世纪教育委员会.教育：财富蕴藏其中[M].联合国教科文组织总部中文科，译.北京：教育科学出版社，1996：106-125.

出列，区域性整体贫困得到解决，完成了消除绝对贫困的艰巨任务[①]。脱贫攻坚目标任务如期全面完成，标志着中国经济社会发展进入新时代。但是，也必须清醒认识到，部分地区脱贫成果尚不稳固，产业基础还很薄弱，脱贫人口经济收入仍不稳定，返贫现象在一定范围内还存在。因此，在保证高质量实现脱贫目标的同时，应充分发挥高质量高等教育扶贫的作用，及时建立完善的防止返贫长效机制。

第二节 高质量高等教育公平的本体结构

高质量的高等教育是一个与时俱进的概念，其内涵十分丰富。从教育目的上看，高质量的高等教育以促进人的全面发展和适应社会需要为价值标准，因而人是高质量高等教育的根本出发点和最终归宿。从教育类型与层次上看，高质量的高等教育是让人成功和出彩的教育，专科生、本科生、研究生都有成功的可能性，好的普通教育、好的职业教育都是通往成功的通道，研究型大学、教学型高校、高职高专都是人生出彩的平台，因而高质量的高等教育既包括高质量的专科教育、高质量的本科教育、高质量的研究生教育，也包括高质量的普通教育和高质量的职业教育，还包括高质量的专业教育和高质量的业余教育，等等。如果国家建立了一个庞大的高质量高等教育体系，高等教育公平问题即可迎刃而解。但目前人们对于高等教育体系、高等教育质量以及高等教育公平本身的理解都还存在很多认识上的误区，需要从理论与实践上进行澄清。

一、高质量高等教育公平是多元化承担主体的融合

高质量高等教育公平既是高等教育合理分流的推动力量，又是高等

① 李云龙.中国脱贫攻坚创造“人间奇迹”，“两不愁三保障”全面实现[EB/OL].(2021-03-02)[2021-10-10]. http://www.chinatoday.com.cn/zw2018/rdzt/2021lh/pl/202103/t20210302_800237772.html.

教育有效融合的重要机制，其实现是多方合力作用的结果。此其间，政府、大学和社会机构是重要的承担主体，分别扮演不同的主角。

（一）政府：学有所教、学有所成的责任者

政府是高等教育的宏观管理主体，承担着质量监控和促进公平的双重任务。让学生学有所教、学有所成，既是高等教育分流的基本走向，也是政府公平正义、执政为民的核心使命。所谓“学有所教”，就是高等教育改革要坚持公益性和普惠性原则，明确政府提供公共服务的职责，不断提升高等教育质量，促进高等教育公平，使每一个适学个体都能平等地享受到优质的高等教育资源[①]；所谓“学有所成”，就是每个学生接受高质量、公平的高等教育后，都能实现个性化的发展。《国家中长期教育改革和发展规划纲要（2010—2020年）》提出“促进公平、提高质量”的方针政策，党的十八大强调要“着力提高教育质量”“大力促进教育公平”，李克强总理在2016年“两会”政府工作报告中进一步强调“发展更高质量更加公平的教育”，均是对人们追求公平、高质量高等教育的积极回应，也是对未来高等教育改革发展的合理规划与战略布局。纵观我国高等教育发展的新走向，随着高等教育大众化程度的不断提高乃至高等教育普及化的实现，越来越多的人步入大学殿堂，意味着高等教育机会公平水平得到进一步提升。在此前提下，人们越来越倾向于追求更高质量、更臻公平的高等教育，积极发展优质、特质高等教育已成为高等教育分流的内在要求。现代政府作为公共权力主体，扮演着高等教育政策制定者、制度执行者、资源分配调节者的角色，既是高等教育质量的“看护人”，又是高等教育公平的“守夜人”，应当以改善社会公共福祉为旨归，积极地对社会成员的教育需求作出回应，并采取切实有效的质量保证措施，公平有效地保障社会成员的受教育权，以便让合适的人流向合适的高等教育机构，而毕业后又流向合适的岗位，在提高人民满意度的基础上彰显行政美德。

---

① 夏学銮.学有所教：有教无类的现代选择[N].中国教育报，2008-01-14.

（二）大学：全面育人、天下为公的守望者

大学是高等教育改革的执行主体，是高等教育质量的捍卫者和高等教育公平的守望者，理当秉持育人为本和天下为公的理想信念。强调全面育人就是高等教育分流要以质量保证为根本前提，以为每个学习者提供公平的受教育机会为出发点，不断提高育人水平，使每个学生都获得不同类型的优质、特质高等教育，帮助每个学生都获得最大成功①。追求天下为公就是高等教育分流要把教育公平作为社会公平的基石，将入学机会公平作为关键性、先导性、根本性的问题加以解决，并通过公平公正的制度设计使每个符合条件的学生都流向心仪的高质量高等教育机构。全面育人与天下为公均是高等教育改革发展的主旋律，全面育人是大学内涵发展的根本动因，天下为公是大学持续发展的灵魂所在，全面育人与天下为公同等重要。我国高等教育从大众化阶段向普及化阶段发展，高校办学正面临着育人质量与入学机会公平的考量：一方面，高等教育大众化的推进使所有高校都不可避免地卷入扩招洪流，一些高校在追求“大而全”的办学中忽视自身特色，淡化育人意识，导致高等教育质量不断受到冲击，这已成为高等教育发展的“阿喀琉斯之踵”；另一方面，高等教育大众化的深度发展使优质、特质高等教育入学竞争加剧，一些重点高校以自主招生为名大肆腐败，导致一些低水平学生流向高水平大学，使高等教育公平不断受到拷问。种种迹象表明，昔日被誉为象牙塔、学术圣殿、精神堡垒的大学意义已被异化，大学理念、大学精神、大学追求的真义已被改写，大学在公众心目中不磷不缁的形象轰然崩塌，人们对大学的守望产生了迷茫、困惑、质疑。大学要重建教育理想，重塑本真追求，必须将提高育人质量与促进公平正义作为安身立命之基，才能在现代化教育情境中不走向迷失与困惑，真正地成为守望社会公平的“灯塔”。

（三）社会：多元发展、有效供给的期待者

社会是高等教育发展的需求主体，是高等教育质量高低、公平水平

① 翟博.育人为本：教育思想理念的重大创新[J].教育研究，2011，32(1)：8-14.

高低的客观评判者。在多元化社会里，尽管社会成员对高等教育质量的评价不一，对高等教育公平的褒贬各异，但接受高质量的高等教育是社会成员的普遍追求，追求高水平的高等教育公平是社会制度的核心价值，因此，合理的高等教育分流应该以此基准体现社会成员的高等教育需求与国家的高等教育供给，规定优质、特质高等教育资源在社会群体与成员间的合理分配，使每一个人所想得的、应得的、可得的高等教育有机统一。美国教育家埃里克·古尔德（Eric Gould）认为，当代高等教育的发展主要是为了满足经济社会多方面的需要，而不只是培养富有批判性、社会责任感和自我反思能力的个性化群体①。随着我国高等教育从大众化阶段向普及化阶段发展，有能力购买并且期望接受高质量高等教育的群体在迅速增长，而高质量高等教育数量与规模却未实现同步增长，导致高质量高等教育资源供给不足，非公平竞争加剧，高等教育分流的正向功能失灵，学生不能流向与之相适应的高等教育机构。当前，我国高等教育的主要矛盾是人民群众日益增长的优质、特质高等教育需求与优质、特质高等教育资源供给不足之间的矛盾，阻碍了人们追求更高质量、更臻公平的高等教育。社会成员对高质量高等教育的期望在增长，对低质量高等教育的失望也在增加②，迫切需要建立起多元化、特色化的高等教育体系，促进不同类型的优质、特质高等教育数量增长，增强高质量高等教育资源的供给能力。

二、高质量高等教育公平是螺旋式层级水平的融合

按照办学水平的优秀程度，可以简单地将大学分为“好大学”“平庸大学”和“差大学”几个层级。所谓的“好”与“差”，不只是人们头脑中的一种主观印象，还标志着大学办学质量的高低以及大学满足社会需求程度的一种考量。在竞争激烈的高等教育市场上，“差大学”作

---

① ERIC G. The university in a corporate culture[M]. New York: Yale University Press, 2003: 197.

② 张继平. 高质量高等教育公平的主要特点及实现机制[J]. 高等教育研究, 2016, 37(2): 13-18.

为一种“低质”的高等教育，其结局要么因发展艰难而被其他大学吞并，要么因声名狼藉而关门歇业；“好大学”提供两种高等教育——优质高等教育与特质高等教育，这两种高等教育均是高质量高等教育，广受社会欢迎，是重点发展的对象；“平庸大学”作为一种“普质”高等教育，人们对它可谓“爱恨交织”，爱的是它为考生提供大量的高等教育机会，圆广大学生的大学梦，恨的则是它不能提供适切学生个性的、有特色的、高质量的教育。由此导致现代教育情境中的一个博弈：“平庸大学”能够普遍存在，但随着市场筛选机制向高等教育领域不断渗透及高等教育普及化的实现，这种大学只能通过转型谋生存，否则会从高等教育市场上渐渐绝迹。从上“低质大学”的机会公平到上“平庸大学”的机会公平，再到上“好大学”的机会公平，高质量高等教育公平是一个从低水平公平到较高水平公平、再到更高水平公平的螺旋上升过程，其间必然经历“低质”高等教育公平、“普质”高等教育公平、优质和特质高等教育公平几个阶段，而这几个阶段的发展，既是现代教育理念的变迁过程，也是国家政策逐步推进的过程。

（一）走出“低质”高等教育公平

“低质”高等教育公平是人们所摒弃的高等教育公平，它是一种低水平的高等教育公平。所谓“低质”高等教育，有三层意思：第一，从质量标准的角度来看，就是指高等教育质量低劣下等，没有达到最起码、最底线的标准，非常不合格；第二，从教育投资与回报的角度来看，“低质”高等教育是一种高投资、低收益的高等教育，是教育增值效应使人们的高等教育机会增加导致需求量减少的高等教育；第三，从消费者满意的角度来看，“低质”高等教育是一种高期待、低满意的高等教育，当高等教育入学机会增加后，人们将更少追求该类高等教育公平，转而追求更高质量的高等教育公平。全面质量管理时代，走出高等教育“低质”发展的幽谷，打造“中国高等教育升级版”，既包含高等教育结构、规模的升级，又包含中国高等教育质量、效率的升级，还包含中国高等教育结果——产品、服务与学生成就的质量升级。“中国高等教育升级版”意味着粗放的发展方式、不合理的高等教育结构、不公平的高等教育现状、低质低效的竞争方式等将逐步被摒弃，追求高效益、有质量、公平性的高等教育发展，是时代发出的中国“好声音”。

环顾我国高等教育的改革发展，随着高等教育大众化的深入，高等教育资源日益丰富，考生上大学的机会不断增加，高等教育公平水平逐步提高，人们对高等教育的需求从有限供给向质量选择转变，对高等教育公平的追求从简单的机会公平向丰富的质量公平转变，办学质量成为人们选择高等教育的主要参照。因此，以提高质量为核心的内涵建设，是改变高等教育低质量发展、低水平公平的关键因素。在以就业为导向的前提下，高等教育质量高低、高等教育公平程度强弱与经济发展水平具有很大的相关性。在经济腾飞阶段，经济快速增长能够提供较多较好的就业岗位，大学生学习的积极性较高，因为无论毕业于“低质大学”还是“优质大学”，都能公平地找到比较好的工作，学生对“低质”高等教育并无太多不满情绪，但到了经济平稳增长甚至停滞阶段，就业岗位会减少并且“好”的岗位减少更为迅速，“低质大学”的毕业生很难公平地找到理想的工作，高等教育进入“不满的冬天”，学生的学习动机会下降，厌学情绪上升①。因此，立足高等学校的生存现状和发展前景，为广大考生提供更为充足的高等教育机会固然重要，但提高质量的任务更为迫切。

进入21世纪以来，在高等教育扩招政策的有力推动下，高校办学规模得到空前发展，众多高校从传统的“精英型”学院发展为“多元化巨型大学”，有的办学规模已经远远超出师资队伍、教学设施、办学经费、后勤保障等办学条件所能承载的容量，一些高校在高等教育扩招过程中出现质量滑坡的现象，办学认可度较低，难以参与以质量为核心的高等教育竞争。尽管有考生选择低质量的高校，但这并不是满意的和最佳的选择，而是出于无奈。家长为低质量的高等教育付费的主要理由就是不愿意让子女因放弃低质量高等教育而赋闲家中或在社会上厮混，从此走向堕落的深渊。每个家长都明白，把学生送入低质量的大学，就相当于

---

① 李立国.普及化高等教育应该是一流多元[N].光明日报，2016-11-08.

给学生买回一张远行的站票，要让学生通过接受高等教育来实现公平的社会流动，几乎是“蜀道之难”。部分学生在“看破高等教育的红尘”之后，选择辍学回家干活或出门务工。在一片失望声中，低质量大学失去市场口碑，难以在竞争中生存，规模发展难以为继，更不可能实现可持续发展。高等教育公平发展不是放弃质量而让所有学生都同等地接受低质量的高等教育，更不是稀释原有高质量高等教育资源，其根本途径在于切实提高所有大学的教育质量，挤掉大学教育中的“水分”，让学生获得更多、更高质量的高等教育。

（二）跨越“普质”高等教育公平

“普质”高等教育公平指人们上“平庸大学”的机会公平，它是一种较低水平的高等教育公平。“普质”高等教育之所以平庸，一是“硬件”质量不高，主要表现为师资队伍、办学条件、教育资源、学科专业等没有优势，我有人亦有，甚至我有人更优，无法培养出高质量人才；二是“软件”质量不高，主要表现为办学理念、人才培养目标、管理体制等没有特色，“千校一面”现象严重，难以造就创新创业型人才。从质量标准的维度比较，“普质”高等教育实质上是一种凡俗的、水平不高的教育，学生接受这种高等教育后很难实现教育预期；从社会需要的维度考察，“普质”高等教育并非学生、家长、雇主钟情的高等教育，其存在的逻辑实则是高等教育大众化和普及化过程中缺乏制度的保障，一些做法违背了高等教育发展的规律所致。毋庸置疑，“普质”高等教育的发展为更多学生创造了公平地上大学的机会，但这种公平是缺乏质量、缺少价值的。

在就业竞争日益加剧的人才市场上，“普质”高等教育的泛滥，已导致大学文凭不断贬值，大学生之“天之骄子”的本义正在被改写，上大学的“里程碑”意义不断减弱。对于那些只能进入“普质”高等教育机构的学生来说，高考对改变命运不再具有完全的决定性作用，这条曾经被认为是社会底层流向社会上层之最公平的通道，如今变得越来越狭窄，正在被越来越多的考生放弃。据统计，全国每年大约有 10%的学生放弃高考，且最近几年这一数字基本保持稳定[①]。越来越多的考生放弃高考，在一定程度上反映出学生的选择更加多元、成才的路径更加宽广，但从另一个侧面说明学生对平庸高等教育的失望和对低水平高等教育公平的不满。在弃考人群中，绝大多数学生是因为升入重点大学无望，而对众多一般本科院校与高职高专的就业前景又不看好。不同家庭背景的学生在弃考后的选择上存在很大差异，那些家庭经济条件好的学生可以选择出国留学，接受国外的高质量高等教育，而贫家子弟则只能选择外出打工或回乡务农。对照之下，"普质"高等教育不公平造成的恶果主要由弱势族群来承担，优势社会阶层子女则可以幸免，高等教育不公平的分担机制迫切需要补偿性政策加以调节。当今中国高等教育的大发展，前提条件就是要跨越"普质"高等教育公平，使高等教育质量达到一个新的高度，使高等教育公平水平上升到一个新的台阶。

（三）追求优质高等教育公平

优质高等教育是高质量高等教育的一种形式，是人们普遍追求的高等教育。如果说精英高等教育阶段人们追求的是"普质"高等教育公平，那么大众高等教育阶段和普及高等教育阶段人们追求的是优质高等教育公平。这里的"优质高等教育"是一个相对性的概念、一种高于普通水平的质量标准，包含三层意思：一是学术水平优异，不仅顶尖学者云集，而且顶尖学术成果累累，一般高等教育机构难以企及；二是社会声望显赫，具有众所仰望的名声，家长、学生和社会都心向往之；三是人才培养质量上乘，是高素质创新型人才的集散地，毕业生广受雇主青睐。基于这三层意思，优质高等教育公平可以通俗地理解为人们上"好大学"的机会公平。在西方高等教育世界，优质是"顶尖""世界一流"的同义语，因而提供优质高等教育的机构主要指向那些位居"金字塔"顶端的研究型大学，譬如美国的"常春藤"大学（Ivy League University）、英国的古典大学（Ancient University）、法国的大学校（Grande école）。在中国高等教育场域里，优质是"名牌""国家重点"的代名词，因而提

① 汪明.对高考弃考需多方归因综合施策[N].中国教育报，2014-06-11.

供优质高等教育的机构主要包括那些国家政策和经费眷顾的大学，如果从大学分层的角度考虑，那就是研究型大学和研究教学型大学；如果用家长和考生耳熟能详的词来表达，那就是“211 工程”大学、“985 工程”大学；如果用政策性术语加以界定，那就是“双一流”大学。这些“好大学”是中国优质高等教育的核心组成部分，成为考生追慕的主要对象。

在高校毕业生逐年增加的情形下，对于人力资源市场的需求是供大于求，社会用人单位不断提高学历门槛，以期招录更高能力、更高投资回报的人才，一般本科院校、高职高专院校毕业生的就业难度加大，劳动力市场更倾向于招录重点高校毕业生，使优质高等教育与“普质”高等教育之间逐渐形成一道深深的鸿沟，导致人们对优质高等教育公平的追求明确地指向重点高校。这一变化表明，优质高等教育作为反映个人高能力的一种信号，是看得见摸得着的个人属性和特点，雇主据此对毕业生进行鉴别与筛选，并安置求职者到不同的岗位上，归根到底是对社会存在的一种反映。在雇主依据文凭进行筛选的前提下，一个考生获得一张通往优质大学的“门票”，就意味着多了一个通向人生成功的机会；出生于低社会阶层、弱势群体、贫困家庭的考生，如果有机会进入优质大学，就意味着有机会打破阶层固化的格局，实现向中上层社会的流动。因此，在社会竞争日趋激烈的情况下，人们不但追求“普质”高等教育公平，更倾向于追求优质高等教育公平。但在当前条件下，我国优质高等教育资源还比较稀缺，优质高等教育机构的容量还相当有限，加之优质高等教育的地域分布不均，招生名额投放比例失衡，人人都上优质大学还不现实，优质高等教育机会还只能眷顾少数人。面向未来，中国高等教育的发展不仅仅是建设少数几所一流大学，而是建设一流的、多元的高等教育体系，在让每个学生都获得优质高等教育的基础上提升高等教育公平水平。

（四）实现特质高等教育公平

“特质高等教育”是高质量高等教育的另一种形式，是因应高等教育后大众化及普及化而提出的一种质量标准。按照特色立校、特色兴校的大学发展逻辑，办学特色即为教育质量。一所大学是不是“好大学”，不在于规模有多大，而在于特色是否鲜明①。着眼特色发展的质量观，“特质高等教育”的核心内涵主要体现在四个方面：一指办学理念独特，既追求卓越又展现特有风貌，以标新立异争创同类高校中的一流，建造同类高校中的高峰；二指办学目标独特，既适切自身个性又善于与时俱进，瞄准特定受教育群体培养个性化、高素质的应用型和技能型人才；三指办学模式独特，既回应行业需求又发挥自身优势，使专业建设、课程设置具有贴近行业发展的前沿性、时代性；四指办学举措独特，既尊重教育的内适规律又尊重教育的外适规律，促进教育教学改革与经济社会发展的良性互动。结合上述四个方面，特质高等教育可以概括为应用技能性强、行业需求量大、社会认可度高、就业高质量的高等教育，负责此类高等教育的机构从类型上讲主要包括特色鲜明的行业型、应用技术型、专业型、区域型等教学研究型或教学型高等院校，从层次上讲主要包括特色鲜明的一般本科院校和高职高专②。尽管这些高校的学术水平不如研究型大学抑或研究教学型大学，但学生接受这种高等教育后，能够形成良好生存的技能、持续发展的能力，得到用人单位的高度认可，并由此为学校赢得崇高的社会声望，成为名副其实的“好大学”。

从人人出彩、人人成功的角度出发，“特质高等教育”的最大特征是为每个学习者提供合适的教育，使每个学习者都能发挥自己的潜能，从而公平地获得成功成才的机会，实现高水平的教育结果公平。可以说，“特质高等教育公平”是规模和质量高度统一的公平，是外延和内涵相融通的公平，因而是最高层次、最高水平的教育公平。在高等教育后大众化阶段及普及化阶段，如果说优质高等教育机构仍然秉持精英教育的理念，实行高度选拔性的入学，向极具学术天才的学生开放，让学习者都进入优质高等教育机构学习既不可能也不现实，那么，创建规模宏大、品种丰富、质量可靠的特质高等教育机构则成为一种理想而又现

① 沈满洪.彰显大学办学特色的三个层次[N].中国教育报，2015-12-14.

② 张继平.高质量高等教育公平的十大发展趋势[J].北京社会科学，2016(5)：94-102.

实的追求，让学习者都进入特质高等教育机构学习也是完全可能的。从发达国家高等教育发展的历程来看，高等教育系统分层分类和高等学校多样化、特色化发展，与高等教育大众化、普及化的进程是一致的，高等学校类型多样化、特色化发展是高等教育大众化和普及化的必然要求。全面深化高等教育领域综合化改革，必须用新的发展观、质量观、公平观引领高等教育发展，积极创办内涵更加丰富、形式更加多样的特质高等教育，为学习者提供更充分、更多样、更适合的学习机会，进而促进社会公平地发展。

三、高质量高等教育公平是多维性价值目标的融合

在全面深化高等教育改革的过程中，社会的高质量高等教育需求和对高等教育公平的评价标准发生很大变化，高等教育不公平也从显性的、表层的冲突转化为隐性的、深层的矛盾，由此使得高质量高等教育公平存在许多明显的悖论。只有辩证地理解高质量高等教育公平的时代内涵，才能促进高等教育质量观、公平观的合理转变与选择，在各种对立的观念之间寻求到平衡。

（一）精英理念与普及逻辑融合

高质量高等教育公平应是质量与公平的统一体，改革发展既要保证质量又要促进公平，这是高等教育从精英化阶段向大众化阶段及普及化阶段发展的主旋律。中国高等教育从精英化阶段迈向大众化、普及化阶段，一方面追求一种平等主义的高等教育制度，力争使更多人有机会接受高等教育；另一方面又通过“身份制”刺激高等学校发展走向两极分化，使人们接受的高等教育水平相距甚远。这种平等与不平等的混合，必然造成高等教育质量观和公平观的认识论冲突。事实上，精英高等教育、大众高等教育和普及高等教育分属于不同的价值体系，精英高等教育以效率优先、兼顾公平为价值取向，大众高等教育和普及高等教育以公平优先、兼顾效率为价值取向。在不同发展阶段，高等教育改革围绕效率与公平的价值选择具有不同的重点和特征。精英高等教育阶段，人们对高等教育公平的关注集中在入学机会均等上，因而高质量高等教育

公平可以用政策文件的形式加以确定，高质量高等教育公平具有合规定性的特征；大众高等教育阶段，国家、社会、用人单位、家长、学生个人对高质量高等教育的需要和期望各不相同，对高等教育公平的理解千差万别，“消费者”需要程度是判定高质量高等教育公平水平高低的“试金石”，高质量高等教育公平具有典型的合需要性的特征；普及高等教育阶段，高等教育既要适应社会需要又要引领社会发展，公平、高质量的高等教育不仅要适应未来社会，而且要批评、引导和改造未来社会，具有合发展性的特征。如果我们承认高等质量观、公平是变动不居的，高等教育质量标准、公平理念的变革就应该从现实向度出发，努力达到可能的向度，趋向并最终实现应该的向度。

（二）静态目标与动态需求兼顾

高质量高等教育是否公平反映了人们对高等教育机会分配是否公正合理的一种判断，也反映了人们对高等教育质量的认同程度，不仅是一个静态的目标，而且是一种动态的需求。从静态的目标看，机会公平作为高等教育公平的基准起点，是高等教育资源分配机制创新的风向标，始终是人们的价值追求。从动态的需求看，不同历史时期的人们追求不同水平的高等教育公平，因而对高等教育的公平程度有着不同的要求。设若一个国家的制度变革只满足于静态目标而不能提高高等教育公平水平，那么，无论这个国家的高等教育改革取得什么样的成绩，都不能说是一个高质量的高等教育。因为，高等教育机会公平并不仅仅是高等教育发展的某一个具体指标，它所反映和体现的是一国高等教育的根本宗旨和基本目标，是任何国家和社会中高等教育改革与发展的基本目标，而这个目标是和人们的动态需要紧密联系的。因之，我们既要关注高等教育公平的静态标准，又要在动态发展中把握高等教育制度创新的价值准则。这就要求我们一方面要继承与发扬传统的教育公平观念，并且随着现代公平观的发展而不断赋予其新的内涵，才能使人们更加合理地运用现代化情景中的公平标准和规范对机会分配进行公平与否或公平程度的价值判断，促进高等教育机构更好地量才、选才、育才。另一方面，新形势下的高等教育公平要通过质量保证机制创新来体现，仅有公平之理念、公平之意向、公平之标准而脱离质量保证机制的创新不能称其为真正意义上的公平，因为公平是随着社会的发展而发展、随着社会的变迁而变化的，如果高等教育质量保证机制不与时俱进地进行创新，即使原本很公平的制度也会成为一种滞后的、僵化的、不合现代社会发展需要的公平。

（三）形式公平与实质公平统筹

高质量高等教育公平作为一种满足人的愿望、目的或有助于人的生存和发展的理想，既有一定的抽象性又有一定的实践性。按照公平的实践历程和实践程度，高质量高等教育公平可分为形式公平和实质公平双重维度。形式公平体现为平等对待、程序正义和权利平等，它以政策公平为导向；实质公平体现为机会均等、过程分享和结果公平，它以发展公平为表征。在追求质量公平的时代，社会不能简单停留于形式公平，而应该最大限度地实现实质公平，将形式公平与实质公平有机统一起来。从形式公平的维度出发，学生能否上部属重点大学，完全由分数说了算，高等教育机构招生服膺于“分数面前人人平等”的理想和原则。从实质公平的维度出发，高等教育机构招生应充分考虑城乡之间、区域之间、个体之间的教育差距，采取分类招生、多元录取和弱势补偿的政策，保证学生因材受教，推动高校科学选才。在理论上，形式公平与实质公平应该趋于一致，但二者经常会发生冲突，所以，改革必须坚持形式公平与实质公平相结合的原则，寻求一种相对折中与彼此妥协的方案，通过招生计划分配、高考科目设置、加分政策等的改革，实现重点高校公平选才与科学选才的“咬合”。虽然这种方案无法做到人人皆大欢喜，却能最大限度地满足各方的利益诉求，也给高考改革划出一块缓冲区。既有科学选才的指向，也有公平选才的考量，让二者协调同行，有利于实现高考改革的预设目标，更可有效防范因民意纷争而引起不必要的社会震荡[①]。

---

① 冯成火，王东.实现高考改革形式公平与实质公平的统一[N].光明日报，2014-12-29.

（四）外生机制与内在机理统一

高质量高等教育公平是规模扩张之外生机制与制度变迁之内在机理的有机统一。从高等教育规模扩张之外生机制的角度来看，如果说高等教育大众化的深入发展促进了高等教育入学公平，那么其成就不仅表现高等教育入学机会不断增加，而且表现为优质、特质高等教育这一过去非常稀缺的教育资源，也通过高等教育毛入学率的显著提高而有了极大转变，高等教育公平水平的日益提升成为有目共睹的事实。毋庸置疑，这种趋势反映了高等教育大众化政策在不断满足个人发展需求的同时，也体现了社会前进的方向。但就高等教育制度变迁之内在机理而言，尽管中国高等教育已经实现了从精英阶段向大众化阶段的转变，但这种转变并不是在社会发展的外部推力及高等教育自身发展的内部引力下产生的诱致性变迁，而是政府行政力量主导的一种强制性制度变迁。由于原有的高等教育制度缺乏科学合理的顶层设计，现行的高等教育制度要在颠覆的基础上进行重构，其运行、适应、调整都需要一定的时间，因而高等教育改革可能在相当长的一个阶段内不会提高高等教育公平水平，甚至可能引起更大的不公平。不过，随着高等教育质量的提高，特别是高等教育普及化和“双一流”建设的契合，以及社会需求变化与高等教育制度创新的有效对接，高等教育的内外适应性都将不断增强，高等教育公平的状况将逐步得到改善和提高。

（五）事实判断与价值判断结合

高质量高等教育公平既是一个价值判断也是一个事实判断，既有主观公平的特质也有客观公平的属性。作为价值判断，高等教育质量、高等教育公平往往受社会群体或个人的价值观及切身利益的制约，体现了不同群体的个人及人们从不同角度对质量与公平的主观感受和认识，包含了人们在不同思想观念和评价标准基础上形成的对高等教育公平程度的看法，表现了人们在不同教育需求下对高等教育公平的态度，因而具有主观性的基本特点。作为事实判断，高等教育质量高低、公平程度强弱总是与特定的经济结构、政治结构和文化结构相适应的，其内容也是一种不以人的主观意志为转移的客观存在，因而对高质量高等教育公平描述的是具体教育情境中不公平的现象和事实，反映的是现存高等教育制度的问题和不足，揭示的是社会及高等教育领域中的矛盾和冲突，具有客观性的特点。当然，在不同的社会经济和高等教育发展阶段，这两层含义在高等教育改革中的地位和作用是不同的。在精英高等教育阶段，人们更多地依据高等教育公平中的客观事实来判断入学机会的公平程度和水平，并以此判断高等教育公平水平；在大众化高等教育阶段，随着人们的高等教育需求日益多样化及高等教育类型的多元化，高等教育公平中主观感受与价值判断的成分越来越多，高等教育入学机会的公平性在更大程度上是人们教育需求满意度的反映。无论是客观公平，还是主观公平，都是高质量高等教育公平的基本内容。强调主观公平感在现代高等教育发展中具有极为重要的作用，但它并不否定教育公平的客观性，而恰恰是更加客观地反映现代社会中高等教育公平的特点。

第三节　高质量高等教育公平的理论源泉

从社会学的视角分析，社会不平等和阶层差异并非社会所必需的，而乃社会中的部分人运用各种手段和资源排斥其他社会成员的结果。社会中的资源分配不公平现象在大多数国家都存在，但并不意味着这种现象是合理的和必然的。在知识社会，人们可以通过控制文化资本的再生产来控制社会不平等程度的强弱，节制社会不公平现象，从而缩小贫富差距；在后知识社会，社会的筛选机制发生重要变化，一般大学文凭对个体流动的功能相对较弱，人们需要通过调节高质量的高等教育公平来减弱社会不公平，实现更为合理的高等教育分流。鉴于此，从文化再生产理论、筛选假设理论、社会分层与流动理论视角分析高质量高等教育公平，并通过理论创新、制度创新促进高质量高等教育公平，是教育现代化的重要特征和价值追求。

一、从文化再生产理论看高质量高等教育公平

法国社会学家布尔迪厄（Pierre Bourdieu）提出的文化再生产理论是一种揭示教育不平等的社会学理论，这种理论认为学校教育不是一种铲除社会不平等的制度；相反，它是一个以“遗传”的方式生产和再生产社会不平等并使此类不平等正当化和永久化的重要手段①。布尔迪厄认为，文化是教育平等的关键所在，文化障碍则是生产与再生产社会阶层以及社会不平等的核心要素与深层原因。大学既是人才培养和科学研究的机构，也是文化再生产的机构。在文化再生产方面，人类智慧至今尚未设计出任何可与大学相媲美的机构。大学通过文化传承、文化传播、文化创造使不同地区、不同阶层、不同性别、不同家庭出身的成员获得高等教育机会，借以实现大学文化再生产。

在中国高等教育领域，由于大学之门还不能向所有人开放，高等教育入学机会的获得不可能实现绝对意义上的公平，大学文化再生产在很大程度上还得仰仗参与者的天性，即大学文化再生产“必须通过实践成为人的第二天性，就好像这一切都是与生俱来的，而非后天习得的”②。法国教育家雅克·马里坦（Jacques Maritain）也十分认同人之获得大学文化的天赋性因素，并认为“教育工作者的主要动因和动力因素并不是教师的艺术，而是能动性的内在原则，即天性和心灵的内部力量”③。正是对人之天性的依托，大学文化再生产与个体的家庭背景就存在千丝万缕的联系。也因此，在阶层不平等的社会中，高等教育制度具有明显的等级化特征，不同社会阶层、不同家庭出身的成员获得的高等教育入学机会大相径庭，大学文化再生产带着典型的专断烙印。更直接地说，不平等的高等教育制度本身就蕴含了大学文化再生产的专断逻辑，占优势地位的社会阶层会用制度化的方式将其自身的资源优势固定下来，并

---

① 王宇朝.布尔迪厄的文化再生产理论与大众高等教育的负向功能[J].江苏高教，2008(6)：30-33.

② 雅斯贝尔斯.大学之理念[M].邱立波，译.上海：上海世纪出版集团，2007：56.

③ 马里坦.教育在十字路口[M].高旭平，译.北京：首都师范大学出版社，2010：39.

在代际进行传播，以此为其子女谋得更多更好的高等教育入学机会，获得更充足的高质量教育。于是，大学文化再生产就按照弱势阶层被优势阶层以多少是合法的，又以多少是专断的方式进行领导与掌控，从而形成了大学文化再生产的专断铁律。大学文化再生产的专断使不同的人处在不同的起跑线上，在很大程度上影响到社会公平之本，在建设社会主义和谐社会的征程上，需要坚持公平正义的价值取向来打破大学文化再生产的专断铁律。

（一）大学文化再生产是一个专断的过程

文化再生产就是以文化为生产资料来生产文化。这里的“文化”，可视为反映人类活动模式的符号化结构，是“存在于个体与集体之间特殊的互动关系系统”[①]。按照文化再生产的理论，文化是人类社会生活的一个缩影，可以看作人类生产的物质财富的遗产。法国社会学家帕森斯（Talcoot Parsons）说，“文化是被传承的，它构成了一种遗产或社会传统”[②]。美国社会学家克伯鲁（Alfred Kroeber）等人也认为，“文化由显见的和隐含的模式组成，这些模式是行为所具有并通过符号来传递的，构成了人群与众不同的成就”[③]。大学文化是人类文化的一个子系统，指生活在大学这一共同环境中的群体，由共同的行为惯习、共同的理想和共同的生活方式作用而形成的一系列价值观念、制度和精神追求。从文化再生产的逻辑来讲，大学文化作为一种资本，其有形的载体就是知识，人们可以借由高深知识的获得来提升价值观念和精神境界；其无形的商标则是权力，人们可以通过大学文化的获得来积累资本，从而在社会等级认可中获得竞争优势。无论从何种意义上说，获得一种大学文化，就获得了一种权力，也就获得了一种专断，所以古往今来的优势阶层总是努力通过资本积累对大学文化进行传承、传播和发展，这既

① KUPER A.Culture:the anthropologists' accout[M].Cambridge:Harvard University Press,1999:69.

② PARSONS T.The social system[M].London:Routledge & Kegan Paul,1951:15.

③ KROEBER A L,KLUCKHORN C.Clture:a critical review of concepts and definitions[M].New York:Vintage Books,1963:181.

是大学文化再生产的专断基础，也是大学文化再生产的本质特征。

首先，从逻辑起点上看，文化资本是大学文化再生产的专断载体，这为高质量高等教育公平提供了基础。大学文化再生产既有其有形的载体，也有其无形的基础。从有形的载体来看，“文化资本是一种世代相传的文化背景、知识、性情倾向与技能，此外个体的语言能力、行为习惯，以及对书籍、音乐和美术作品的品位亦属之”①。文化资本作为大学文化再生产的载体，通常以三种形式而存在：一是形体化形态，即以精神和身体的持久“性情的形式”而存在，这种文化资本处于身体状态之中，即文化蕴藏于个体的教育、修养之中，个体的受教育程度越高，文化资本越丰富；二是客观化状态，即以文化商品的形式（图片、书籍、词典、工具、机器等）而存在，这种文化在物质和媒体中是被客观化的文化资本，起到物质传递的作用，个体对这些文化商品的占有量越大，获得文化资本的可能性越强；三是制度化状态，即文化以一种客观化的形式而存在，文化资本的客观化可以采取学术资格这一形式，在教育资历上得到清楚辨识，它使得文化资本摆脱了具体化状态的生物限制，能够通过教育机会而得以复印，父辈的受教育程度越高，子辈身上的教育烙印就越深。三种文化资本以传承、传播和创造等方式进行再生产，往往具有很强的“代际效应”。那些具有更多文化资本的优势阶层子女，在父辈的帮助下，可以更轻松地获得高质量高等教育入学机会，进入“双一流”建设大学，由此获得优质、特质大学文化，形成对优质、特质大学文化再生产的专断，而弱势阶层子女则成为专断的对象。从某种意义上说，只要阶层存在，大学文化发展的历史，就是大学文化资本再生产的专断史。

其次，从逻辑行程上看，资本积累为大学文化再生产提供专断动力，高等教育入学中的不公平难免不成为事实。文化资本在大学落地生根，才使得大学文化再生产就像资本的积累是把剩余价值转化为资本一样，成为一个资本积累过程。马克思曾经说，资本积累是扩大生产规模

---

① 谭光鼎，王丽云.教育社会学：人物与思想[M].上海：华东师范大学出版社，2009：395.

的前提条件，也是扩大再生产的动力源泉。大学文化的发展也一样，也是通过文化资本的积累而得以再生产。法国社会学家布尔迪厄认为，教育活动中的文化再生产之所以能够进行，主要有四个依据：一是教学的行动，它借由文化专断的强制实行，并以专断的权力完成之；二是教学的权威，它是教学行动得以成功之必要条件；三是教学的任务，它得以让教学行动完成之；四是教育的系统，任何制度化的教育系统，都必须通过系统的生产与再生产本身存在的条件①。这四个依据借由大学文化资本的积累，实现大学文化再生产。位于大学文化再生产系统中的族群，无论从个体还是社会阶层来说，它所拥有的文化资本越大，其增长的规模和能力越大，其聚集资本的动力也越大，从而在文化资本的占有中居于优势地位。而可供他们支配的文化资本同资本的膨胀力一样，也由此进一步发展起来，帮助他们在竞争中取胜，使他们有机会追加投资，再进一步扩大文化生产规模，进而形成文化垄断。因而无论过去还是现在，那些拥有更多文化资本的社会优势阶层，其子女获得的高质量高等教育入学机会更多，因而在大学文化再生产的过程中，通常能获得更多专断的机会，而这种专断又使其社会流动、就业竞争等方面获得更多专断的机会。因此，从本质上来说，大学文化再生产的专断逻辑，就是“马太效应”作用的结果，它与当代教育发展的“平衡之道”逆向而行，损不足而补有余，损不足以奉有余，从而使强者恒强，弱者恒弱。

最后，从逻辑结果上看，大学文化再生产处于结构化的体系中，从而使高质量高等教育不公平得以合法化。文化资本积累掩藏着一个深层的结构，这个结构由“惯习”“场域”和“资本”三大要素构成，它们的合力构成了大学文化再生产的专断机制。“惯习”是过去历史的整合，它来自家庭、团体与阶级，其功能是增加文化组织、使文化再现，并自然地进行各类行动作为。“惯习”是一种既成的结构，在文化再生产的过程中，惯习使人们调适自己的行为，使之符合阶级的标准。从文化结构的功能来看，惯习是大学文化再生产的前提性要素，没有惯习的存

① 谭光鼎，王丽云.教育社会学：人物与思想[M].上海：华东师范大学出版社，2009：396-397.

在，大学文化再生产就没有逻辑起点和实践支点，也就不可能有公平与不公平的结果。“场域”是一种在各种位置之间存在的客观关系的一个网络或位置间的客观组态。场域是一种同时出现的空间结构，在文化再生产的过程中起引领作用，如引领文化向政治、宗教等方向发展，场域是大学文化再生产的根本性要素。事实上，任何高等教育阶段的大学文化再生产都是在具体的场域里进行的，精英阶段、大众阶段及普及阶段的大学文化再生产都有其具体的历史背景，对大学文化再生产进行结构分析要在特定的场域中进行。“资本”是大学文化再生产的关键性要素，主要分为四种，即经济资本、文化资本、社会资本和符号资本，这四种不同形式资本的等级秩序可以随着惯习的变化而发生变化，随着场域的改变而发生改变，但它们总是向着优势阶层的方向发生变化，使优势阶层及其子女在大学文化占有中处于领先地位，而弱势阶层的成员及其子女不仅在经济方面受制于人，而且对大学文化符号的了解上也处于劣势。在社会和高等教育制度不平等的条件下，大学文化再生产始终处于一个结构化的体系之中，并按照优势阶层获得更多文化专断的逻辑行程而得以合法化。

（二）高质量高等教育公平的符号暴力特征

大学存在着文化再生产现象，这是高质量高等教育不公平的根本原因。从高等教育不公平的根源上说，大学文化再生产实质上是一种符号暴力。所谓符号暴力，也称符号权力，是一种优势群体支配弱势群体的象征权力——一种难以识别并得到承认的暴力。由于特权的存在，大学文化再生产的行动客观上是一种符号暴力，它是由一种专断权力所强加的一种文化专断，并通过客观上被承认为合法的教育权威来实施，从而决定了对教育行动合法性的承认①。在社会差异不可能完全消失的高等教育场域中，不同惯习和文化资本的人不仅在获得普通高等教育权利上具有很大的差异，而且在获得优质、特质高等教育机会上存在很大差

① 布尔迪厄，帕斯隆.再生产：一种教育系统理论的要点[M].邢克超，译.北京：商务印书馆，2002：13-23.

别，从而决定了大学文化再生产是一个族群对另一个族群的专断，这种专断并通过文化再制、文化固化和文化复制的途径而得以实现，最终导致了高等教育入学机会的不公平。

1. 城乡二元文化的再制：高等教育机会偏向于城市学生

文化资本是社会分层与流动的“筛选器”，也是文化再生产的“平衡器”，具有促进社会公平和城乡均衡发展的社会功能，但国家长期实行城乡二元分割的社会制度，城乡经济之间的鸿沟始终存在，城乡居民收入之间的巨大差异使城乡考生在获得教育资源的经济基础上差距明显，由此使得城乡考生的教育竞争力不平等，教育的文化功能受到侵蚀和稀释，高等教育资源的分配带有明显地偏向城市学生的特征，农村考生在获得高等教育资源特别是优质、特质高等教育资源方面处于不利地位。虽然高等教育扩招为城乡学生均提供了更多的入学机会，但城乡学生在进入不同类型与层次高校的机会上存在巨大差异，高等教育入学机会正在从显性的、表面的不公平转向隐性的、深层次的不公平，其最直接的表现是：在“双一流”建设大学，具有较强文化资本的城市学生占有较大的份额，而文化资本不足的农村学生则大量聚集在教育资源、教育质量相对薄弱的一般本科院校及高职高专，同时，那里也是贫困生的聚集地；在高等教育系统的顶端，文化资本欠缺的农村学生少有获得与城市学生同等概率的博士教育机会，文化资本丰富的城市学生攀上教育阶梯顶点的概率比一个同样聪明并有同样学习能力的农村学生要大得多。不同文化资本的学生获得高等教育机会的状况说明，大学招生文化是城乡二元文化的再制，即大学招生是城市学生对农村学生的一种专断，城市学生凭借其所拥有的文化资本在高等教育场域中处于优势地位，而支配这种招生秩序的是一种“看不见的、沉默的符号暴力”，于无形中助推了城市学生的成长过程，给了他们更多的人生出彩的机会，而乡村学生的个性潜能在一定程度上被抹杀，他们要通过高等教育改变自身命运的路途则更艰辛、更漫长。

2. 阶层隔离文化的固化：高等教育制度始终倾向于少数人

高等教育入学机会公平作为大学教育公平的第一道门槛，是促进不同族群学生公平向上流动的阶梯，也是消除阶层隔离的“最伟大的工具”。我国长期以来的阶层固化使不同阶层学生缺少公平流动的机会。所谓阶层固化，是指社会阶层分化严重导致社会阶层间流动减少，父母的阶层地位决定子女的阶层地位和受教育状况，社会阶层结构如此代际传递，不平等在代际被固定下来。在社会制度改革不断深入的过程中，我国社会结构发生了很大变化，阶层固化的趋势明显增强，下层社会向上层社会流动的通道日益狭窄。阶层结构的固化渗透到高等教育场域，使大学文化再生产成为优势阶层对弱势阶层的专断，“有钱有势者的子女成为教育的‘宠儿’，而无钱无势者的子女则成为教育的‘弃儿’”[①]。社会优势阶层可以依靠自己的钱势为子女选择好的大学、好的专业，充分享受高等教育的权利，社会弱势阶层却连基本的高等教育权利都不能保证。“高等教育不再是实现社会阶层合理流动的渠道，反而成为‘阶层固化’的助推器”[②]，主要体现为拥有更多文化资本的优势阶层的子女在进入“双一流”建设高校方面占有绝对优势，而文化资本相对缺乏的弱势阶层的子女只能大量分布在普通本科院校和高职高专；在不同学历层次上，具有较强文化资本的优势阶层子女同样可以获得更多的教育机会，他们接受重点本科、硕士、博士教育的概率要大得多。大学招生文化所显示出的阶层固化特征表明，我国高等教育制度实质上是在维护优势阶层的既得利益，使他们有更多机会利用自己的文化资本为子女获得更多更好的文化专断，并使阶层优势通过文化暴力而得以传递。如果说近年来的高等教育扩招制度使弱势阶层子女也获得了更多的大学文化专断，那么他们获得更多的只是“低质、普质大学文化”，优质的大学文化仍然向着社会精英阶层的那部分人，高质量的高等教育入学公平仍然是一个难以实现的梦想。

---

① 周洪宇.教育公平是和谐社会的基石[M].合肥：安徽教育出版社，2007：6.

② 刘宏伟，刘元芳.高等教育助推阶层固化的社会资本分析[J].高教探索，2013(4)：124.

3. 性别歧视文化的复制：高等教育价值更加倾向于男性

文化资本是高等教育价值的直接反映，它不仅为不同性别的学生提供进入不同社会阶层的通行证，也为大学文化再生产提供物质基础。我国传统的性别文化惯习将男女分割在两个不同的高等教育世界，女性一直被置于宗法淫威的底层，扮演着政治、经济、文化发展的配角，不能获得与男性同等的文化资本。新中国成立以来，随着女性主义意识的不断发展，女性的社会地位发生了翻天覆地的变化，受教育程度也显著改善，越来越多的女性通过高等教育改变了自身的命运，但相对于男性公民而言，这种进程是缓慢而低效的。由于传统文化中的性别意识仍然潜在，高等教育场域对传统性别文化接近原样的复制，使大学在性别文化再生产的过程中起到不公平的作用，限制了女性公平地获得大学教育的机会和公平的就业机会。从大学的招生来看，女生主要分布在低学历层次和非重点院校，女生接受优质、特质高等教育的机会远低于男生；和具有同等才能的男生相比，女生向上层社会流动的机会也少得多；高等教育入学机会在不断增加，但在新增的高等教育入学机会份额中，优质、特质高等教育入学机会主要为男生获得，女生则成为弱势群体。从大学毕业生的就业来看，性别仍然是女生就业的一头“拦路虎”，使她们在工作选择中常会受到种种不公平待遇，用人单位“重男轻女”的故事在不断地重复上演。尽管国家强调用人单位要男女公平对待，但这种存在了多年的“潜规则”不可能在短时间内被彻底打破。

（三）大学文化再生产的专断铁律能被打破吗？

大学文化再生产的专断不仅影响到教育公平，也影响到社会公平。公平正义作为社会主义先进文化大繁荣大发展的重要特征，就像“阿基米德支点”一样，既是消除已有不平等的价值准则，也是推动社会和谐发展的重要力量，在打破大学文化再生产的城乡分割、阶层隔离和性别歧视方面发挥着价值导向的作用。在高等教育改革实践中，大学文化再生产的专断铁律能否被打破，或在多大程度上被打破，取决于高等教育改革的信心和决心。尽管这是一个艰难的过程，但我们至少可以看到努力的方向。因此，以公平正义为准绳，从机会公平、制度公平和价值公平方面打破大学文化再生产的专断铁律，实现大学文化的和谐再生产，既是公民社会的强烈要求，也是大学发展的美好愿景。

一是铺设平等流动的文化再生产阶梯，助推高等教育机会公平。入学机会作为大学教育的第一道门槛，是促进不同族群学生公平向上流动的阶梯，也是消除城乡分割、阶层隔离和性别歧视的"最伟大的工具"，在打破大学文化再生产的符号暴力方面发挥着基础性的作用。在平等社会里，衡量一个社会中的公民是否公平地享有接受高等教育的权利，最基本的标准就是看公民是否有机会跨进大学的校门。我国高等教育还不能成为社会族群公平向上流动的阶梯，首先在于不同族群的学生还不能获得同等的入学机会，高等教育机会公平水平还很低，不能达到令人满意的程度。因此，要实现不同族群学生的公平流动和社会公平竞争，就要充分考虑那些在文化资本上居于劣势的群体，给他们同等的大学入学机会。从公平的原则来看，"公平表示人与人利益关系及关于人与利益关系的原则、制度、做法、行为等合理之义"①。罗尔斯在《正义论》中提出了教育公平的两项原则，有助于解决大学文化再生产的不公平问题。第一个原则是平等原则，即每个人都具有接受各种教育的自由权利和机会。从这一原则出发，大学教育资源作为一种社会公共财富，每个人都应有机会拥有。大学教育机会也是社会公共资源之一，必须向所有人敞开，而不是眷顾社会上的少数人。第二个原则是差异原则，即在社会成员中确保处境不利者的受教育机会。罗尔斯指出，教育机会均等只是形式上平等，它离事实上的平等相差较远，因为社会成员的天赋、能力是不一样的。所谓"天生"优势和社会优势只是武断的资源分配制度，含有必然的暴力性特征，只有通过从合作体系中通过社会协商的方法进行平等分配的同时对处境不利者进行补偿，才能实现事实上的公平。罗尔斯所秉持的公平观相当于要求我们，大学教育机会只有向弱势群体倾斜才能减少符号暴力，才能具有真正意义上的高等教育机会公

① 戴文礼.公平论[M].北京：中国社会科学出版社，1997：41.

平。更具体一点来说，就是大学教育要为弱势阶层提供更多的入学机会，特别是提供更多的优质、特质高等教育入学机会，比如重点高校云集的北京、上海等地的“双一流”建设高校应减少在当地的招生计划，结合不同省份的总人口数和考生人数，扩大在其他省份农村地区、偏远地区和少数民族地区的招生名额；又如将异地高考政策由“一律封堵”转向“有条件地放开”，从而促进全国的高考公平和教育公平[①]；再如通过加大高等教育投入、调整高等结构等方式积极创办优质、特质高等教育资源，才能从根本上提高高等教育机会公平水平。

二是形成合理竞争的文化再生产机制，促进高等教育制度公平。教育制度公平是指通过建立管理规范和规章制度促进大学竞争的公正、正义和平等。公正性是大学教育制度的根本属性，也是大学文化再生产的终极目标。之所以要通过制度公正保障大学文化再生产的公平性，是因为“文化有一种似非而是之处，它通过约束人的行为而使人获得解放”[②]。大学是学术的场域，探索高深知识是学者的基本责任，也是高等教育入学者应然的诉求。为了确保知识的准确与正确，学者的活动必须只服务真理的标准而不是个人出生的标准，对于选择知识传授的对象，不同文化资本的人均有公平竞争的制度保障。如果一部分人探索高深知识的权利被另一部分人剥夺，大学的神圣性、纯洁性就会被玷污。这即是说，不同地区、不同阶层、不同性别的人，只要他们具备学术探索的条件，都应在制度保证下公平地享有这种追求复杂的、深奥的高深学问的权利。向着这样的教育目的，大学教育制度的改革必须以学生为本、以学术为本，而不是以文化资本为本，使大学成为一个成就学生地位梦、工作梦、收入梦、幸福梦和发展梦的殿堂。加拿大学者约翰·范德格拉夫（John H. Van de Graaff）曾指出：“机会均等的观念不仅关注高等教育的入学机会问题，而且也关注使高等教育适应新近获得入学

① 李木洲.高考管理制度的改革与变迁：成效、难点及趋势[J].教育研究与实验，2014(3)：44-48.

② 眭一凡.教育发展理论研究[M].北京：高等教育出版社，2001：437.

权利的群体。”① 如果对范德格拉夫的观点作进一步理解，机会公平的观念促进了高等教育的多元化和民主化，使高等教育从极少数人掌握的特权变为多数人的权利。当然，这并不是说学术界是人人平等的民主圣地，而应是那些有才智的人的一统天下。也因此，建设以生为本和以学术为本的大学教育制度，并非大学之门向所有人全部开放，而是面向那些有潜力掌握或掌握了高深学问的人。这是一种新型的制度文化观，这种文化观的重点不在于制度建设本身，而在于大学教育制度建设之后的运行与参与，其具体内容包括不同地区、不同阶层、不同性别的学生对大学制度文化建设的认同，以及制度文化对学生公平竞争感的唤起和创造性的激活；其具体的运行机制在于解决制度施于个体的权利不公平，破除制度惠及个体的机会不公平，使全体社会成员能自由、平等地选择和分享优质和特质高等教育资源，为每个人的人生发展提供相同的机会，给每个人的地位变迁提供相同的机遇，让每个人的潜质开发拥有相同的空间。

三是凝聚共同成长的文化再生产目标，实现高等教育价值公平。文化是民族的血脉，是人民的精神家园。文化再生产是民族血脉的延续，是民族精神堡垒的建造和加固。大学作为文化再生产机构，是人类精神的守望者，能赋予不同族群的人真善美的丰富内涵②，能满足不同性别、不同阶层的人的主体性需求和价值目标，推动人从自然人向社会人、文化人转变，实现更高公平水平的高等教育价值。高等教育价值公平是学校、学生、社会等合力作用的结果，离不开彼此的良性互动。从高等教育价值公平的内在机理来看，“公平的教育创造公平的学生价值，公平的学生价值创造公平的社会价值，从而形成学校、学生和社会价值链的有机统一，对社会整体产生巨大的价值力量”③。高等教育价值公平作为社会公平的重要组成部分，是社会公平和大学文化再生产的核心

---

① 范德格拉夫.学术权力：七国高等教育管理体制比较[M].王承绪，张维平，等译.杭州：浙江教育出版社，2006：11.

② 李化树，吴燕.论多元文化背景下的大学文化批判[J].教育研究与实验，2013(5)：29-33.

③ 朱超华.教育公平的本质及其社会价值分析[J].中国高教研究，2003(7)：3.

内容。而大学文化是一种寓学生、社会等不同主客体于一体的关系性存在，其价值包含两个方面的规定性：一方面是能够满足一定教育价值需要的客体，另一方面是某种具有教育价值需要的主体。当一定的主体发现了能够满足自己教育价值需要的对象，并通过某种方式占有这种对象时，就出现了教育价值关系。追求教育价值关系上公平公正，应该看重的是学生的学术标准而非出生，这相当于告诉我们，如果大学真的是崇尚学术的殿堂，就要以学为尊，把不同性别的学生视为价值的主体，充分贯彻学术自由的原则。无论过去还是现在，“学术自由之存在，不是为了大学教师的利益，而是为了他服务的社会的福祉，最终则是为了人类的福祉”①。这种文化价值观有利于打破文化专断，把大学看作一个纯粹的学术团体，尽管这个团体中的学生仍然有个体差异，但他们不因为家庭出身、父母阶层、性别差异而受到不公正待遇。在这种价值追求中，不同地区、不同阶层、不同性别的学生为了一个共同的目标而聚集在一起，在大学这个“文化之家”里携手共进，共同成才。

二、从筛选假设理论看高质量高等教育公平

伴随着高等教育日益从社会边缘走向社会中心，现代社会中的高等学校正在成为人才鉴别的“筛选器”或“社会筛选或分配的机构”②。以高等教育文凭为社会筛选的信号，将高校毕业生分配到社会的各个职业或岗位，实现合意的高等教育分流，是现代社会量才、选才和用才的重要方式。因此，从筛选假设与信号理论的视角分析高质量高等教育公平，能更清晰地认识高等教育文凭的甄别机制。

美国社会学家迈克尔·斯宾塞（Michael Spencer）和罗伯特·索洛（Robert Solow）等人提出的筛选假设理论（theory of screening hypothesis）认为：第一，教育作为一种筛选装置、一种识别人之才能的信号，其主

① 金耀基.大学之理念[M].北京：生活·读书·新知三联书店，2001：173-174.

② PSACHAROPOULOS G，WOODHALL M. Education for development：an analysis of investment choices[M].New York：Oxford University Press，1985：44.

要作用不在于提高人的认知水平，而是对具有不同能力的人进行筛选，以帮助雇主识别不同能力的求职者，将他们安置到不同的职业岗位上；第二，筛选是通过文凭揭示个体已有的生产能力，即学历是反映应聘者才能的信号，雇主可以凭借应聘者学历的高低判定其能力的强弱，因而高学历、高水平的大学文凭是应聘者受到雇主青睐并进入某些高收入职业的敲门砖或门票；第三，高等教育的筛选作用在于，高等教育作为一种信号，是人们向未来雇主传达本来是不可观察到的生产率的一种方式，被雇佣者为了向雇佣者传递自己高能力的信号，会投资于更高层次、更高水平的教育①，但高等教育要成为有效的筛选信号，必须通过筛选作用而发生，即筛选作用是高等教育的主要经济价值，反映了个体接受高等教育状况与经济收入的正相关。

如果将高等教育的筛选功能与社会选才联系起来，可以进一步解释高等教育文凭的信号功能，也可以进一步解释高等教育分流和高质量高等教育公平的发生机制。由于雇主在招聘求职者时面临着不完全信息或不确定性，无法准确辨识求职者的生产能力，因此招聘是一种不确定的投资，为了降低投资风险，雇主需要借助一定的信号对求职者的能力进行衡量，以准确筛选出最合适的求职者，而高等教育文凭是一种帮助雇主有效鉴别求职者生产能力的重要信号。高等教育文凭之所以成为雇主筛选人才的信号，一个原因在于个体的能力与受教育程度成正相关，个体获得的高等教育水平越高，往往也就意味着其能力越强；另一个原因在于高等教育入学考试是对个体能力的一种检测，只有高能力者才可能接受高质量的高等教育。因此，高等教育文凭是一种有效反映学生能力的信号，进而成为雇主鉴别求职者能力、筛选求职者的依据。从这一理论出发，赋予考生公平的高等教育入学机会，使其能获得同等“含金量”的高等教育文凭，就相当于赋予其同等的被雇主筛选聘用的机会。从这个角度来理解，高等教育入学公平对于个体改变职业状况和地位变

---

① WOLPIN K I. Education and screening[J]. American economic review, 1977, 67(5): 949-958.

迁具有极为重要的现实价值。

在我国经济社会加速转型和高等教育普及化深入发展的过程中，社会用才、高校选才、学生成才的价值准则发生了很大变化，高等教育入学公平呈现出新特点、新要求。努力让每个考生都享有更高质量、更加公平、更适合自己的高等教育，不仅是人民群众最关心、最直接、最现实的社会问题，也是建设高等教育强国、推动社会和谐发展的价值追求。鉴此，从筛选假设理论的视角分析高等教育入学公平，有利于我们更深刻理解高质量高等教育公平的内涵与价值导向。

（一）适应社会：公平筛选的目标

高等教育入学政策作为国家管理高等教育的基本手段之一，既是高等教育信号获得的重要保障，也是高等教育合理分流的重要保障，在促进受教育者被公平筛选方面发挥着基础性作用。入学政策的公平性既是由高等教育入学政策的适应性决定的，又反过来影响高等教育入学政策的适应性。这可以从两方面来理解：一方面，高等教育入学政策的公平程度取决于其对社会需求的适应程度，即高等教育入学政策的适应性越强，对社会的惠及面越广，其筛选对象越具有普适性，高等教育入学政策的公平水平就越高。另一方面，高等教育入学政策公平是国家政策公平的一种客观反映，高等教育入学公平水平的提升将直接或间接地影响到一个国家教育政策公平水平的提升。“如果公民享有了教育权利，而政府未能提供高等教育机会，这依然谈不上公平性，政府因之会失信于民。”① 因此，从政府执政为民的角度出发，高等教育入学政策的改革发展既要与经济发展相适应又要与社会需求相适应，才能形成教育与经济、教育与社会的互利性良性循环，高等教育的信号功能才能得到有效释放，人们通过后天努力即可以公平地进入优质或特质高等学校，再通过获得优质或特质高等教育文凭而获得较理想的职业岗位和优厚待遇，实现自我更好的发展。

纵观世界高等教育入学公平的推进历程，政府为了增进高等教育入

① 李洁.美国高等教育公平化的实施路径[J].教育评论，2014(1)：154.

学机会的公平分配，往往通过制定普适性的高等教育入学政策来适应时代的发展、适应稳定的和变化的政策环境。无论是美国的《高等教育法》还是英国的《罗宾斯报告》，都无一例外地把保障公民平等的入学权利与机会作为重要内容，致力于摒弃不可改变的性别、种族、家庭出身、社会阶层、宗教信仰、身份门第等信号歧见，使高等教育机构的招生对象从特定人群扩展至全体国民，尤其是弱势群体，提升国民的整体教育水平，让社会处境不利的群体获得更多被高收入职业、高地位部门选择的机会。“进入 21 世纪，许多欧洲国家都在致力于高等教育的入学机会公平，改变家庭社会背景、家庭收入等对学生入学的消极影响。”① 这种发展趋向可能预示着，高等教育入学公平时代已经到来。就中国高等教育而言，不可否认，我国近年来高等教育入学政策的改革使越来越多的考生享受到更高质量和更加公平的高等教育，并通过接受高质量高等教育实现了自己的梦想，改变了曾不满意的生活状况，但仍然有不少考生被排斥在高等教育入学政策的眷顾之外。不容置疑，政府不是高等教育入学公平的守护神，期望政府提供绝对公平公正的高等教育既不理性也不现实，但政府可以通过不断改革入学政策，缩小消极信号传递的范围，扩大积极信号传递的空间，高等教育入学公平的进程才会不断加快。

（二）标准多元：合理筛选的前提

高等教育入学标准作为决定考生能否进入高校接受高等教育的一把尺子，其公平性既是维系高等教育入学机制良性运转的关键所在，也是保证高等教育质量不断提升的价值所存。高等教育普及化时代，人们的高等教育需求更加多样化，不同天赋、能力、兴趣的考生具有不同的高等教育需求；高等教育质量的判定标准更加多元化，社会、家长、学生、学校眼中的高等教育质量标准大相径庭；用人单位的选才准则更加多极化，企业、个体经济组织、国家机关、事业组织、社会团体对求职者的能力要求千差万别。由于高等教育供给与高等教育需求之间的信息

① 姜勇，汪寒鹭. 入学公平与欧洲高等教育改革[J]. 高教探索，2010(2)：59.

不对称，加之高等教育市场是一个信息不对称市场，学生在高等教育市场上传递的教育信号对用人单位来说至关重要。而高校扩招实际上降低了高等教育的入学门槛，使得教育文凭信号的甄别功能大打折扣，毕业生就业市场“逆向选择”的问题加剧[①]，用人单位不得不求助于更高的文凭信号或更有特色的文凭信号来甄别毕业生能力的高低，这就会导致大量高校毕业生的失业。

按照筛选理论的观点，高校毕业生失业的根源在于学生传递的教育信号与市场需求不对称，因此高等教育的重要使命在于用最直接、最有效的方法，为不同的考生提供最富有个性的学历证书，传递最受雇主欢迎的文凭信号。高等教育入学作为人才培养的起点，是学历信号发射的第一个环节，其在普及化情境中仍然沿袭面向少数人的精英式入学标准显然已不合时宜，高等教育入学标准的制定应该充分考虑中国高等教育普及化的国情，既要考虑到为国家选拔高水平的学术精英，为创新型人才成长创造广阔的空间，又要把素质教育和因材施教的教育理念结合起来推行渐进性改革，为所有人成功提供出彩的机会。这就意味着，高等教育入学标准的变化要与教育的发展结合起来，“离开了教育的充分发展，单纯的教育公平甚至是不存在的”[②]。

基于社会需求的多元性和教育发展的多样性，高等教育入学标准必须秉持多元选才的观念，探索适用于全体考生的评价方式，对于全体学生的发展才有公平性可言。根据我国高等教育结构多层次、多类型的特点，可以探索分类考试、综合评价、多元录取的选才标准，建立起高等教育分流和人才培养多元化的立交桥，实行高等职业教育与普通高等教育入学考试相对分离的选拔制度，高等职业院校招生以“文化素质＋职业技能”为评价方式，一般普通高等院校招生以“高中学业水平考试＋综合素质”为评价方式，重点院校招生以“高考成绩＋综合素质”为评

① 余华义.从筛选理论的观点看扩招对毕业生就业的影响[J].理论与改革,2006(3):89-91.

② 谢维和,李乐夫,孙凤,等.中国的教育公平与教育发展:1990—2005[M].北京:教育科学出版社,2008:203.

价方式。如此能在兼顾学生个性发展的同时又考虑大学的自主选拔，较好地避免千军万马争过独木桥的局面，科学地反映考生的真实能力，保障考生入学的公平性和公正性，同时使得学生有更多机会来展示自己的综合素养，发挥自己的潜能，向用人单位传递独特的教育信号，获得更多入职的机会，也有利于高校更全面地选拔人才，培养出适切自己个性的学生。

（三）广泛入学：科学筛选的核心

在高等教育的信号功能还没有失灵的情况下，用人单位的筛选依据是学历证书，“就业主要依赖于所接受的学校教育，获得高收入和就业岗位的唯一必要条件是拥有足够高的教育程度”①。因此，人们需要广泛的、更公平的高等教育入学来创造更大规模的高等教育，尤其是更多类型、更大规模的优质和特质高等教育。“我国所谓高等教育的筛选是在进入高等教育之时，而不是在高等教育过程之中，是高考起到了筛选作用，高等学历信号仅仅是对高考甄别结果的一个反映而已。”② 从筛选理论的角度分析，学历证书是进入相应高等教育机构并达到相应标准的一个证明，教育信号实际上是以学历证书的形式体现出来的。入读同类型与层次的高等学校并获得相应的高等教育证书，就会发出相应的高等教育信号；没有机会进入高等学校并获得高等教育学历证书，就没有发出相应高等教育信号的机会。因此，高等教育入学筛选就是要把更多具有不同才能的人送到不同类型层次的高等学校里去，实现基于理性选择的教育分流，而不是向某一类大学蜂拥，这也从另一个侧面体现了高等教育入学形式的公平。

就高等教育入学筛选的形式而言，高等教育公平分为形式公平和实质公平。形式公平取向于赋予学生普通意义上的入学机会公平，即只要学生获得了同等的上大学的机会，就能够享有同等的学历信号，高等教育入学在客观上就是公平的，而不论学生上何种层次与何种类型的大

① 吴迪.大学生就业:愿景与现实[J].高教探索,2014(4):137.

② 吴一丁,毛克贞.筛选理论、教育成本与高等教育体制[J].经济体制改革,2006(2):176.

学，高等教育入学的筛选功能都是合理的；实质公平取向于赋予学生优质意义的入学机会公平，即高等教育机构不仅要赋予学生同等的上大学的机会，还要赋予学生同等的上“好大学”的机会，高等教育入学才有公平性可言，高等教育入学的筛选功能才有积极性可言；形式公平和实质公平在对立中统一，在矛盾中发展，彼此相互制约又相互促进。高等教育公平的最终目的是实现实质公平，但形式公平是高等教育入学公平的第一道栏，也是实质公平的必经之路，高等教育入学必须首先实现形式公平，才能最终实现实质公平。

在高等教育普及化阶段，我国高等教育的层次结构日益多样、类型结果日益复杂，加之中等教育的层级日益分化，流向日益多元，一元化的入学形式已不能适应普及高等教育的需要。从公平竞争的角度出发，高等教育入学形式的改革在于建立和形成更加广泛的入学形式，以便让考生各安其位、各求所需、各显其能、各展其长，而不至于堵塞在一条胡同里。这就要求，高校应采取丰富多彩的入学形式，具体可以探索以下形式：申请入学——考生可以根据自己的高中学业水平考试成绩和综合素质评价结果等，向符合自身条件的高校提出申请，高校则依据其情况决定是否准予入学；考试入学——考生按照自己的学业水平与就读意愿，根据不同高校的学科与专业特点，有选择地报考若干自己心仪的大学和学科专业；推荐入学——某些具有特殊天赋或某种特长潜质的学生，包括一些专才、奇才、偏才，可以通过公平公正公开的方式，推荐甄选入学。学生多样的入学形式是改变“一考定终生”的重要途径，也是高校因材施教的重要举措，可为通才成长和专才发展开辟双向通道，高等教育机构应该为学生提供必要的空间与发展渠道。

（四）机制灵活：自由筛选的关键

入学机制的灵活性是高等教育机构科学选才、公平选才的前提条件，也是高等教育适应社会经济发展、适应个体能力发展的强大动力。社会筛选假设理论认为，高等教育投资应当以市场供求关系为依据，以市场价格为高等教育投资的衡量符号。如果高等教育机构选择了不适合自己特性的考生，或者考生选择了不适合自己特性的学校，学生通过接受高等教育获得的信号和真实能力之间的关系极有可能是负相关。这即是告诉我们，高等教育入学机制的建立要因情而适，不同类型、不同层次的高等教育招生不可盲目地千篇一律。

我国高等教育入学机制经过多年改革已逐渐步入健康发展的快车道，但由于种种原因仍然僵化性有余而灵活性不够，高校招生主要按照“划分录取批次→制定录取分数线→招生院校调档线的确定→分批录取与调剂录取→二次录取→通知考生”的模式运行。这种入学机制使学生只能在固定的批次里填报入读高校和专业，个性得不到充分发展，专业兴趣难以得到满足，学生对学校的认可度、对专业的满意度均处于较低水平；高校只能在有限的范围内招录学生，办学理念难以付诸实践，办学特色得不到体现，高校的人才培养模式难以很好地和高考招生对接。

无论从扩大学生的选择权还是从拓展高校的选才面来说，高等教育入学都应该减少刚性的限制，增加柔性的方法，从而建立起一个更加灵活、更能有效地维护公平的新机制，保障每一个人都有条件选择和接受适合自己发展的教育。就减少刚性的限制而言，高等教育入学机制创新要以增强学生与学校、学生与学科专业的适应性为导向，努力创造条件逐步取消高校招生录取批次，同时改进投档录取模式，推进并完善平行志愿投档方式，以此增加高校和学生的双向选择机会。就增强柔性的方法而言，国家可以建立在基于统一测试基础上的高校自主选拔机制，学生根据高校的成绩要求提出申请，不同类型与层次的高校分类独立进行录取，学生可以结合自己的实际情况向多所高校申请而获得多张录取通知书，从而真正实现考试与招生分离，既扩大学生的自由选择权又扩大高校的自主选择权。

（五）程序规范：科学筛选的保障

规范的入学程序取向于秉持公平公正的价值理念解决入学矛盾、分配教育资源特别是优质和特质高等教育资源，能有效地防止人为偏移与“走后门”而造成人们在高等教育学历上的竞争不公。规范的入学程序不仅是高等教育机会公平的保障，也能有效促进高等教育过程公平和高等教育结果公平，为高校毕业生就业提供同等的教育信号。筛选理论认为，用人单位总是希望从众多求职者中筛选有较高工作能力的人去填补岗位，高等教育文凭是高校毕业生证明自己劳动能力的一种信号，用人单位往往通过高校毕业生传递的教育信号来推测其能力之高低。在高等教育深入发展的过程中，高校毕业生的数量在增加，而高等教育文凭却在贬值，由此造成了待就业人数的增加。“毕业生在就业市场上的失败，唤起的是他们对于更高层次学历文凭地强烈追求。”[①] 这是人们对于高层次文凭、重点大学文凭强烈追逐的原因。人们为了进入好的大学，于是想方设法钻高等教育入学的空子，利用高考加分、考试作弊、高考移民等方式“登堂入室”，使原本纯洁的象牙塔中长出不少“暗斑”。

规范的入学程序是教育领域里防腐、拒腐、反腐的利器，是为了保障和实现高等教育公平而进行的一种制度设计，其在实践中的运行不仅要考虑家长、学生、学校等利益相关者的主观感受，还要多方了解社会的需要及其满意程度，从客观事实层面提高入学程序的公平性，否则会造成教育信号的不对称，社会屏障教育筛选。鉴于入学程序的规范性首先体现在程序的制定过程上，高等教育招生机构在制定入学程序时必须充分考虑影响招生不公平的因素与可能，通过制度上的杜绝与监督来实现考生公平竞争，并且在程序实施上设立对不公平行为的有效反馈与惩罚机制，从而保证程序实施的公平。为了从根本上保证入学程序的制定和实施公正，高等教育招生机构特别要做好三点工作：其一，规范宣传。高校在招生之前应当将涉及考试招生的相关事项在招生章程中详细列明并向社会公布，让社会全面了解高校招生信息，做到招生有据可依，有章可循。其二，规范决策。在招生过程中，高校要充分发挥招生委员会的作用，实行集体决策，规范学校招生计划、招生政策和规则的制定，避免个人发挥决定性作用，堵死权力寻租的空间和招生腐败的漏洞。其三，规范监督。通过建立社会监督机制、考试申诉机制、招生问责机制，规范学校测试、现场录取、最终确定录取名单等环节。程序公

① 李桂风，龙慧琼.谈理性对待高等教育文凭：基于筛选理论的视角[J].科技创新导报，2013(24)：255.

平是一种全过程的公平，应当贯穿于高等教育入学的始终，直到最终录取结果公平的实现。

（六）录取透明：理性筛选的归宿

录取结果公平是入学公平的高级形态，其本质并不是每个来自不同背景的学生在入读不同类型与层次高校的机会上完全平等，而是将高等教育招生无法控制的那些变量，如学生的天赋、智力水平、努力程度等信号进行排除之后，只考虑高等教育入学录取系统自身的变量对考生所造成的影响是平等的。也就是说，无论学生之间家庭条件、智力水平等先天信号因素的差距如何，只要他们达到了高等教育机构的入学标准，高等教育系统为他们提供的入学机会就应该是公平的。录取结果公平作为最终衡量高等教育入学公平与否的重要指标，是人们追求公平的根本目的。只有切实维护高等教育入学录取结果的公平公正，才能向社会群体传递信号的正向功能，才能得民心、顺民意、使人信服。而要做到高等教育入学录取结果公平，其前提条件就是录取结果公开透明。可以说，高等院校招生录取结果的透明度决定着高等教育入学录取结果的公平性。

在当前社会诚信体系尚不健全、招生考试环境依然严峻、管理监督工作相对缺位、信息公开制度不够规范的情形下，高等教育入学中的筛选与被筛选还存在信息不对称的问题，高等学校的入学录取还存在一些不为人知的“黑箱”，使人们对高等教育的入学选择不大满意。每年高考，高校都会收到不少“点招生”“赞助生”“条子生”“票子生”“调剂生”“调档生”“中介生”……高等教育入学的公平性、客观性不断受到人们的质疑，其透明性、阳光性也成为社会各界反响最强烈的问题之一。

根除高等教育入学中的“黑幕”，提高社会的公信力和人民群众的满意度，高等教育入学机制创新要以维护广大考生的合法权益为出发点和归宿，以公平公正为核心，在深入推进和完善“阳光招生”工程的基础上，创新高校招生工作信息公开思路与方法，拓展信息公开渠道与途径，扩大信息公开范围与内容，准确、及时地将招生政策、招生计划、考生资格、录取程序、录取结果、咨询及申诉渠道、重大事件违规处理结果等信息公之于社会，同时通过建立健全招生违规查处制度，主动强化社会监督，增强信息公开实效，逐步建立起与我国经济社会发展相适应的更加公开透明的高等教育入学机制，才能真正确保录取结果公平公正。

三、从社会分层与流动理论看高质量高等教育公平

社会地位的形成机制表明，在高度分层的现代社会里，高等教育入学机会公平对社会合理流动具有直接影响，高等教育入学机会公平使不同阶层的学生有机会获得等值的学历文凭、掌握等价的科学知识、形成等量的职业技能，谋得等比的就业机会，最终公平地实现经济收入的提高、生活状况的改变和社会地位的变迁。随着知识社会的来临，个体社会地位和身份的确定越来越取决于其所受的教育，越来越取决于其所掌握的知识和技能，“不论是对于社会上层成员要防止他们的向下流动而言，还是对于社会下层成员要实现他们的向上流动而言，都必须在教育尤其是高等教育上取得优势”①。在某种意义上，高质量高等教育公平不仅是社会合理分层的“调节器”，也是社会合理流动的“风向标”。

所谓社会分层，是依照共通的社会经济状况而将人们区分为不同的群体，它关涉一系列关系性的社会不平等，包括经济、政治、文化、社会、制度和意识形态等。当人群之中出现了差异，并且这样的差异已经导致部分人拥有凌驾于其他人之上的地位、权力、特权时，就产生了社会阶层②。社会分层是一种社会现象，也是一种社会过程。在国家没有消亡的情况下，社会借此而将不同群体的人们分成有高下之别的社会集团或阶层，包括社会上层、社会中层和社会下层等社会阶层。陆学艺将社会阶层从高到低分为十个层级，即国家与社会管理者阶层、经理人员

① 朱家德.论转型社会中受高等教育权的特权属性：基于社会分层与高等教育互动关系的分析[J].清华大学教育研究，2009，30(1)：22.

② BARKER C.Cultural studies：theory and practice[M].London：SAGE Ltd，2008：436.

阶层、私营企业主阶层、专业技术人员阶层、办事人员阶层、个体工商户阶层、商业服务业员工阶层、产业工人阶层、农业劳动者阶层、城乡无业失业半失业者阶层。

所谓社会流动，是指一个社会成员或社会群体从一个阶层转到另一个阶层，或从一种社会地位转到另一种社会地位，或从一种社会职业转到另一种社会职业。社会流动是阶层结构调整的重要机制，是社会变迁发展的指示器，也是社会选择的一种基本途径。我国从传统社会向现代社会、从计划经济社会向市场经济社会、从封闭社会向开放社会转型，社会分层更加复杂多样，社会流动更加频繁，以高质量高等教育公平促进社会合理分层与良性流动，有利于调整个体与社会分层结构的既定关系，增加中低社会阶层成员实现社会地位升迁的机会，促进社会公平发展；有利于拓宽社会各阶层之间的接触界面，增进社会理解与联系，缓解社会冲突与矛盾，促进社会协调发展；有利于激发人的积极性、创造性和开拓进取精神，促使人们充分发挥自己的聪明才智以实现地位变化，促进社会快速发展。

综而观之，在新形势下，高质量高等教育公平的时代内涵更加丰富，需要从社会分层与流动的理论视角进行深入分析，并在动态中加以理解和把握。

（一）为社会底层提供平等流动的起点和支点

社会成员或社会群体因占有社会资源不同而产生层化和差异，在社会阶层结构中处于不同的位置。社会分层的根本意义是资源和利益在人与人、人与群体、群体与群体之间的配置，由于社会资源是有限的，所以社会分层必然带来不平等。社会阶层是变动不居的，社会流动可以改变社会分层造成的不平等，防止阶层固化和社会板结；而要有效促进社会流动，社会资源的配置就应该向社会底层倾斜，使处于社会底层的群体获得公平甚至更多的垂直流动的机会。高质量高等教育作为社会分层的一种信号，是社会流动的基础性资源，也是社会底层公民改变自身状况的一种工具。从高质量高等教育在社会分层与流动中所起的作用来说，“好大学”的学习机会是撬动社会底层垂直流动的一根杠杆。正是在促进社会底层平等流动的意义上，高质量高等教育入学公平是根本的教育公平，它为每个人尤其是身处社会底层的公民提供不受任何歧视的开始“好大学”学习生涯的机会，可谓高等教育公平最底层、最基础的公平；同时，它又为每个人特别是中低社会阶层公民的人生转折提供平等流动的阶梯，因而又可谓社会公平的逻辑起点和实践支点。如果高质量高等教育机会不均等，将导致社会中低阶层丧失高等教育这个促进其向上层社会流动的重要工具或“武器”，而使其继续“滞留”于中低阶层[①]。为了防止阶层板结，促进社会良性流动，就必须推进高质量高等教育入学公平进程，扎牢社会公平的根基，使教育资源特别是优质和特质高等教育资源的分配实现真正的公平公正，使教育公平政策真正扩展到每一个边远的角落。同时，也只有提升高质量高等教育公平水平，社会上的弱势群体才有可能改变自身的不利处境，与社会其他阶层处于同一起跑线上，并通过接受高级专门训练来实现知识改变命运的理想，社会各阶层才有可能实现正常流动和合理分化，全社会也才有可能实现有序竞争、充满活力。

（二）使弱势群体获得公平流动的权利和机会

德国社会学家马克思·韦伯（Max Weber）从财富、权力和声望三个维度来划分社会阶层结构，建构社会分层理论和方法。韦伯认为，财富是指社会成员在经济市场中获得收入的机会，权力是在一种社会关系里能贯彻自己意志的任何机会，声望是一个人得自他人的肯定的评价和社会承认的机会，这三项指标与个人的政治地位、家庭出身、教育水平、生活方式紧密相关；财富、权力、声望三者之间可以转化，赋予个体其中一项内容，就相当于赋予其另外两项内容。在社会分层体系中，只要赋予低社会阶层中的成员权力，他就有向上流动的机会。接受高等教育可以使个体的声望改变，进而使财富和权力发生改变。鉴此，要使社会各阶层实现合理流动，首先就要保障个体受教育的权利，并赋予其

① 吴克明，卢同庆，曾新.高等教育社会流动功能弱化现象研究[J].教育发展研究，2013(9)：42-47.

公平的机会。高等教育入学公平是对公民接受高等教育的权利和机会的一种肯定，即接受高等教育不只是社会优势阶层的一种特权，而是社会各阶层的一种权利；出生于不同族群的公民不仅享有平等的高等教育机会，而且享有平等的优质、特质高等教育机会；考生的受教育权和高等教育入学机会不会因其家庭出身、社会背景、社会阶层而受到限制；考生凭借其所受的高等教育既可以实现自下而上的流动，也可以实现自上而下的流动。美国教育家贺拉斯·曼（Horace Mann）认为，教育是人的“天赋民权”，不分男女、不分民族、不分教派、不分贫富，公民都享有平等的教育机会①。在教育均权化不断发展的当代社会，使每个人都享有最高公平水平的高等教育入学是一个目标，它旨在为全社会的公民创造更多的向上流动的机会，使社会充满活力，更加进步，尽管这个目标遥不可及、难以充分实现，社会各方面也应该为此而有所改革，使合适群体中的每一个成员都能均等地得到他应得份额。

（三）让先赋地位不高者拥有向上流动的基石和阶梯

在高度分层的社会体系中，人的先赋地位是由与生俱来的特质而决定的。一般而言，“父母的地位对子女的地位有决定性的影响，这种主要是通过血缘关系承袭的地位称作先赋地位”②。与先赋地位相对应的是通过后天努力而获得的社会地位，称为自致地位。由于社会是流动的，个体在社会分层体系内的地位可以随着社会流动而改变，从其出身的地位中改变过来，实现向上或向下流动。在建设和谐社会的进程中，让先赋地位不高的考生实现由社会中低阶层向社会上层流动无论对个人还是社会来说都极为重要，它是教育公平程度和社会公平水平的反映，不仅影响到教育改革，而且影响到社会阶层和产业结构。如果一个时期内社会成员向上流动的频率超过向下流动，或者说社会中上层成员所占的比例在增加，说明社会在进步；反之，说明社会在倒退。

---

① 滕大春.美国教育史[M].北京：人民教育出版社，2001：303.

② 林曾.从寒门走进象牙塔：中美大学教授社会流动之比较研究[J].中国高教研究，2013(9)：52.

事实上，每个社会成员都希望向上流动而不是向下流动，但在高度竞争的知识经济社会，社会向上流动的机会分布并不是均匀的，只有那些受过优质和特质高等教育、拥有专门才能、获得有利机会的人才有可能向上流动。就此而论，优质与特质高等教育作为先赋地位不高者向上流动的天梯，其入学公平与否在很大程度上决定着中低社会阶层向上流动的机会。赋予中低社会阶层以公平的优质与特质高等教育入学机会，其实质就是国家对高等教育资源进行合理配置时所依据的一项原则，是一种朴素的教育思想和崇高的教育理想，这一原则和理想的实现是一个伴随高等教育普及化和社会民主化逐渐扩大和不断深入的过程。

秉持这样的高等教育理念与理想，高等教育入学制度改革就是要使每个公民都生活在民主的教育环境中，高等教育公平问题考察和关注的对象就是以它是否都向社会中所有成员开放作为衡量机会均等与否的标准。因此，从先赋地位不高者的改变而言，提升高等教育入学公平水平不仅成为实现民主的一项基本人权，而且成为一把衡量大众需求的价值标尺，一种凸显的权利诉求，甚至成为衡量社会公平水平的核心指标。如果高等教育改革能够为青年人的成长成才、创业创新提供同等的基石和阶梯，阻碍社会阶层自由流动的藩篱就会被打破，原有阶层不平等的合法化特征就会消失，底层群众向上流动的希望就会增加，社会阶层顺畅流动的渠道就会形成，社会阶层结构就会趋向合理、有序、和谐。

（四）给处境不利的群体创造代际流动的平台和机制

代际流动是两代人之间的职业和社会地位的流动。代际流动反映社会变迁的方向，改变着社会乃至家庭的职业结构。在封闭的传统社会，中低社会阶层向上流动的平台相对少，社会流动机制僵化，一个人一出生就注定要在他父辈所属的阶层里终其一生；在开放的现代社会，每个阶层的大门都是敞开的，代际流动是必然的，但代际之间向上流动的机会并非对所有的人都一律平等，它与个体受教育程度、家庭背景和环境因素紧密联系。父母所受的教育水平越高，子女接受的教育水平越高，其日后从事的职业在社会体系中的阶层就越高；父母的职业所属阶层越高，子女接受教育的水平越高，毕业后越有可能从事高社会阶层的职业。这即是说，社会的代际流动是受到上一代人的职业和教育水平制约的，即家庭出身对个体的代际流动起着制约作用，这种社会流动机制不以个人的意志为转移。

若把社会环境的变化因素加以考虑，尤其是在知识、技能决定个体生存状况的现代社会，高等教育入学制度是促进社会代际流动的中介，也是传递社会不平等的途径，高等教育入学制度的公平性决定社会流动机制的合理性。这可以从两方面理解，一方面，高等教育是社会下层向上流动的渠道，高等教育入学公平使处境不利的子女可以通过后天努力换来社会身份的改变和阶层的提升，获得向上流动的平台，使“寒门出贵子”成为一种普遍的社会现象。另一方面，阶层差距对高等教育入学公平的影响非常深远，社会上层可以利用其各种资源优势，确保其子女获得较多的优质和特质高等教育机会。两相对照，优势阶层的子女可能从一出生就占有更多的教育资源，进而获得更多的优质和特质高等教育入学机会，而天赋相同却家庭背景不同的孩子则可能一出生就会遇到教育不公平问题，这决定了他们获得优质与特质高等教育的机会必然寡于优势阶层子女。

有调查研究显示，在中国部属重点大学里，“国家与社会管理者、经理人员、私营企业主和专业技术人员”这四个社会较高阶层的辈出率分别为 5.46、2.39、5.93、2.67，而“商业服务业员工、产业工人、农业劳动者和城乡无业、失业、半失业者”这四个社会较低阶层的辈出率仅分别为 0.38、0.76、0.59、0.47，较高社会阶层辈出率的是较低社会阶层辈出率的 7.48 倍，最高社会阶层辈出率是最低社会阶层辈出率的 11.62 倍[①]，说明高社会阶层子女进入部属重点大学的机会居于绝对优势，部属重点高校的大门更多的是为那些出身于社会上层的子女而开的，大部分来自社会底层的子女则更多集中于一般普通高等学校、民办院校和高职高专。那些入读部属重点大学的学生，毕业后更容易找到一份较好的工作，更轻松地进入社会上层，实现代际的平行流动。同

① 王伟宜.不同社会阶层子女高等教育入学机会差异的研究[J].民办教育研究，2005(4)：55-62.

理，低社会阶层的子女则很可能仍然在原来的阶层内进行平行流动，使原有阶层不平等得以合法化，最终形成“寒门难出贵子”的社会现象。

（五）令全体社会成员感受到自由流动的价值和事实

社会成员的自由流动是个体通过努力而实现的地位变化、职业变化、生存状态变化、经济收入变化、生活地域变化等。社会阶层中的自由流动有几个鲜明的特点：自由流动不会对社会结构和人口的分布产生重大的影响，某一个体地位的升迁不会影响其他人或群体地位的升迁；自由流动随时随地可以发生，只要个体不断努力，终有改变所属阶层的机会；自由流动无固定的方向，上层社会可以平行流动也可以向下流动，中层社会可以向上流动、平行流动或向下流动，下层社会可以向上流动也可以平行流动。

高等教育作为社会成员自由流动的通道，其公平程度对社会成员地位的变迁具有重要影响，这可以从高等教育入学公平的主客观属性上进行理解。从主观属性来讲，高等教育入学公平是一个价值判断，具有主观公平的特征；从客观属性来讲，高等教育入学公平是一个事实判断，具有客观公平的属性。作为价值判断，高等教育入学公平往往受不同社会阶层或个人的价值观及切身利益的制约，体现了不同阶层的个人及人们从不同角度对高等教育入学的主观感受和认识，包含了人们在不同思想观念和评价标准之基础上形成的对高等教育入学公平程度的看法，表现了人们在不同教育需求下对高等教育入学公平和自身流动状况的态度，因而具有主观性的基本特点。作为事实判断，高等教育入学公平总是与特定的经济结构、政治结构、文化结构、社会阶层结构相适应的，其内容也是一种不以人的主观意志为转移的客观存在，因而高等教育入学公平描述的是具体教育情境中入学不公平的现象和事实，反映的是现存入学中的问题和不足，揭示的是社会流动及高等教育领域中的阶层矛盾和冲突，具有客观性的特点。

当然，在不同的社会经济和高等教育发展阶段，社会分层结构和人们自由流动的空间不同，这两层含义在高等教育入学中的地位和作用是不同的。在精英高等教育阶段，由于高等教育质量相对较高，人们更多地依据高等教育公平中的客观事实来判断入学的公平程度和水平，并以此判断高等教育公平水平；在大众化和普及化高等教育阶段，随着人们的高等教育需求日益多样化及高等教育类型的多元化，判定高等教育质量的标准越来越多，包括优质标准、普质标准、低质标准、特质标准等，由此使得高等教育公平中主观感受与价值判断的成分越来越多，高等教育入学的公平性在更大程度上是社会各阶层教育需求满意度和社会流动自由度的反映。无论是客观公平，还是主观公平，都是高等教育入学公平的基本内容，也是社会各阶层自由流动的重要反映。强调高等教育入学的主观公平感在现代高等教育发展中具有极为重要的作用，但它并不否定教育公平的客观性，而恰恰是更加客观地反映现代社会中高等教育公平的特点。在中国高等教育普及化不断发展的现阶段，强调主观公平与客观公平的有机统一，不仅是社会分层与流动理论发展的重要方面，也是高等教育入学公平理论发展的重要基础。

第二章　比较借鉴：高质量高等教育公平的国际经验

当今世界，伴随着全球性高等教育大众化、普及化进程的推进，社会分化日益加剧，文凭的符号效应正在发生重要变化，普质高等教育文凭的贬值现象愈演愈烈，优质、特质高等教育文凭成为雇主筛选毕业生的“门票”，由此使得人们越来越倾向于追求公平、高质量的高等教育以实现向上的社会流动，优质、特质高等教育公平已成为全球性高等教育改革发展的潮流。美、英、法等发达国家政府相继出台高等教育政策、法令，通过调整结构、扩大规模、优化形式、增加投入等一系列改革，在提高质量、促进公平方面取得一些实际效果，在破解高质量高等教育机会公平难题方面取得一定成功。时至今日，这些政策努力已在世界高等教育界形成一定的影响。择其善者而从之，其不善者而改之，有助于我们在世界高等教育改革的丛林中找到合适的创新土壤。

第一节　美国高质量高等教育机会公平问题的形成及解题

美国是世界上第一个实现高等教育大众化和普及化的国家，不仅以高等教育规模著称于世，而且以高等教育质量享誉全球。美国高质量高等教育机构林立，卓越的大学声誉闻名于世，不仅有优质的博士学位授予大学、综合性大学，还有特质的两年制学院、职业学院及其他专科学院。在美国高质量大学群体中，优质大学的数量最为可观，也最能代表美国的高等教育质量。在 2020 年《美国新闻与世界报导》（*U. S. News and World Report*）世界顶尖大学排名前 10 名榜单中，美国有 8 所大学入选；前 20 名榜单中，美国有 16 所大学入选；前 50 名榜单中，美国有 29 所大学入选，占据半壁江山。分析美国顶尖大学的入学公平问题的产生，探究美国破解顶尖大学入学公平问题的思路与方法，借以管窥美国高质量高等教育公平政策的价值取向、着力点及未来走向，对于提升我国高质量高等教育公平水平有一定启发意义和借鉴价值。

一、美国高质量高等教育机会公平问题的形成根源

美国优质高等教育机构的蓬勃发展，理当为不同出生的族群提供更为公平、更为优质的高等教育机会。然而，由于历史、社会经济、政治等原因，人们的高等教育理想与现实之间还存在一定差距，社会贫寒阶层、少数族裔的名校梦在某种程度上被搁浅。纵观美国优质高等教育入学机会公平问题的产生，主要有三大根源：

（一）由来已久的历史根源

美国优质高等教育入学机会公平是一个由来已久的历史问题。从 1636 年哈佛诞生到美国独立，美国共建立包括哈佛、威廉·玛丽、耶鲁等 9 所院校，这些学校办学规模小，设备缺乏，资金不足，入学要求狭窄，大学之门更多地向优势社会阶层子女开放，黑人、拉美裔人、印第安人几乎无缘高等教育。直到 1710 年，耶鲁在校生仅有 36 人，哈佛仅有 123 人①。在这一时期，冲突产生的温床虽然已经存在，但由于优质高等教育文凭在人才市场上还没有释放出强能力的信号，优质高等教育入学机会公平问题还属于次要矛盾，并没有引起美国民众的关注。

美国建国后，觉醒中的美国民众日益意识到高等教育对自身发展的重要性，并开始追求优质高等教育入学机会公平。美国政府也逐渐意识到发展高等教育和增加入学机会的必要性，并通过公共税收兴办了一批州立大学，不少大学后来发展成为顶尖的研究型大学，少数上层阶级独

① 钟朝义.殖民地时期的美国高等教育[J].教育研究与实验，1985(3)：48-67.

享高等教育资源的状况有所缓解，但由于大学入学具有高选拔性、高收费的特征，高等教育机会依然只能惠及少数学生。1870 年以后，美国人口急剧增长，对高等教育的需求也以几何级速率增长，期望获得高等教育机会的人数日益增多，对精英型高等教育形成巨大冲击。因应这种需求，两种新型高等教育机构——赠地学院（land grant college）和社区学院（community college）先后产生了。赠地学院作为服务公平的追求，其兴起使美国黑奴在农业教育领域获得了更多机会①。但作为一种"有色人种"教育机构，尽管联邦政府以法案的形式作出承诺，但赠地学院还是没有享受与殖民地时期建立的精英大学平等的财政支持，政策性的歧见将赠地学院定格在"普质"的办学层次，充满敌意的社会和冷漠的立法机构阻止了黑奴学生积极参与公正平等的教育生活中去②。社区学院作为一种美国现象，以其灵活的入学形式满足中低社会阶层学生的求学需要和解决高等教育入学机会问题。从 1945—1981 年，社区学院的蓬勃发展使退伍军人、少数族裔、贫寒阶层进一步获得了相对公平的"普质"高等教育机会，但随着美国高等教育大众化、普及化的实现，"文凭贬值"现象漫延使"普质"高等教育文凭迅速丧失市场竞争力，少数族裔、低社会阶层学生重新沦为就业与社会流动中的弱势群体，美国优质高等教育入学公平问题浮出水面，成为社会各界关注的话题。

（二）贫富分化的社会根源

美国优质高等教育入学机会公平是一个由贫富分化而导致的社会问题。进入 21 世纪，随着美国社会的贫富差距越拉越大，富人与穷人"两重天"的现象愈发明显，全美普遍存在基于经济、种族等因素而形成的事实上的居住隔离和教育鸿沟，而且富人与穷人在居住环境上没有

---

① JOEL S. Anachronisms or rising stars: The black land-grant college system[J]. Agriculture and human values, 1985(2): 76-79.

② WENNERSTEN R E, WENNERSTEN J R. From negro academy to black land grant college: The Maryland experience 1886-1910[J]. Agriculture and human values, 1992(2): 76-79.

交集，富人社区鲜有穷人，穷人社区鲜有富人，使得贫家子弟从一出生就输在“起跑线”上。美国公立高中的办学经费来自社区的房地产税，穷人社区缴税少，学校办学经费拮据，办学质量不高，穷人的孩子要想从这些高中进入顶尖大学可谓“蜀道之难”。富人社区的公立高中却恰恰相反，由于经费十分宽裕，办学水平自然很高，富人子弟不仅可以选择优质公立高中，还可以选择私立名校，毕业后进入顶尖大学则是“水到渠成”。富人与穷人的隔离在造成中等教育分化的同时，也使当今美国高等教育发生很大变化，大多数高等学校的人才培养职能已经通过入学对象的分化而改变了①。社区学院作为美国高等教育普及化的机构，越来越趋向于成为贫寒子弟的集散地。1998年，美国高校新生中有46％的学生注册社区学院，其中绝大多数学生来自工人阶级、少数民族和受教育程度较低家庭，他们在经济无助的情形下选择“普质”高等教育，日后也更多地成为工人阶级和低社会阶层②。2003年以后，社区学院招收新生占美国大学生总数的比例保持在50％左右，其中绝大多数来自贫寒阶层③。位居高等教育系统顶端的美国顶尖大学则越来越成为优势社会阶层、富人子弟的求学之地，世界闻名的“常青藤大学”几乎无一例外地有着这种招生偏好。哈佛、耶鲁、普林斯顿这些响亮的名字背后，却掩藏着一个招生的“黑箱”。美国社会学家杰罗姆·卡拉贝尔(Jerome Karabel)在“常青藤盟校招生黑面书”——《被选中的：哈佛、耶鲁和普林斯顿的入学标准秘史》中无情地披露了哈佛、耶鲁、普林斯顿三所名校为维护金钱、市场和排名竞争等自身利益而偏袒特权富人阶层的招生黑幕，是反对美国名校招生的“嫌贫爱富”倾向和实施阶

① PAUL L D.A musing look at American higher education[J].Research in higher education,1996,24(3):318-324.

② GLOVER J W,MURRELL P H.Campus environment and student involvement as predictors of outcomes of the community college experience[J].Journal of applied research in the community college,1998 (1):5-13.

③ 左彦鹏.美国社区学院的发展历程及办学经验[J].中国职业技术教育,2003(4):56-58.

层隔离政策的一面镜子①。美国顶尖大学采取非公平的入学制度，使得贫寒阶层只有考取更高的成绩方可进入此类大学，这不仅仅是对贫寒学生的不公平对待，更是有违美国追求的自由平等精神。

（三）种族歧视的政治根源

美国优质高等教育入学机会不公平也是一个由种族歧视而造成的政治问题。美国是一个在殖民地基础上建立起来的多种族国家，种族歧视与冲突一直是优质高等教育入学公平，乃至社会公平的“绊脚石”。在美国建国初期的100多年里，政府的种族隔离政策和民间的种族偏见将白人和黑人分割在两个不同的教育世界：白人学校不接受黑人，黑人学校没有白人，黑人学校相对白人学校教育质量低劣，由此导致了顶尖大学对黑人的拒斥。在美国推进高等教育民主化的过程中，虽然黑人等其他族裔对优质高等教育的兴趣与整个国家利益渐趋重叠，但国家性“教育卓越”与黑人优质高等教育机会持续改善的冲突却仍在继续，黑人期待高等教育质量持续改善，更期待大学入学测试及招生机制的不断改善②。1953年，艾森豪威尔任美国总统后，贯彻黑人与白人同校的平等人权原则，并用联邦国民军伞兵部队保护黑人在白人学校的安全，标志着美国教育黑白分裂局面的终结，美国顶尖名校逐渐在政治压力下接受黑人入学。1963年8月28日，马丁·路德·金（Martin Luther King）发表关于黑人争取平等和人权斗争的《我有一个梦》的演讲后，美国黑人争取公平的优质高等教育的斗争更是汹涌澎湃，从未停止。多年过去了，美国黑人的优质高等教育入学公平状况和发展状况有了较大改观。1980年，美国黑人大学生占全美大学生的比例从1960年的2%上升到10%；1970—1990年，美国黑人做大学教授的人数翻了一番，做医生的增加了两倍，工程师增加了三倍，律师的人数翻了六倍，表明美国

① KARABEL J.The chosen：the hidden history of admission and exclusion at Harvard，Yale and Princeton[M].New York：Houghton Mifflin Company，2005：160-169.

② HOLLIS M.Education，economics and equity[J].The review of black political economy，1984(13)：145-161.

黑人的公平发展取得实质性进展[①]；2008年，曾毕业于哈佛大学的奥巴马当选为美国第44任总统，标志着黑人通过获得优质高等教育而流向社会顶层的梦想也可能成为事实，同时也表明美国优质高等教育入学冲突渐趋缓和。时至今日，尽管美国顶尖大学招生中对亚裔、非洲裔学生的歧视还或明或暗、或多或少地存在，但美国正在试图加以改善，如政府委托民权办公室对高等教育入学进行监测，以便在公立高等教育体制下，让少数族裔有机会进入美国高等教育的“旗舰机构”[②]。特朗普当政以来，极力推行美国白人种族主义，少数族裔接受优质高等教育的机会受到较大影响，但从整体上看，美国优质高等教育入学公平问题已得到一定程度的解决，在世界范围内具有一定的示范效应。

二、美国破解高质量高等教育公平问题的基本思路

优质高等教育入学机会公平是教育公平和社会公平相互作用的结果，更是制度公平和政策公平的产物。美国为在一个多种族、多元文化、多种信仰共存的国度实现相对公平的高等教育入学，采取了多种方法与策略提升入学机会公平水平。

（一）保证教育质量，促进广泛性受惠

接受优质的高等教育是公民应有的权利，让尽可能多的公民获得优质高等教育是国家应尽之义务。尽管美国顶尖大学为数不少，但它并不能满足全体考生的入学愿望，加之美国高等教育普及化进程的不断推进，越来越多的人获得高等教育，由此导致了“学历膨胀”（degree inflation)。这种现象渗透美国的就业市场，造成雇主招聘中的学历歧视。雇主越来越倾向于招聘顶尖大学毕业生，高中毕业生因此而越来越倾向

① 李廉水，吴立保.和谐社会视野下高等教育公平的制度设计研究[M].北京：科学出版社，2010：58.

② PERNA L W, MILEM J, GERALD D. The status of equity for black undergraduates in public higher education in the south: still separate and unequal[J]. Research in higher education, 2006(2): 197-228.

于追求顶尖大学的入学公平。应对考生日益增长的优质高等教育需求，美国采取多管齐下的措施保证高等教育质量，促进优质高等教育存量开发和容量扩增，以此为学生创造更广泛的优质高等教育入学机会。第一，持续加大投入。美国政府、校友会、各种基金会通过为研究型大学注入大量资金，助其改善办学条件、提升学术水平和人才培养质量，发展成为世界一流大学，现已形成融政府拨款、社会资助、个人捐赠于一体的多元化投入机制。第二，强化内部质量保证。美国顶尖大学从文化和经济两方面确保教师将主要精力投入本科教学上，保证教学质量。譬如麻省理工学院、芝加哥大学都将重视本科教学作为大学最核心的文化，并将教师的授课质量与报酬挂钩，促使教师为学生提供优质的教学服务。第三，完善外部质量监控与评估。美国顶尖大学充分利用社会中介评估、同行评估、雇主评估、学生评估等形式，实现由利益相关者进行的全覆盖的评价，并结合政府依法监督，建立起比较健全、运行良好的外部质量保证机制。在多重机制的作用下，美国已建立起一个庞大的优质大学群，在为国内考生提供更多更公平优质高等教育入学机会的同时，也成为举世公认的高等教育中心，堪称全球高等教育改革发展的典范。

（二）推行教育扶贫，减少贫困性仇视

优质的高等教育是高回报的教育，同时也是高成本的教育。在过去的很长时间里，哈佛、普林斯顿、耶鲁等顶尖大学基本上是有钱“绅士们”的精修学校，成为富人与穷人两极分化的生动写照①。富家子弟与穷人孩子入读顶尖大学的机会不公平，最根本的原因在于穷人与富人经济资本的天差地别。富家子弟能够为高收费的顶尖大学买单，穷人孩子则相形见绌，由此导致穷人心态失衡，甚至仇视富人、仇恨国家体制。因此，要实现优质高等教育入学公平，就需要采取补偿政策，对居于经济弱势地位的贫困学生予以经济上的扶持与资助。对此，美国政府在奖

① KARABEL J.The chosen：the hidden history of admission and exclusion at Harvard，Yale and Princeton[M].New York：Houghton Mifflin Company，2005：160-169.

助体系改革上做出了不少努力，通过设立众多基于学生需要的奖学金项目，以保障贫困学生的高等教育机会。比如，美国《国防教育法》设立的国防学生贷款计划，《高等教育法》实施的发掘天才计划、追求卓越计划和针对处境不利学生的辅导计划，以及佩尔奖学金计划和州学生激励奖学金计划等，都为低收入家庭的学生接受优质高等教育提供了便利，使他们能和中等或高等收入家庭的学生一样走进高收费的顶尖大学校门并完成学业。进入 21 世纪，美国教育扶贫政策逐渐从政府主导转向政府引导和高校积极参与，促使顶尖大学在竞争中采取实质性措施眷顾贫寒子弟。2015 年，哈佛大学出台的教育扶贫政策明确规定：90％的美国家庭会支付同样的或更少的学费送他们的孩子到哈佛，因为哈佛将是一个国家的学校；对家庭年收入在 6.5 万美元以下的低收入家庭学生实行全免费，并为贫困生提供笔记本电脑等学习用品；家庭年收入在 6.5 万—15 万美元的中等收入阶层学生，只需缴纳收入的 10％作为学费即可入学[①]。此项政策一出，“一石激起千层浪”，成为众多顶尖大学效仿、探索教育扶贫和促进优质高等教育入学公平的样板。

（三）凝聚多方力量，化解种族性冲突

优质高等教育作为一项社会公共福利，不应该由某一特权机构或社会优势族群独家代理，然后由特权机构或社会优势族群恩赐于弱势族群。美国为了促进优质高等教育资源分配公平，凝聚多方力量缩小白人与少数族裔的入学差距，让不同种族的学生都有机会获得较好发展。一是政府政策致力于“种族平衡”。20 世纪 60 年代，在风起云涌的黑人运动和妇女运动的席卷之下，肯尼迪政府颁布反对歧视的“平权法案”(Affirmative Action)，以纠正过去的不平等现象，保证黑人在享受优质高等教育和工作上的权利[②]。美国许多高校据此推行“配额制”的

① Harvard University. Many ways to support your education [EB/OL]. https://college.harvard.edu/financial-aid/types-aid.

② MIXONJR J W, POOL K W. Federal funding of public schools: de facto affirmative action? [J]. Atlantic economic journal, 1990(1): 90.

入学原则，按比例录取非洲裔、拉美裔、土著印第安人、西裔、白人及亚裔学生，虽然这种制度对亚裔申请者并无裨益，但其他少数族裔尤其是土著黑人却因此笼罩在法案的“光环”之下，获得实质性的受惠，以至于白人认为这是一种“反向歧视”（Reverse discrimination）。二是社会组织着力于“种族中立”。2005 年，美国种族平等主义者爱德华·布鲁姆（Edward Blum）倡导设立非营利性的“公平代表计划”（Project on Fair Representation），致力于反对各州和联邦法院基于种族因素的歧视政策，并专门为高等教育入学中遭受不公平待遇的少数族裔考生打官司。该计划主张名校采取“种族中立”、多元录取的招生政策，敦促顶尖大学更多关照经济困顿的申请者，增加少数族裔群体的入学录取机会，成为美国弱势阶层的“法人代表”。三是高校招生竭力于“种族平等”。奥巴马当政以后，美国进入“后种族时代”，种族平等政策从极度保守走向相对开放，少数族裔进入美国名校问题有所改善，美国名校招生趋向种族平等的方向态势。2014 年 7 月，美国区法院和第五上诉巡回法院基于对费舍尔诉德克萨斯大学奥斯汀分校案（简称“费舍尔案”，Fisher v. University of Texas at Austin）的审理，确认了大学在决定录取哪些学生时可以考虑学生的种族因素，这一过程被称为“平权运动”。按照美国判例法（Case Law）的运行机制，黑人、犹太人、拉美裔人、印第安人将因为少数种族因素而获得更多的入读顶尖大学的机会。

三、美国促进高质量高等教育机会公平的政策机制

伴随着高等教育大众化乃至普及化的发展，文凭贬值现象愈演愈烈，人们越来越倾向于追求高质量的高等教育，优质高等教育入学公平已成为教育发展的潮流。美国通过破解优质高等教育入学公平问题，推进了美国高等教育的快速发展。纵观美国优质高等教育入学公平的政策变革，主要有以下特点：

（一）以优质教育资源的多样性增强学生的选择性

美国顶尖大学林立，卓著的大学声誉闻名于世，不仅为美国国内公

民提供了较为充足的优质高等教育机会，也成为众多国外学生逐梦的留学之地。美国顶尖大学之所以能够快速发展并发挥“公平器”的作用，与美国高等教育秉承的质量先行、公平入学理念密不可分。美国通过周期性质量评估、绩效评估、加大财政投入等举措，鼓励不同层次类型的大学在自己所属的领域办出特色、争创一流，创建不同类型的优质大学。时至今日，美国的优质大学种类繁多，从办学性质上看有优质的公立大学、优质的私立大学、优质的州立大学；从办学类型上看有优质的综合性大学、优质的单科性大学、优质的专业型大学；从办学层次上看有优质的博士学位授予大学、优质的硕士学位授予大学、优质的学士学位授予大学。美国优质大学的多样性使学生有更多的选择，每个学生可以根据自己的能力和兴趣选择适合自己的理想大学，实现更加公平自由的发展，而不必拥挤在狭窄的分流通道里。

（二）以扶贫机制的长效性推进优质资源的共享性

让全体社会成员公平地享受优质均衡的高等教育成果，满足不同民族、不同阶层、不同宗教信仰、不同家庭出生的学生对优质高等教育资源日益旺盛的需求和对多样化优质高等教育的迫切渴望，为所有社会成员尤其是低阶层社会成员提供相对均衡、相对优质的高等教育，是美国高等教育改革的重要目标。美国通过政府为贫寒学子接受高收费的优质高等教育买单、高校为弱势阶层子女提供各类奖助学金、社会为穷困学生提供捐助等途径，构建科学长效的高等教育扶贫机制，实施多元化的贫困助学政策，为贫寒子弟公平地接受高收费、高质量的高等教育筑起一道“保护墙”。经过多年的努力，越来越多的贫家子弟步入收费昂贵的优质大学，不但获得公平的优质高等教育入学机会，而且在社会各界的帮助下顺利完成学业，谋得理想的职业，在结果上实现优质教育资源的共享。

（三）以招生录取政策的倾斜性增强弱势补偿的实效性

优质高等教育不仅是创造社会财富的源泉，也是国家向公民提供的一项福利。让不同民族的考生享有公平的优质高等教育机会，既是美国教育改革的理想，也是美国政府努力追求的目标。美国从三方面突出弱势补偿的功效：一是强调补偿机会的平等，即在个人的潜在的性向相似的地方，补偿的机会应该给那些由于以前缺少特权而少受优惠的人发展他们的性向；二是强调补偿的重新分配，即在机会的平等以外，对于那些有利条件的人，不管由于本性还是由于以前或目前的社会不公正，以及那些处于合理的基本需要水平以下的人，在对他们如果有任何生产上的贡献给予的报酬以外，再予以特殊的帮助；三是强调群体间结果的补偿平等，即补偿过去的机会被剥夺，或者反映将来在群体间所指望的比例，或者为了政治权力调整的原因，按过去被剥夺的机会，或目前的影响给予群体[①]。美国通过实施多项眷顾少数族裔、贫困学生的招生录取政策，譬如少数民族优惠分政策、少数民族特别招生政策，力求在民主制度下为不同民族和文化背景的学生提供实质性的优质高等教育入学机会公平，已取得有目共睹的成效。

第二节　英国高质量高等教育机会公平的政策变迁及特点

当今世界，在高等教育普及化潮流的席卷下，高质量高等教育公平已成为各国教育改革的政策目标，并已融入教育发展的主流。从政策意义上来说，“接受公正的教育，不仅是一种个人的追求，而且是政策为减少失业救济、贫困补助等财政性支出采取的战略措施”[②]。高质量的高等教育公平既是个人更公平发展的前提条件，也是减少阶级分化、缩小贫富差距的基础，在促进高等教育合理分流方面发挥导向作用，在提高社会公平水平方面发挥着基础作用。以入学公平促进过程公平和结果公平，是英国高等教育政策变革的出发点和基本价值取向。研究和借鉴

① 克尔.高等教育不能回避历史：21世纪的问题[M].王承绪，译.杭州：浙江教育出版社，2001：64-65.

② 李廉水，吴立保.和谐社会视野下高等教育公平的制度设计研究[M].北京：科学出版社，2010：3.

英国促进高质量高等教育入学公平的政策改革，对于我国高等教育入学政策创新和在高等教育领域内贯彻落实社会主义核心价值观、建设社会主义和谐社会都有着重要价值。

一、英国高质量高等教育机会公平的政策变迁

二战前，英国一直奉行精英教育，接受高等教育本来就是少数人的特权，接受高质量的高等教育者更加屈指可数，高质量的高等教育公平长期被等级性所遮蔽。二战以后，在高等教育民主化思潮的影响下，英国的精英教育理念逐渐被打破，高等教育入学政策开始变迁，朝着追求公平的方向发展。

（一）高质量高等教育机会公平的政策初探

二战以后，英国高等教育加快了从精英走向大众的步伐，致力于建立有质量、促公平的高等教育体系，《罗宾斯报告》是二战以后英国高等教育入学机会公平的政策开端，在英国高等教育发展史上具有里程碑的意义。《罗宾斯报告》开宗明义地提出，高等教育的目标是改变培养传教士、法官、律师和医生的传统，为人们提供在社会生活竞争中需要的技术和才能服务；国家办学的方针首先是使那些有能力、有条件、有愿望接受高等教育的人获得接受高等教育机会。《罗宾斯报告》的历史作用是显而易见的，它对教育目的和办学原则作出规定，不仅直接促使新大学的成立，为英国现代大学的发展奠定基础，而且形成精英型和大众化教育并存的局面①。《罗宾斯报告》的出台标志着英国高等教育由此开始走向平民阶层，教育制度也告别传统深厚的贵族模式，进入现代化、民主化、多元化的现代模式，不同族群的学生进入大学校园特别是高质量大学则成为教育民主化、多元化的最好商标。为了让更多学生有机会进入大学，《罗宾斯报告》要求立即扩大高等教育的规模，一方面鼓励传统大学适当扩大招生规模，一些老牌名校如牛津、剑桥等大学在此背景下探索性地扩大了招生规模；另一方面将所有高级技术学院

① 杜薇.英国《罗宾斯报告》的价值取向及历史地位[J].教育文化论坛，2021(1)：15-21.

(Colleges of Advanced Technology) 升格为大学，为更多学生提供高等教育入学机会。《罗宾斯报告》政策的实施，使不同阶层的子女接受高等教育机会增加，高等教育大众化逐渐成为英国高等教育政策的中心，由此带来了高校入学人数逐渐增加。从在校生规模的增长来看，1963—1971 年，英国 45 所大学的学生人数从 12 万人上升到 17.6 万人，至 20 世纪末，英国高校在校生人数是 1971 年的 10 倍，增至 180 万人[①]；从高等教育入学率的增长来看，1963 年英国有全日制大学生 21.6 万人，1974 年达到 57.5 万人，1981 年度为 62 万人，1973 至 1983 年间英国高校入学率增加约 30%[②]。高等教育入学机会的增长使更多学生受益，但劳动阶层家庭学生由于高等教育购买力不强、中等教育水平不高等原因，在激烈的竞争当中仍然处于劣势，无法与上层阶层家庭的学生相抗衡，名牌高校入学不公平的状况不但没有缓解，反而进一步加剧，优质高等教育中阶级分化现象愈演愈烈。

(二) 高质量高等教育机会公平的政策发展

为了检视《罗宾斯报告》实施以来的教育政策和发展状况，制定面向 21 世纪的高等教育政策，英国政府于 1997 年 7 月 23 日发表题为《学习社会中的高等教育》的咨询报告，由于该告以迪尔英爵士 (Sir Dearing) 为主席，又称《迪尔英报告》。《迪尔英报告》对英国高等教育入学公平状况进行了分析，认为英国高等教育规模与教育机会均等问题仍不尽如人意，尽管高等教育规模和教育民主化进程取得了长足的进展，但适龄青年的高等教育入学率仍然低于美国、澳大利亚、加拿大以及欧共体和亚洲的一些国家，中高收入家庭子女接受高等教育的比例是低收入家庭的两倍，教育机会均等问题有待进一步解决[③]。英国高等教

① SCOTT P.Triumph or retreat, in the state of UK higher education[M].Buckingham: Open University Press, 2001: 5.

② 李贤智.英国高等教育入学政策：扩招与公平[J].湖南师范大学教育科学学报，2012，11(1)：15-18.

③ National Commirree of inquiry into Higfer Education. Higher education in the learning society[R].The Dearing Report Summary Report, 1997.

育规模的扩展，在很大程度上是普质高等教育发展的结果，传统老牌名校实质上仍旧保持精英教育的理念，优质高等教育供给相对不足。因此，政府应该致力于高等教育政策改革，既为民众提供更多的优质高等教育机会，也为所有年龄层和所有社会阶层国民提供更多的终身学习机会，为终身学习创造一种社会保障。在促进高等教育入学公平的举措上，《迪尔英报告》强调进一步密切政府、拨款机构、质量保证署、大学以及科研机构之间的合作，通过立法、评估等手段提高高等教育经费的使用效益，保证高等教育质量，加快新型名校的建设进程，使学生在所有大学都能接受高质量的高等教育。为把高等教育质量保证作为一项长期政策，《迪尔英报告》提出系列旨在强化新成立的高等教育质量保证署（The Quality Assurance Agency for Higher Educaion）功能的建议，以期高等教育入学机会的增加和高等教育质量的提升同步进行，保证所有新增的高等教育机会都是高质量的高等教育机会，真正实现高质量的高等教育入学机会公平。

（三）高质量高等教育机会公平的政策转向

进入 21 世纪，伴随着英国高等教育改革向纵深发展，高等教育入学政策发生新变化，政策的天平逐渐由支付能力倾向转向学术能力倾向。自 2000 年剑桥大学在招生时发生了被视为对弱势群体家庭有歧视嫌疑的“劳拉事件”[①] 之后，英国政府加快了优质大学入学公平的步伐。2003 年英国教育与技能部先后颁发的《高等教育的未来》文件，决定采取拨款等手段鼓励高校招收来自社会弱势群体的学生，低社会阶层、低收入家庭学生上名牌高收费大学的机会不断增加。2004 年，英国教育与技能部又推出“志向更高”计划，以提高来自非传统背景、少数族裔学生以及残疾学生接受高等教育的机会，得到英国高等教育拨款委员会的资助。这一计划的实施不仅使英国高等教育毛入学迅速提升，2011—2012 学年达到了 49.3%，而且增强了社会弱势群体家庭学生接

① 劳拉·斯宾塞是一位各科成绩均十分优异的学生，但因其毕业于公立中学而被一味维护“精英形象”和“贵族姿态”的牛津大学拒收，在英国引起了轩然大波。

受高质量高等教育的意识、志向及学业水平，使英国高等教育进入了质量与公平并重的新时代，众多名牌大学开始形成以能力为导向的招生机制。从2013年开始，英国顶尖大学，譬如牛津、剑桥都在致力于创建更为合理的程序和能力导向的入学标准来挑选最优秀的学生，从而使更多有潜力的学生能够脱颖而出。这些大学认为，面对众多申请者，导师应该对学生进行多方面的考核和综合考虑，而不能过于看重学生的购买能力，以确保所招收的学生能够适应大学的教学方式，培养一流的学生。牛津大学招生办公室主任迈克·尼克尔森说："能力倾向测试在人文和社会科学领域非常重要，因为没有证据表明成绩达到'A＋'就是最优秀的学生。通过能力倾向测试，在相同的基准上让具有不同背景的学生相互竞争，能够给我们一个挑选最优学员的机会。"①

二、英国高质量高等教育机会公平的实现机制

英国高质量的大学传统上主要招收源自贵族阶层的学生，高等教育公平较少被纳入政策讨论范围内。第二次世界大战后，在民主化思潮的影响下，精英大学之门开始向贫民阶层开放，越来越多的学生可以享受到优质的高等教育。与此同时，英国社会和政府又致力于普通高等学校的质量保证，力图通过提高各类高校的教育质量来预防高等教育品质的降格，从而使高等教育入学公平具有独特的价值取向。

（一）以扩大规模追求高质量高等教育入学机会公平

扩大高质量高等教育规模是积极发展高等教育的重要举措，也是为全体学生创造丰富的高质量高等教育入学机会的具体体现，是当今世界高等教育发展的普遍共识。让更多学生有机会步入"好大学"的殿堂，不只是简单地改革一项高等教育入学政策，而是社会公平与公正理念的重建，是公平公正原则在英国高等教育领域的生动实践。第二次世界大战后，英国历届政府把扩大优质高等教育参与面，让更多非特权社会群

① 陈法宝.牛津大学和剑桥大学将提高入学门槛[J].世界教育信息，2012(12):76.

体和非传统入学途径的年轻人接受高等教育作为一项积极的政策[1]，体现了英国政府以扩大规模和促进高质量高等教育入学公平为主线的政策主张。如《罗宾斯报告》要求，高等教育机会应向所有能力和成绩合格并希望接受高等教育的人开放；又如《迪尔英报告》提出，要继续扩大高等教育的参与面，政府和拨款机构在分配资金时应向制定扩大高等教育参与面措施的高校倾斜；再如2009年1月英国政府发表的《新机遇：为了未来的机会均等》白皮书要求，提高19—25岁青年人的教育参与率，改善他们的选择机会，学生不仅可以选择高质量的多科技术学院，也有权选择世界名牌大学。经过几十年的入学政策改革，英国高等教育的精英教育传统已渐行渐远，其政策走向已从关注规模到质量与公平并重，在很大程度上改变了不同社会阶层、不同家庭出身的学生接受高质量高等教育机会不公平的状况。

（二）以调整结构推进高质量高等教育入学机会公平

在社会需求日益多元的背景下，不同类型、不同层次高等院校间存在差异是合理的，也是需要鼓励的。当然这种差异必须建立在高等教育质量保证的基础之上，也就是说不同类型、不同层次的高校均可以在自己所属的领域内办出特色，保证质量，提高水平。在此基础上，各高校发挥自身的创造力和能动性，在不同的领域争创一流，为每个学生提供多元的高质量高等教育机会。英国除了鼎力支持传统精英大学的发展之外，应对全球经济一体化的趋势，还积极发展其他类型的优质和特质高等教育，以此调整高等教育类型结构和人才培养结构，既实现高等教育与社会经济发展的良性对接，又促进更加公平的高等教育入学。一方面，英国积极发展高质量的职业技术教育，逐步形成并充分发挥出开放招生、学费低廉、学制灵活、课程实用、对接地方、职业导向等办学特色[2]。譬如，作为高端职业教育的先行者，英国的英博夏尔大学（BPP

① 易红郡，缪学超.扩招·公平·质量：英国高等教育大众化政策取向[J].中国地质大学学报（社会科学版），2012(1)：114-119.

② 魏明.世界高等职业技术教育发展的历史阶段、模式与经验[J].职教论坛，2021(5)：166-176.

University）有力地将学位教育和职业资质教育贯穿起来。在过去的三十年中，学校培养出来的各类财经高端人才，100%覆盖了全英前100强企业；同时学校为英国社会每年输送占全国新律师比例1/3的合格人才。2013年，BPP被授予“英国最佳高等教育机构以及2013年度最佳职业教育机构”这一久负盛名的奖项。该奖项是由包括英国工业联合会代表、教育部和英国大学所组成的一个评审小组共同设立的。事实上，这个奖项是由商业领袖、英国政府和英国大学的代表机构所评定，充分说明BPP的水平[①]。另一方面，英国通过吸引国外优质高校在国内办分校，大力发展优质、特质私立高等教育。譬如，英国引进美国全球领先的教育产品提供机构——卡普兰大学，建立美国卡普兰教育公司伦敦分校（Kaplan Education Division of the Washington Post），通过提供更多有特色的教育产品，服务于不同年龄段的人，满足不同的教育需求，帮助不同群体的学生实现自己的目标和梦想。据统计，2009—2010学年度，上述两类高等教育机构注册生人数合计为21 266人，特许非营利私立院校注册生人数为34 201人，占据全国38%的学生份额[②]，在较大程度上满足了人们对优质、特质高等教育的期待。

（三）以增加投入促进高质量高等教育入学机会公平

教育投入的高低决定高等教育效率的高低、办学条件的优劣，进而影响到受教育者接受高等教育质量的高低。从社会分层与流动的理论出发，增加高等教育投入可以提升高等教育入学机会公平，而高等教育公平可以增强社会流动性，增强社会流动性对保持社会稳定和促进社会进步具有重要意义。因而增加高等教育经费投入，在提高办学质量的基础上，加大对经济弱势群体家庭学生的扶持，让更多弱势阶层子女不但有机会进入特质高等教育机构，而且有机会进入名牌大学，是英国促进高质量高等教育入学公平的重要途径。为了在政策引导下实现教育公平，

① BPP大学最新荣耀[EB/OL].(2014-01-08)[2021-10-15].http://www.bppchina.net/news/2014/0108/29.html.

② 郭锋.英国高等教育发展的新特点[J].国家教育行政学院学报，2011(10):84-90.

英国政府针对2002—2011年间英国排名靠前的大学越来越缺乏社会代表性，学生来源越来越集中于单一社会阶层，名牌大学中来自经济弱势群体家庭的学生数量有所下降之情况，于2012年6月28日发布政策白皮书《高等教育：以学生为系统中心》（*Higher Education: Students at the Heart of System*），专门强调了在大学学费即将大幅上调的情况下需要增强公立大学为学生服务的意识，采取积极措施保证社会公平，提升社会阶层的流动性。白皮书强调指出，要通过公平入学机制增强社会各阶层流动性；提高职业指导的质量，建立高质量的职业指导工作框架；加强贫困资助，对低收入家庭学生给予更慷慨的资助，对于年收入低于2.5万英镑的家庭，助学金从每年的2 900英镑上调到3 250英镑，部分生活津贴的发放对象标准也从家庭年收入低于5万英镑降低为4.2万英镑，对于那些在中学阶段一直享受免费午餐的贫困学生，政府还有更多的优惠政策，包括为他们支付两年的大学学费等①。

（四）以提升绩效保障高质量高等教育入学机会公平

高质量的高等教育作为一项社会公共福利，不应该被随便交给某一特权机构或阶层，然后由特权机构或阶层恩赐于人们。政府公共政策作为分配社会公共资源的工具，是高等教育入学公平的一道屏障。把高等教育视之为公共事业的英国，政策中的公共选择倾向既表现在注重高等教育绩效，又表现在注重高等教育公平。从撒切尔政府到布莱尔政府，提升高等教育的绩效和促进高等教育公平成为改革高等教育的基本原则。撒切尔夫人执政期间，政府通过削减高等教育的公共财政支持数额、支持方式以及引入大学外其他力量来促进大学提升办学质量和效益，并为此将大学拨款委员会（UGC）裁撤，设立受政府控制的大学基金委员会（UFC）和多科技术学院及扩充教育学院拨款委员会（PCFC），对高校办学效益和质量进行评估，以评估结果决定对大学拨款额度。如果大学不能高效率地利用资源，不能为学生提供高质量的教育，不但来年的拨款会受到影响，而且也会受到其他种种政策限制。布

① 蔡弘，沈阳.英国高等教育入学公平情况调研：上[J].世界教育信息，2015(4)：16-18.

莱尔政府时期最为世人所知的便是强调社会公正、义务、责任、协调及社区的“第三条道路”，高等教育政策的公共选择倾向也蕴含于其中，而以差异性收费促进效益和公平也是布莱尔政府高等教育政策公共选择倾向的体现[①]，这种政策后来成为21世纪英国高等教育改革的风向性政策。2003年，在《高等教育的未来》白皮书中，英国政府明确提出“同质同价”“异质异价”的弹性收费主张，规定大学最多向学生收取3 000英镑学费，且停止“先付学费再上学”的收费制度，实行“先上学再缴费”制度，学生在接受高等教育时无须支付任何费用，由政府将学费支付给学校，当毕业生毕业后收入高于1.5万英镑时，再由学生通过税收系统偿还贷款。学生如果不能获得高质量的高等教育，就业水平低，经济收入差，就会影响到大学学费的收取率。

三、英国高质量高等教育机会公平的主要特征

高质量的高等教育是使所有公民实现人格平等、地位平等、发展平等的一种方式，在提高个人的期望、促进经济的发展以及确保社会的良好秩序等方面具有重要作用。英国通过实现高质量高等教育公平政策，力图在高等教育规模不断扩大、高等教育经费逐年增长、高校招生数量持续上升的情况下让众多人上“好大学”，具有独特的价值取向。

（一）招录机制的阳光透明性

公平阳光的招生录取制度是赢得公众信赖和支持的基石。英国通过建立公平的招生考试程序、制定科学的选拔标准等使学生上何种层次、何种类型的大学成为一种自主抉择。而为了使大学招生成为一项社会事业，英国建立了公平入学论坛，促进地方当局与其他利益相关团体参与商讨当地招生政策，讨论解决院校招生中的难题，向招生权力机构建言献策，以及发布关于高校招生公平情况的年度报告，作为高校招生改革的重要依据。此外，英国媒介在高质量高等教育入学公平方面发挥着监

① 罗泽意.英国高等教育政策的公共选择倾向：从撒切尔到布朗[J].湖南师范大学教育科学学报，2012(1)：19-21.

督、舆论宣传等作用，各大主流媒体都会刊登文章，评价大学特别是著名大学是否贯彻了公平理念以及大学的办学质量，敦促大学在招生录取过程中自律，并自觉保证高等教育质量。如《泰晤士报》每年公布英国大学排行榜，对各大学不断提高教育质量发挥了很大的促进作用。从英国高校招生录取的经验来看，要做到高质量的高等教育入学公平，优质高校招生首先要做的就是程序公平，建立公平的招生政策、入学标准和招生过程；其次是规划公平和机会公平，优质高校应该对生源结构进行统计分析，充分了解社会弱势群体家庭学生所占比例，然后有计划有目的地提高弱势群体家庭学生的入学机会。

（二）支持机制的明确指向性

政府公共政策对社会弱势阶层的支持不仅是促进社会公平正义的价值导向，也可以从很多方面来提高高等教育入学公平水平。从英国高等教育改革发展的历史来看，“公共政策的不同取向或偏差，往往会加剧现实中的教育不公平；同时，相对于缩小历史形成的发展差距而言，通过制度变革和政策调整来增进社会公平，是更容易实现的”①。在高等教育入学方面，英国政府的公共政策明确支持那些处境不利或曾经受到不公正待遇的对象，以增加他们获得高等教育的概率，以此增强高等教育公平程度，具有精准的指向性。透过英国高等教育入学支持机制，我们可以认为，只要政府下决心，舍得投入，把高等教育入学中的减、免、补、助、贷等制度落到实处，加大对经济困顿而有潜力的学生的资助力度，减少高等教育的私人成本，那么来自低社会阶层的有能力的学生就可以有更多的选择，他们不但可以就读高质量的应用型高校以及高质量的职业学校，还可以就读高质量的研究型大学，从而获得丰富的教育回报，这无疑是助推社会弱势群体向上流动的良策。

（三）保障机制的客观有效性

英国为保障高质量高等教育入学公平可谓费尽心机，其中值得一提

① 杨东平.中国教育公平的理想与现实[M].北京:北京大学出版社,2006:12.

的就是设立专门的组织机构，以此保障高等教育入学公平。英国政府根据《2004年高等教育法》设立高校公平入学官方组织，该组织旨在推动和保证来自低收入家庭和其他弱势社会群体的学生拥有平等地接受高等教育的权利。公平入学组织通过与大学签订《公平入学协议》并对该协议的实施情况进行监管，来保证低收入学生进入大学，特别是进入名牌大学学习[①]，使低社会阶层学生的高等教育权利不受侵犯，有效防止高校招生录取的“黑幕”，遏止招生腐败，增加低社会成员向中上层社会流动的可能性。我国虽然也强调“211工程”高校、“985工程”高校入学公平，但目前社会各界对自主招生中的不公平心存质疑，根源在于自主招生的制度设计不合理，没有建立有效的保障机制，使自主招生出现了招生腐败问题，在很大程度上助长了优质高等教育入学不公平。对此，我们不妨借鉴英国经验，由教育主管部门设立高等教育入学公平机构，专门研究高等教育入学公平的保障制度。

第三节 法国高质量高等教育机会公平的发展脉络及特质

法国高等教育具有悠久的历史，在其500多年的发展中，已经形成了专业齐全、制度完备的教育体系，以高质量著称，秉持民主的理念，将高等教育入学公平视为实现社会公平的最重要标志之一。从整体上看，法国高等教育是“既反对以培养和选择出身优越的精英为方向的传统教育，也反对面向按一定规格批量生产专家的技术统治论的教育”[②]。由于坚持精英教育理念的大学校（Grande école）与综合大学（Université）的开放性入学方式截然不同，法国现行高等教育入学制度结合综合大学与大学校招生录取工作的不同特点，以引导学生合理分流为导向，采取立法、分类评估、加大财政投入、实施“面向社会政策”

① 蔡弘，沈阳.英国高等教育入学公平情况调研：下[J].世界教育信息，2015(7)：13.

② 布尔迪厄，帕斯隆.继承人：大学生与文化[M].邢克超，译.北京：商务印书馆，2002：98.

等措施，努力保障社会弱势阶层子女平等享有进入高等教育机构学习的机会，这些努力都值得我国在高等教育入学体制改革中加以借鉴。

一、法国高质量高等教育机会公平的政策发展

高等教育入学制度是衔接高等教育与中等教育的重要环节。早在12世纪，法国高等教育就已经萌芽，经过13—15世纪较快的发展，法国大学逐渐确立了文、法、神、医四学院式的办学模式。15世纪以后，在教会的严格控制之下，法国大学逐渐走向保守和衰败，法国高等教育体制改革的问题逐渐进入人们的视野。进入18世纪后，旧大学模式无法满足社会经济和科学技术发展的需要，于是，一批高等专科学校（大学校）应运而生，并在拿破仑时期得到迅速发展。高等专科学校意为“大学中的大学”，是法国高等教育的精华，它的出现标志着法国近代工程技术教育的开始，同时也使法国高等教育进入独具特色的高等专科学校与大学并存且相互竞争、相互补充的历史新阶段。

长期以来，法国的大学和大学校各有不同的特色和办学定位，分别扮演着不同的角色，发挥着不同的功能，采取不同的方式招录学生。

大学是法国的普质高等教育机构，承担着高等教育大众化的任务，采取广泛入学的形式，促进普遍性公平。法国2007年修订的教育法明确指出，所有具有高中毕业会考文凭（Bachelor of Arts，BAC）或具有同等学力的人都可以申请进入大学，没有地域、年龄和专业的限制。从表面上看，法国大学的普遍入学制度似乎促进了教育民主化发展。然而，由于这种入学制度“不能拒绝取得毕业会考文凭的学生提出的申请（并且原则上说，学生申报专业不受高中分科或会考类别的限制），因此有些大学的一年级课堂常会出现人满为患的场景”①。学生虽然走进了大学课堂，却不能获得满意的高质量教育，教育成功的机会依然只向着少数人。

大学校是法国的优质高等教育机构，秉持传统的精英教育模式，办

① 刘敏.法国高等教育入学制度概览[J].中国教育政策评论，2012(11)：109.

学机构丰富多样，一流的教育服务精彩纷呈。法国的大学校包括国家行政管理学院、高等工程师学院及各类商学院，学校实行自治管理，办学规模小、教学质量高、教学形式灵活多样，以培养各领域高层次专门人才为主，入学录取标准高，具有很强的选拔性，而且学费高昂。大学校的入学招生制度历来严格，一般而言，每位学生须在高中毕业后先通过异常严格的竞争性考试进入"大学校预科班"（Classe préparatoire aux grandes écoles，CPGE）学习，两年后须再次通过淘汰率很高的选拔性考试才能正式进入"大学校"学习。上述考试均由学校面向全国自行组织，不按行政区域分配录取名额，具有高度的选拔性①。这种入学机制使那些就读于优质教育资源相对丰富的中小学的优势阶层家庭学生有更多入学机会，而普通家庭和弱势群体家庭子女则成为教育中的不幸者。在高等教育民主化和大众化的潮流中，法国大学校的相应变革却微乎其微，其入学机会不公平问题日益突出，甚至有愈演愈烈之势，不但成为法国精英阶层"封闭"的堡垒，也成为普通民众可望却不可及的"高地"。

两种不同的入学机制，形成两条不同的分流渠道，导致两种不同的入学结果。从社会分层的角度出发，少数族裔、低收入阶层等弱势群体子女享有优质高等教育资源的机会仍然有限，高等教育入学不公平问题依然突出。据法国国家统计及经济研究署（INSEE）的统计数据显示，"大学校预科班"中，50%以上的学生来自高级职员和教授家庭，而来自工人家庭的学生仅占7%，但后者的人数却占同年龄段学生总数的37%；"大学校"中，47%的学生来自官员及高级知识分子家庭，23%的学生来自职员及小企业主家庭，普通工人家庭学生仅占3%；普通综合性"大学"中，32%的学生来自官员及高级知识分子家庭，38%来自职员及小企业主家庭，普通工人家庭学生约占11%②。另据法国教育部2009年的统计数据显示，该年度"大学校预备班"入学新生中只有5%

① 黄培，马燕生.法国高等教育入学公平情况调研[J].世界教育信息，2015(4)：19-21.
② 黄培，马燕生.法国高等教育入学公平情况调研[J].世界教育信息，2015(4)：19-21.

的学生来自工人家庭，45％的学生来自高管家庭；大学校中来自工人家庭的学生在工程师大学校中仅有 4％，在商校中仅有 2％[①]。对比分析表明，法国高社会阶层的子女更容易获得优质的高等教育资源，而低社会阶层的子女，则大量云集在“普质”高等学校，高等教育入学公平水平亟须提升。

二、法国高质量高等教育机会公平的政策机制

法国高等教育入学公平问题的存在，与其标榜的“平等、自由、博爱”理念存在很大矛盾，法国政府因此将高等教育入学公平作为实现社会公平和国家稳定的重要政策，持续进行高等教育入学体制改革。进入 21 世纪后，特别是近十年来，法国政府面对高等教育入学公平的新情况和新问题，力求通过体制改革和机制创新来实现高等教育民主化，改善由于社会阶层或地区差异而导致的高等教育机会不公平现象，促进低社会阶层子女更多地获得接受高等教育的机会特别是优质高等教育机会。

（一）以学制改革促进入学机会公平

法国高等教育入学机制改革既是本国高等教育发展的需要，也是高等教育全球化作用的结果。在欧洲高等教育一体化的倒逼之下，法国进行了学制改革，建立新的“358 学制”（Licence-Master-Doctorat，简称 LMD），即从通过中学会考时起，学士学位 3 年、硕士学位 5 年和博士学位 8 年的学位体系。如果以高中会考证书加高等教育年限来表述，“BAC＋3”等于学士学位（Licence），“BAC＋5”等于新制硕士学位（Master），“BAC＋8”等于博士学位（Doctorat）。这一学制的改革，使传统的大学校招生模式也出现了不小的变化。最显著的变化就是考生将有更多机会根据个人学历和需要，选择最合适的教育，而“大学校预备班”也不再是进人大学校获得优质高等教育机构的唯一途径。根据

① A E. Pent-on D^mocratiser Les Grandes Ecoles [EB/OL]. http://www.alternatives-economiques.fr/.

2012 年 1 月法国“大学校委员会”（CGE）的最新报告《进入大学校的路径：背景与身份的多样化》显示，2010 年进入大学校的新生中仅有 38.5％是通过“大学校预备班”竞考入学的，超过 45％的学生是大学二年级或三年级通过选拔考试入学的，另外还有大约 30％的学生拥有大学技术学院、高级技术员班、国外同等学力。大学校招生形式得以实现公平化和多样化，完全得益于“358”学制和学分互认体系的建立①。

（二）以立法建设保障入学机会公平

法国是一个重视教育立法的国家，在高等教育管理上强调法治而不是人治，通过加强法律法规建设来保障学生公平的受教育权利和机会。1947 年，法国出台的《朗之万-瓦隆教育改革计划》提出“社会公正原则”，即“男女儿童和青年，不论家庭、社会地位和种族出身如何，都有受适合其自身才能的教育的平等权利”。并且指出，“各种类型的教育和训练方式，居于同等地位”。这种“教育民主化”思想对法国教育具有深远的影响，不仅是高等院校公平发展的行动指南，也是引导高等教育合理分流的价值准则，成为法国高等教育改革的纲领。1984 年，法国政府颁布的《高等教育法》明确提出，凡获得中等教育毕业文凭者及具有同等学力者，均可不经考试直接进入“大学”学习，进一步体现了高等教育入学公平的思想。进入 21 世纪，随着社会不断发展，信息化时代的民主社会需要更高的教育水平服务于社会发展与人的发展，高等教育入学公平急需从形式公平到实质公平的转变，由此催生了法国高等教育的进一步改革。2005 年，法国政府签署颁布《机会公平章程》，对高等院校、高中及各学区需承担的义务与责任进行了清晰阐述，并明确了确保公平的具体目标，以保障学生公平地获得接受高等教育的权利和机会，可视为法国政府向着高等教育公平迈出的实质性步伐，标志着法国高等教育入学公平进入新的里程。

（三）以经济扶持助推入学机会公平

以经济资助使每个学生享有公平的高等教育入学机会，是法国高等

① 刘敏.法国高等教育入学制度概览[J].中国教育政策评论，2012(11)：107-115.

教育制度改革的重要举措。在全球高等教育体系中，法国大学的低廉费用是它屹立于世界高等教育之林的骄傲标志。由于法国大学被认为能够导致公共利益，因而它们都由社区资助[①]。相比之下，大学校由于收费昂贵，能叩击学校之门的贫民阶层则屈指可数。为改革这种状况，加快推进高等教育平权化进程，2013 年 7 月，法国高等教育改革政策指出，法国政府将在免除优秀贫困学生学费并发放助学金的基础上，实施惠及更多弱势群体家庭子女的政策，促进更广泛的高等教育入学公平，具体包括：提高政府预算，从 2013 年秋季学期起增加 1.18 亿欧元，从 2014 学年度起增加 2 亿欧元；将资助级别从 6 级增加到 7 级，即亦对中产阶级低收入家庭学生提供助学金；保证助学金按每年 1%的幅度递增，以应对通货膨胀[②]。为了帮助其他群体的学生更好地入读法国大学，公立大学没有学费而只有注册费用，优秀的工程师学院学习费用也并不昂贵。学生不仅可以享受法国政府住房补贴、社会保险保障，还享有交通（市内公共交通、火车、飞机等）优惠、大学食堂优惠、电影院、旅游、社团活动等方面的优惠[③]。在各项扶持措施的促动下，曾经因昂贵的学费而令人望而却步的“大学校预科班”和“大学校”，现在也正在成为寒门学子的聚集地。

（四）以政策创新增强入学机会公平

为推进高等教育入学公平进程，促进教育合理分流，法国政府实施系统的“面向社会政策”（Politiques d’ ouverture sociale），以维护高等教育特别是“大学校”精英教育入学的公平性，众多知名“大学校”积极参与其中，以自己独特的方式保证质量和增进入学公平，形成了高等教育入学公平的新机制。目前，在众多改革中最有影响的一项政策是“优先教育协定”（Conventions Education Prioritaire，CEP）。优先教育协定的宗旨是通过入学政策的创新，形成新的高校自主招生机制，提升弱

① 芬里尔.法国高等教育提供的镜鉴[N].中国科学报，2014-01-09.

② 黄培，马燕生.法国高等教育入学公平情况调研[J].世界教育信息，2015(4)：19-21.

③ 法国公立大学没有学费[N].华西都市报，2011-06-25.

势群体子女的入学公平水平。此计划由巴黎政治学院与“教育优先区”（即教育资源匮乏区域）的部分高中结对子，专门为相关高中的学生提供特殊的入学考试，进行单独的自主招生，从而改变弱势阶层家庭的学生因就读优质中小学难、增长见识与开阔眼界的机会少而造成的进入“大学校”学习的机会不公平，改变“教育优先区”内优质教育资源不足、整体教学质量不高、学生高中毕业会考成绩较差、考生在“大学校预科班”及“大学校”入学考试中缺乏竞争力的困境，提高弱势群体家庭学生录取率[①]。

三、法国高质量高等教育机会公平的基本特征

教育质量的核心是学生的发展水平，教育公平的核心是学生的发展机会，教育质量与教育公平都以学生的发展为中心，但二者关注的焦点不同，质量与公平的具体内涵在不同时期是有变化的，这种变化始终与国家的教育政策改革一脉相承[②]。对于法国高等教育政策的改革，社会舆论众说纷纭，莫衷一是，其中不乏赞美之词，但批评之声也不少，可谓毁誉参半。从价值中立的立场认识法国促进高质量高等教育入学公平的政策改革，有助于我们更好地认知教育质量与教育公平的内涵。

其一，法国高等教育采取双轨制的入学形式，体现了平等的理念，特别是综合大学的开放式入学，在很大程度上满足了学生的高等教育需求，在一定程度上帮助了中下层子弟向上层社会流动，促进了高等教育公平和社会公平。但应当看到的是，学生由于所受基础教育、高中教育不同，加之承担高等教育的购买力不同，高等教育中的不公平特别是优质高等教育入学不公平现象在所难免，学生要平等地进入大学校，还只能停留在理想和政策形式层面，还没有成为一个社会性的现实。“尽管三十余届政府都竭尽全力，大学校存在的教育不公平问题仍在恶化。大学校学生中工人和职员子女的比例大大低于这些阶层在整个人口中的比

① 黄培，马燕生.法国高等教育入学公平情况调研[J].世界教育信息，2015(4)：19-21.

② 谈松华.有质量的教育公平办适切的优质教育：下[J].考试·综合版，2011(8)：2.

例。今天的状况已经是这样，一个在不利郊区环境中的儿童，实际上无任何机会进入名牌大学校。”① 从社会冲突与阶层分化的角度出发，大学校优先招收政府官员和企业家的子女，使低社会阶层子女无法实现向上的社会流动，是法国低社会阶层仇视高社会阶层的根源，也是法国社会不平等的起源。大学校入学的社会不公平，使法国高质量高等教育沦为社会不平等的复制者和精英阶层再生产的工具，这为法国骚乱埋下了祸根，只要导火索一经点燃，就会顺势爆发与蔓延。

其二，法国高等教育质量整体较高，优质大学地位显赫，在提升法国高等教育地位和形成国际影响方面发挥着“风向标”的作用。然而，优质大学的精英主义传统始终是一个无法打破的桎梏。随着法国社会的变迁发展，今日之大学校日益成为现代法国精英集团进行文化资本再生产和文化复制的重要工具，也成为阶层固化问题难以跨越的一道栏杆。法国大学校的招生考试从实质上讲是精英集团保护自己的手段，蕴含了极大的优质高等教育入学机会不公平。在世界高等教育民主化趋势不断增强的大背景下，法国精英集团面在应对大学校招生过程中所采取的看似机会平等的入学机制，实际上以隐性的方式和借文凭和考试这种“平等、民主”之名筑起社会等级的新壁垒，从深层次加剧了社会的不平等。从法国的高等教育来看，在阶层社会里，高质量的大学也不过是统治阶层的知识之冀，在国家需要其充当棋子时候，它可以借公平之名获得经费或者其他方面的支持；在国家不需要公平的时候，即使是最优秀的大学，也可能面临着被摧毁的危险。高质量高等教育入学公平要真正惠及人民大众，没有国家制度作保证，就会形神分离。

其三，在高等教育大众化深入发展的过程中，优质高等教育资源成为考生角逐的重点和家长关注的焦点。法国大学校作为优质高等教育资源的主体，其入学机会公平对个人发展和社会公平都具有特别重要的意义。就事论事地看，法国高等教育入学不公平现象不仅仅是教育本身的问题，也是社会发展过程中的历史、政治、经济、文化、种族等复杂因

① 吕达，周满生.当代外国教育改革著名文献：法国卷[M].北京：人民教育出版社，2004：355.

素共同导致的民生问题，不仅对个人的经济收入和社会地位形成重要影响，也对社会公平和社会阶层的有序流动造成重要影响。因此，在解决过程中更应突出政府和高校的主体作用，强化政府“第一责任人”的角色，通过建立更加科学合理的入学制度、优化高等教育政策等提升高等教育入学公平水平。高等学校则扮演“主体责任人”的角色，因为“成功的学校往往特别强调教育公平，不太成功的学校往往为那些较高社会阶层的学生提供较为积极的学习经验”①。高校要成为成功的学校，其任务“除了通过传授知识等手段以增加学生的机会外，主要在于减少身处不同环境里的学生所受教育对今后成人生活的平等的影响”②。当然，政府的政策措施和高校的入学机制创新在任何时候都会有其局限性，要最终实现高等教育入学公平，是一个需要长期努力的过程，在法国如此，在其他国家也如此。

第四节 发达国家促进高质量高等教育公平的基本走势

从精英化到大众化，再到普及化是高等教育发展的基本趋势，是全球性高等教育改革的必经历程，也是发达国家高等教育改革的基本走势。归纳美、英、法等国的高等教育改革可以发现，在从精英高等教育到普及高等教育的过程中，发达国家的高等教育质量观、高等教育公平观将发生深刻变化，由此导致高质量高等教育公平的价值取向发生变迁和高等教育政策转向，整体上呈现出如下趋势。

一、核心理念：从追求特权走向追求权利

高质量高等教育公平观随着高等教育规模的扩展而变迁，这与发达

① CARBONARO W. Tracking, students' effort and academic achievement[J]. Sociology of education, 2005, 78(1): 27-49.

② CLOEMMAN J. Equity and achievement in education[M]. Boulder: Westview Press, 1990: 65.

国家的高等教育发展历程一脉相承，也是其发展的走势之一。在精英高等教育阶段，高等教育质量普遍受到社会认可，入学人数极为有限，接受高等教育被普遍认为是出身好或天赋高或两者兼备之人的特权，人们只要获得一张进入高等教育机构的“门票”，就意味着毕业后有一个好的前途，能顺利地流向社会中层及上层，因而在此阶段，人们追求的是普质高等教育公平，并不刻意追求优质高等教育公平；在大众化高等教育阶段，随着高等教育入学机会的增多和社会用人门槛的提高，人们开始逐渐把接受普质高等教育看作一种权利，而把接受优质高等教育看作一种特权，并期望通过获得这种特权来谋求一生的幸福，因而在此阶段，人们追求的是优质高等教育公平；在普及高等教育阶段，随着高等教育招生规模的不断扩大、高等教育质量标准的日益多元，半数以上适龄人口均有机会进入高等教育机构学习，人们逐渐把接受普质高等教育看作一种义务，而把接受优质、特质高等教育看作一种权利，因而在此阶段，人们不但追求优质高等教育公平，而且追求特质高等教育公平。面向未来，全球高等教育的发展将是一个五彩缤纷的世界：一国的高等教育要屹立于世界，必须注重特色，既要建立优质高等教育体系又要建立特质高等教育体系，才能适应民众的需要；一所大学要立足于高等教育世界，同样必须注重特色，走差异发展的道路，方可适应社会的需要。

二、发展目标：从学会谋生走向学会生活

高质量高等教育是指高等教育活动的固有特性在较高程度上满足以受教育者为中心的教育消费者的需求，为广大受教育者提供高品质的教育服务。高等教育活动的固有特性包括教育投入的可收益性、教育过程的可分享性、教育结果的可依赖性等。由于高等教育结果是高等教育目标实现程度的直接反映，它和毕业生的就业、生存、发展状况密切相关，人们主要以高等教育目标的实现程度来衡量高等教育质量的高低。人们追求高等教育的目标无外乎两个方面：提高受教育者的认知能力和生存能力，为人的一生幸福奠基，这是高等教育永恒的、基本的目标；

增强受教育者的创造能力和发展能力，使受教育者有效参与社会生活，培养其良好行为品质、态度情感和价值观，助其成为良好公民，这是高等教育现实的、直接的目标①。普及时代，高质量高等教育的目标不在于为学生提供谋生的手段，而在于提高人们对迅速变化的社会的适应能力，为知识社会中大多数人的生活做准备，为人的一生幸福奠基。着眼于高等教育普及化的发展目标，教育政策的制定、实施必须充分考虑为不同群体的学生提供同等的接受高质量高等教育的机会，特别是让弱势群体的学业成就得到较大程度提升，使其与主要群体的差异逐渐减小，实现结果公平，这种趋势已在美国少数族裔的顶尖大学入学机会公平、法国的大学校入学机会公平及德国的精英大学入学机会公平等政策中初见端倪。

三、学术标准：从一元主导走向多元共生

发达国家高等教育入学的学术标准经历了一个相当漫长的完善过程，至今仍然在不断完善之中。在精英高等教育阶段，所有高等教育机构遵循一元化、高要求的学术标准，通常以一流的教学科研水平、优异的人才培养质量、显赫的社会声望等来描述高质量高等教育，所有高等教育机构在同一个层次类型中追求卓越，比如美国的哈佛、耶鲁和一些名不见经传的院校在同一标准下招生，英国的牛津、剑桥和一些“三流”的院校按相同的要求录取学生。大众化高等教育阶段，由于社会需求更加多样化，不同层次类型的高等教育机构大量存在，高质量高等教育的标准趋向多样化，不同层次类型的机构和系统，高质量高等教育的规定性和特点均各不相同，高校招生录取的学术水准也各不相同。譬如，人们常以学术水平的卓越性衡量美国的顶尖大学和法国的大学校，以办学特色的鲜明性衡量英国的多科技术性学院，以人才培养的应用性衡量德国的职业学校。普及化高等教育阶段，评价高质量高等教育的标

① 李五一，杨艳玲.有质量的教育公平：理论分析与政策安排[J].国家教育行政学院学报，2015(8)：44-50.

准则是“价值增值”，即学生投入金钱、时间、精力后所获得的高等教育能否助其较好地适应社会发展，或在经济行为、政治行为、文化行为中获得良好的回报，或为学生的终身发展奠基。正是基于这种多元化的评价标准，每个层次、每个类型的高校都可以在促进学生发展方面走向卓越，成为不同领域的名牌或者一流，而不同起点、不同需求的学生也可以找到适合自己的“好大学”。

四、入学选拔：从英才成就走向开放入学

发达国家的民主、自由是一个由少数人的特权逐渐向更多人开放的过程，这种逻辑体现在高等教育政策上有着鲜明的等级印记。从发达国家的入学选拔来看，最初的精英高等教育的入学标准是以出身和地位为依据，在过去的几十年中是以特定的考试成绩和中等学校的“英才成就”为依据，学生在中学阶段的非凡表现成为美国顶尖大学、英国老牌名校、法国大学校录取的重要参考。到大众化高等教育阶段，作为入学限制条件的英才标准在优质高等教育机构的招生中仍为人们所应用，并得到人们的普遍接受，但精英式的选拔标准日益被教育民主化和教育机会均等的观念所冲淡，人们通过补偿性计划来弥补已有的高等教育不平等，并引进非学术标准（譬如美国高等教育入学中的民族优惠分）来减弱因丧失受良好教育权利的社会群体和阶层的入学机会的不平等，促进高质量高等教育资源在不同人群中的分享。普及化高等教育阶段，高质量高等教育的存在旨在让所有希望进入“好大学”或有资格入学的人都上“好大学”，不同层次类型的优质、特质高等教育机构均采取开放入学的模式来满足学生的求学愿望，传统的精英高等教育机构采取缓慢扩张的策略应对开放入学，新兴特质高等教育机构采取全开放式的入学选拔顺应时代潮流，促进高等教育中社会阶层、种族和民族的分布合理，实现群体成就的平等。

五、制度保障：从身份世袭走向能力至上

发达国家的高等教育入学保障制度随着社会形态的更替而发生变

化。在早期，招生制度的基本形态是世袭制，出身于社会上层家庭的人最有可能进入高质量高等教育机构，高等教育机构的招生准则是受教育者的家庭地位。比如，美国早期的哈佛学院在录取学生时，最重要的依据就是学生的家庭背景和推荐人的社会声望。在社会形态不断变化的过程中，世袭制逐渐被以能力为导向的考试制度所取代，学业考试成为大学招生的核心组成部分，与其对应，学业成绩成为基本的录取标准。在社会形态多样化的今天，高等教育入学也呈现多元化发展的趋势。世界各国实行严格选择和全面衡量相结合的入学制度，而没有完全采用单一招生原则，其形式包括国家统一考试、高等学校自主考试、中等教育证书入学制度、口试形式、推荐形式、保送形式、志愿入学形式等。这些形式在不同国家有不同的组合，进而形成不同的入学模式。美国和俄罗斯采取考试与考核相结合的办法，把入学考试成绩和中学成绩结合起来，并全面考核品德、身体、特长等情况。英国、法国、德国等国倾向于奉行“精英主义”，大学是“宝塔尖”，除名牌大学外，一般大学均不进行单独的入学考试，凭中学毕业证书入学。法国和德国还要进行中期的淘汰考试。日本在规定时间采取统一考试①。在新近的发展中，为了促进学生的全面发展，各国都在改进高等教育选拔的评价方法，力图将统一考试与综合考察相结合，同时采取单独录取与联合招生相结合的办法，提高高等教育准入制度的有效性和科学性，使招生考试制度成为鉴别学生才能、天赋、潜力和学识的科学手段，而不至于成为阻碍青少年继续升学的“漏斗”。

六、教育结果：从眷顾少数走向普惠全民

高等教育普及化与高等教育民主化是一个相激相随的过程，高等教育普及化为高等教育民主化提供物质基础，高等教育民主化为高等教育普及化创造精神条件。精英高等教育阶段，只有那些家庭出身良好、经

① 潘懋元.现代高等教育思想的演变:从20世纪至21世纪初期[M].广州:广东高等教育出版社,2008:6.

济资本雄厚的优势特权阶层子女才可能真正公正地进入大学，通过对大学文化资本的专断来世袭精英地位，从而形成社会地位的代际传递，因而在美国、英国、法国等发达国家，高等教育分层和社会分化有着非常鲜明“精英特权逻辑”。乔治·赫伯特·沃克·布什（George Herbert Walker Bush）入读耶鲁大学，其子乔治·沃克·布什（George Walker Bush）也可以通过“世袭”入读耶鲁大学。高等教育大众化的实现，更多贫寒子弟有机会进入大学，但由于高等教育扩招的主成分是普质高等教育，低社会阶层子弟走出一般高等院校之后，很难跻身社会上层，社会身份的代际传递还无法通过接受普质高等教育来打破。在普及化高等教育阶段，如果优质高等教育机构严苛地控制招生规模，势必造成入学竞争加剧，富家子弟、城市学生可以运用家族的经济优势受到良好的初等教育和中等教育而占尽优势，贫家子弟、弱势阶层学生则成为竞争的弱势，由此导致社会公平问题不进反退，社会阶层流动降低，社会上逐渐形成一个世袭的精英阶层，能够代表弱势群体利益的人会越来越少。如果高等教育真的旨在促进全体民众的公平发展，那么，就必须通过扩大优质、特质高等教育机构的招生来实现惠及全民的教育。

第三章　现状分析：高质量高等教育公平的水平评价

高质量高等教育公平水平作为衡量教育公平所达到的高度，指在某一特定的教育发展阶段，公民享有的高等教育的数量与质量。所谓高质量高等教育的数量公平，是指高等教育公平主要体现为优质、特质高等教育供给与公民高等教育需要满足程度之间的关系，这种供求关系和社会经济结构紧密相联；所谓高等教育的质量公平，是指高等教育公平主要体现为不同族群的学生进入不同类型与层次的“一流”高等教育机构的比率，特别是进入优质高等学校比率的高低，这种比例直接影响到高等教育分流。我国高等教育从大众化阶段向普及化阶段迈进，不同社会阶层的人们获得越来越多、越来越好的高等教育机会和资源，享受到教育改革发展的丰富成果，但人们对高等教育并没有持满意的态度，社会各界的批评与指责也没有因此而明显减少，人们对高质量高等教育反而呈不满意的态度，高质量高等教育公平成为社会各界关注的焦点问题、热点问题和难点问题。积极评价高质量高等教育公平水平，在此基础上构建高质量、有特色的高等教育体系，乃全面深化高等教育改革、加快建成高等教育强国和全面建成小康社会的题中应有之义。

第一节　高质量高等教育公平的评价体系

高质量高等教育作为一种客观存在的教育现象，本身并无公平与否的问题。只有当人们按照一定的标准进行价值判断时，才会产生公平与否的问题。从这个意义上讲，高质量高等教育公平是人们主观价值判断的产物，会因评价主体、衡量尺度、时间地点、客观条件不同而得出不同的结论。更为重要的是，公平与不公平都是相对的，因为比较而存在，因为比较而发展，绝对高质量的高等教育在现实生活中不存在，绝对公平的教育在现实生活中同样不存在。因此，我们在判定高等教育是否公平时，不能只用一把尺子，只从某一方面来做出结论，而要用发展的眼光做研究假设，并从多角度选取评价指标和制定评价标准。

一、研究假设

高质量高等教育公平是价值判断与事实判断的统一。为了使评价指标的选择和评价标准的制定更具实践意义，从而使评价更为客观可靠，不妨做如下假设：

第一，高等教育质量有高低之分，赋予一个高等教育机构、一个学科特定的身份，这个机构就能传递出“高质量”的信号，引导学生的选择和雇主的筛选，并因为学生的选择和雇主的筛选而影响学生的流动。如果高校都能做到各美其美、办出特色，那么，学生就会选择“对的”而不是“贵的”，从而实现合意的高等教育分流。

第二，公平永远是相对的，任何制度中都可能存在优质、特质高等教育不公平现象，尽管我国高等教育改革已在很大程度上提升高等教育质量和高等教育公平水平，但公平的理想远未实现。我们实现了昨日的公平目标，今天的教育现状却又变得更加不公平。这是否意味着，高等教育公平只是一个目标，需要不断地追求？

第三，公民已获得的优质、特质高等教育机会不可能收回进行重新分配，高等教育改革只能对新增的优质、特质高等教育机会进行分配，但这种分配的合理性要看人民群众是否满意，如果以一部分人不满意换取另一部分人满意，这种政策必然是失败的。

第四，高质量高等教育作为一种有价值的文化资本，其不公平现象与高质量高等教育资源多寡、教育资源分配政策有关，并可以通过提高质量、改善教育资源分配政策实现相对公平。

二、评价指标

考虑到纵向的发展性和横向的可比性，结合我国高等教育改革发展和人民群众对高质量高等教育强烈期待的具体现实，高质量高等教育公平水平的评价主要从容量、增量、均量等维度选取指标。

（一）供给量

供给量是描述消费观引导下高质量教育资源容量大小的指标，是基于考生和家长需求的高等教育规模——高质量高等学校规模和高质量高等学校招生规模。从行政隶属的角度分析，高质量高等学校主要指向国家重点建设的中央部委属高等学校，包括教育部直属的优质高等学校和其他部委属的专业型、行业型特质高等学校；从建设政策的角度分析，高质量高等学校此前主要指向国家重点建设的“985 工程”高校和“211 工程”高校，如今逐渐指向“双一流”建设高校。需要强调的是，虽然“双一流”建设已经开始，“双一流”建设高校也是高水平大学的发展趋势，但国家并不是以“双一流”建设取代“985、211 工程”建设，更不是取消“985、211 工程”建设，而是将“985、211 工程”建设纳入“双一流”建设框架内统一建设，因此，“985、211 工程”大学依旧有参考意义。考虑到少数新入选“双一流”建设工程的高校还没有像“985、211 工程”高校那样得到社会充分认可，即部分“双一流”建设高校虽进步相对较快，但由于它们不是“985、211 工程”高校，社会各界还没有完全接受，因此，对高质量高等教育供给量的认识要把握三点：首先，供给量是学生希望获得的入学机会而不是高等教育机构实际提供的招生规模，具有理想性的特征；其次，供给量是高等教育系统能够提供的优质、特质高等教育入学机会，即它是有效的供给，而不是“空头支票”；再次，供给量随着社会需求的变化而变化，是一种以具体历史时期来计量的变量，当全体“双一流”建设高校均得到社会的充分认可时，我们得重新审视这个变量本身所蕴含的意义。高质量高等教育供给量的大小在很大程度上反映出高等教育发展水平，是调节均衡与公平问题、质量和效率问题、教育理想与社会现实问题、国家需要与个人期望问题的关键。

（二）录取率

录取率是测度高质量高等教育入学机会获得难易程度的系数，是优质、特质高等教育机构招生人数与考生人数之间的比例关系。历代执政当局为了实现考选的区域公平，主要依据各地的总人口数、参加考试人数以及各省文教发达程度等因素来确定录取名额投放数①。在实际操作中，由于高等教育的层次类型与高等教育质量存在很大的相关性，通常以学校层次类型代替高等教育质量标准。我国高等教育机构按层次类型分为部属重点高校、公立普通本科院校、公立高职高专院校、民办本科院校、民办高职高专院校和独立学院。从国家政策支持和社会认可的角度出发，部属重点高校是集优质、特质高等教育于一身的大学，其录取率代表高质量大学机会公平水平。录取率的计算公式有两个：

①（某年）部属高校录取率＝［（某年）部属高校招生计划数÷（某年）全国高考考生人数］×100％

②（某年、某省区）部属高校录取率＝［（某年、某省区）部属高校招生计划数÷某年全国高考考生人数］×100％

从上述两个计算公式可以看出：部属高校的录取率越高，表明学生获得的高质量高等教育入学机会越多，高等教育公平水平越高，反之亦然。

（三）选择面

选择面是考察学生选择适合自身个性的高质量高等教育的指标，是高质量高等教育宽度的体现。当今中国，可供学生选择的高质量高等教育有中央部委属高等院校、国家级重点学科、国家级特色专业等。随着高等教育国际化进程加快，高质量的教育资源在国际间进行配置，教育要素在国际间加速流动，教育国际交流与合作日益频繁，世界各国教育相互影响、相互依存的程度不断提高，各国都试图充分利用国内和国际

① 周洪宇，申国昌.我国考选历史的回顾与反思：兼谈我国重点高校录取名额投放问题[J].教育研究，2006(4)：43-48.

两个市场，优化配置本国的优质教育资源和要素，抢占世界教育的制高点，培养具有国际竞争力的高素质人才，为本国的最高利益服务。学生还可以选择国外的优质、特质高等教育。通过海外留学实现更好更公平发展可能性的大小，从另一个侧面反映高等教育公平水平的高低。

（四）惠及面

惠及面是指优质、特质高等教育所惠及的对象与范围，⼉指高质量高等教育机会按地理位置、人口构成、家庭出身、种族性别等因素在不同人群中的分布。惠及面是衡量高质量高等教育分布合理性的均量指标，是检视教育改革成果共享程度高低的一把尺子，是质量公平水平的现实反映。由于我国优质、特质高等教育资源分布不均，分摊共建大学办学模式以及基础教育发展存在较大差距，各省区考生入读高质量大学的机会存在很大差异[①]。按照“不患寡而患不均”的逻辑，评价高等教育改革发展的成效，既要看高等教育质量是否得到提高，更要看现有优质、特质高等教育资源是否均衡地惠及不同人群，这是高等教育创新发展、协同发展、共享发展的重要目标。

（五）公平度

按比例投放重点大学招生名额是高质量高等教育资源配置公平的重要法则。亚里士多德在提出比例相等的公平观时指出，“公正就是比例，不公正就是违反了比例，出现了多或少”[②]。著名经济学家舒尔茨也曾经指出，在一个足够多的人口中，高智商人格的比例应该是相同或相近的。按照比例公平的原则，可以计算判定高等教育招生名额分配公平与否的标准——公平强度系数，其计算公式为：

公平强度系数＝［（某省区）获得的招生名额÷重点高校招生人数］/［（某省区）考生人数÷全国考生人数］

公平强度系数的计算结果表达为：当比值等于1时，于己于人都最为公平；当比值比大于1时，对个人越公平，对别人越不公平；当比值

① 刘海峰，李木洲.高考分省定额制的形成与调整[J].教育研究，2014(6)：73-80.

② 苗力田.亚里士多德全集：第八卷[M].北京：中国人民大学出版社，1994：96.

小于1时，对个人越不公平，对别人越公平。

三、评价标准

高等教育质量的高低、高等教育公平程度的强弱，是利益相关者需要和满意评价的结果。因此，围绕社会需要、人民满意的价值准则，结合高质量高等教育评价指标体系，可以粗略地制定出高质量高等教育公平程度的三条判定标准。

（一）底线标准

高质量高等教育公平的底线标准是指受教育者的高等教育权利和机会必须达到的最基本的水平、最低的标准、最起码的限度。底线标准描述的是高等教育入学公平度的概念，而这个“度”的确定就是从我国高等教育大众化的基本国情出发，解决人民群众最需要、最基本的高等教育需求问题，在公平与不公平之间划出一条“警界线”。设若用数字来描述底线标准，就是优质、特质高等教育规模与考生规模同步增长，人民群众上“好大学”的权利得到保障；高质量大学录取率达到5%以上，人民群众上“好大学”的机会不断增加；学生选择重点学科、特色专业、海外高校的机会更多，高质量高等教育的覆盖面稳步提升，学生的发展空间不断拓展。设若用模糊的尺度来形容底线标准，就是每所高校都绕不开、社会又公认和接受的，而政府责任不能含糊、不能推卸、必须坚守的“底线”。底线划分出公民接受高等教育权利的一致性和高等教育服务需求的差异性，确立了政府责任和教育竞争之间的界限。在底线以下的部分，政府的公共政策主要致力于满足不同群体在普通意义上的高等教育需求，高等教育入学对象具有明显的广泛性特征；在底线以上的部分，重点高校的招生录取主要致力于满足不同族群的优质、特质高等教育需求，高等教育选拔具有高度竞争的特性。普及化高等教育时期，高等教育要着力解决的是教育的底线公平，而不是高层次的教育公平。没有底线的公平，高等教育入学公平就没有基础。

（二）满意标准

满意标准是利益相关者对高等教育的预期与实际获得的机会相比较

能形成一种满意的心理状态和愉悦的心理感受。这条标准以多数考生和家长的高等教育利益为出发点，是“消费者”对高等教育需要被满足程度所持的一种主观价值判断、一种心理感知活动、一种期望与实际感知相比较后的结果。如果从定量的角度来设定满意标准，按照“二八定律”，当高质量高等教育机构和普质高等教育机构形成“二八分治”的结构时，高质量高等教育机构就能够有效发挥其效能，基此，优质、特质高等教育机构所占的比例达到20%左右时，高质量高等教育供给不再成为“稀有产品”；按照“高等教育发展三阶段论”，当高质量大学录取率达到15%以上，大众目标就可能实现，更多人上“好大学”的愿望就能得到满足；按照“少数服从多数”的原则，当60%的学生有选择重点高校、重点学科、特色专业、海外留学的机会，学生的流向、流域就会更广，学生成功成才的路子就会更宽。如果从定性的角度来考察满意标准，高质量高等教育公平表现为人民群众接受高质量高等教育的权利得到充分保障，没有质疑和反对的声音；对入学机会的获得持满意的态度，没有抨击和批判的声音；认为教育效果与预期有较高的一致性，没有抱怨和埋怨的声音。满意标准将考生与家长的意见和态度作为判断是非、对错、优劣的镜子、依据和标尺，把考生和家长满意作为高等教育公平的出发点、着力点和落脚点，具有显示的可比性、可执行性、可实现性。相对于过去的高等教育公平而言，如果多数学生不满意，多数家长有怨言，高等教育制度改革还得返工、补课、重来，直到取得学生和家长看得见的满意的实效，确保高等教育公平能落到实处。

（三）最优标准

最优标准是高等教育资源分配的一种理想状态，其实现前提是假定高等教育对象和高等教育资源固定，从一种分配状态到另一种分配状态的变化中，在没有任何人的境况变坏的前提下，使得一部分人的境况变得更好，获得更多出彩的机会。最优标准意味着高等教育公平的程度没有更多改进的余地，其实现取决于高等教育的高度发展，换言之，最优标准是高等教育公平与效率的“理想王国”，而高等教育的巨大发展能够提高高等教育公平程度与水平，使人们对高等教育的满意程度达到最优水平。假使依确切的数据来限定最优标准，就是高等教育总量极大丰富，高等教育质量极大提升，优质、特质高等教育资源极大丰富，高质量大学所占比例超过半数，录取率达到普及化水平，人人都可以接受适合自己的高质量高等教育，人人都可以成就自己成才成功的梦想，人们对高等教育的评价达到非常满意程度。假使以抽象的概念来界定最优标准，就是高等教育结构不断调整，不同类型的一流高校大量存在，高等教育招生趋于多元化，学生的选择更加多样化，低收入家庭子女、低社会阶层子女、贫困学生大量进入不同类型的一流高校，通过接受一流的高等教育而提高社会经济发展所需要各种越来越复杂的职业能力，进而提升参与劳动力市场竞争的能力，获得更多发展的机会，在基本上消除高等教育不公平的基础上逐渐消除社会不公平。最优标准瞄准的是一个伟大的教育目标，倡导的是一种崇高的教育理想，虽然其实现是一个长远的征程，却仍然值得我们去追求。

第二节　高质量高等教育公平水平的发展

政策创新是推动高质量高等教育公平水平发展的核心动力。从新中国成立到改革开放以来，特别是进入 21 世纪以来，我国高等教育政策致力于质量保证和促进公平，使高等教育状况发生天翻地覆的变化，人民群众在过上温饱生活的同时，也享受到更高质量、更加公平的高等教育，高等教育日益成为经济发展和社会进步的核心动力。

一、高质量高等教育供给量大幅增长

追求优质、特质高等教育机会公平是高等教育发展的必然结果。从 20 世纪末期以来，随着我国重点大学建设工程的推进，高质量高等教育规模不断扩大，高质量高等教育资源实现较快增长，学生获得越来越多的公平地进入高质量高等教育机构学习的机会，高质量高等教育公平达到底线以上水平。

（一）重点高校数量实现较快增长

世纪之交，国家启动促进优质高等教育较快增长的重点大学建设工程，以扩大优质高等教育供给促进优质高等教育公平。1995 年，经国务院批准，原国家计委、原国家教委和财政部联合下发《“211 工程”总体建设规划》，正式启动“211 工程”建设。1999 年，国务院批转教育部《面向 21 世纪教育振兴行动计划》，正式启动“985 工程”建设。至 2011 年，教育部分批建成“211 工程”大学 112 所、“985 工程”大学 39 所。进入 21 世纪，伴随着我国高等教育大众化进程的推进，人们对公平地接受优质高等教育的期望更加强烈。为不断满足人们接受优质高等教育的愿望，2004 年，教育部作出开展省部共建工作的战略决策，决定按照“一省一校”原则，面向中西部 12 个没有教育部直属高校的省区与当地省（自治区）人民政府共建一批基础好、实力强、历史悠久的地方大学，促进优质高等教育区域合理布局与协调发展，由此拉开“省部共建”[①] 地方高校的序幕。至 2015 年，教育部除与省级人民政府共建“985 工程”“211 工程”高校以外，教育部卫计委与地方政府共建医学院校 10 所，教育部与国家民委共建国家民委所属高校 6 所，教育部与省级人民政府共建地方高校 53 所，在一定程度上扩大了优质、特质高等教育供给。2017 年 9 月 21 日，教育部、财政部、国家发展改革委印发《关于公布世界一流大学和一流学科建设高校及建设学科名单的通知》，公布世界一流大学和一流学科建设高校及建设学科名单，137 所高校入围“双一流”建设高校名单，其中，一流大学建设高校 42 所，一流学科建设高校 95 所[②]，重点建设对象在“985、211 工程”的基础

---

① 省部共建工作推出 10 年取得显著成绩：在人才培养上，共建高校担负了中西部地方高校 30%以上的研究生培养任务；从学科看，中西部地方高校三分之一以上的一级学科博士点、65%的教育部人文社会科学重点研究基地、46%的国家重点学科，集中在共建高校。在科技创新方面，共建高校占有中西部地方高校两院院士总数的 56%。

资料来源：樊丽萍.教育部“2011 计划”向各类高校开放[N].文汇报，2014-11-22.

② 中华人民共和国教育部.教育部、财政部、国家发展改革委关于公布世界一流大学和一流学科建设高校及建设学科名单的通知[EB/OL].(2017-09-21)[2021-10-15].http://www.moe.gov.cn/srcsite/A22/moe_843/201709/t20170921_314942.html.

上进一步增长，从而使优质高等学校的数量更为充足，供给更加丰富，学生进入重点大学学习的机会更多更公平。

（二）重点高校招生规模稳步扩大

重点高校以其良好的社会声誉、卓越的办学水平而成为万千考生梦寐以求的学习之地。我国自推行高等教育扩招政策以来，重点高校的大门为之敞开，中央部委所属的各类一流高校——包括一流的学术型大学（如教育部直属的北京大学、清华大学）、一流的行业型大学（如公安部所属的中国人民公安大学、交通运输部所属的大连海事大学）、一流的专业型高等院校（如中华全国总工会所属的中国劳动关系学院、中国共产主义青年团中央所属的中国青年政治学院）、一流的应用技术型高校（如中国人民解放军空军装备部所属的长沙航空职业技术学院、交通运输部所属的广州民航职业技术学院）均采取扩招策略满足社会的高等教育需求。2005—2016年，中央部委属普通高校招生计划从431 550人增长到486 356人，12年间增长54 986人，年均增长4 582.17人。其中，本科招生从402 900人上升到460 546人，12年间增长57 646人，年均增长4 804人。每10万名考生上中央部委属高校的人数从4 921人上升到5 174人，增长了253人，平均每年增长21人（见图3-1）。中央部委属普通高等院校招生规模的稳定扩大，在为社会造就更多高素质人才的同时，也为学生提供更多优质、特质高等教育机会。

二、高质量高等教育录取率逐年提升

决定优质、特质高等教育机会的关键因素不是高考的难易程度，而是录取率。在高等教育大众化进程深入推进的过程中，中央部委属普通高等院校持续扩大高等教育录取率，为更多考生提供优质、特质高等教育机会。2005—2016年，全国高考考生、中央部委属普通高等院校招生均呈显著增长趋势，但全国考生与中央部委属普通高等院校招生的增长幅度并不完全一致，从而使中央部委属普通高等院校招生录取率起伏不定，但整体上呈逐年上升趋势。从2005年至2016年，全国高考考生人数从877万人上升到940万人，录取率从2005年的4.92%上升到

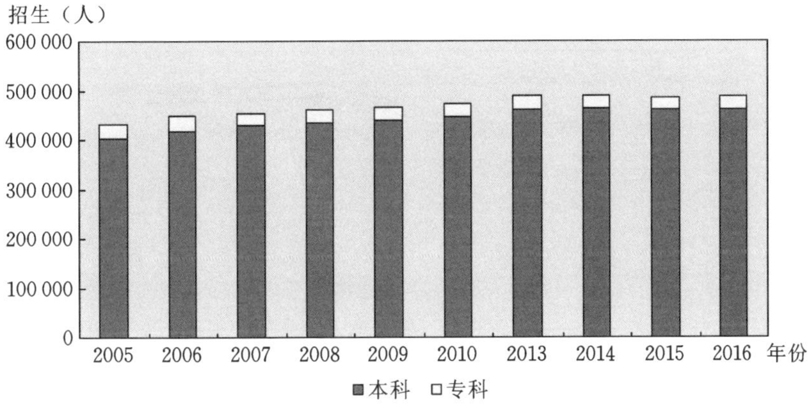

图 3-1　2005—2016 年中央部门所属普通高等院校本专科招生人数

说明：2011、2012 年教育部相关数据链接关闭，故此空缺。

资料来源：根据中华人民共和国教育部公布的 2005—2016 年《教育部、国家发展改革委关于下达全国普通高等教育招生计划的通知》整理而成。

2016 年的 5.17%，其中本科生录取率从 4.59%上升到 4.90%。中央部委属普通高等院校录取率在 2006 年达到 5.43%，创历史最高水平，2006 年以后有所下降，2009 年开始回升，此后保持在 5%左右（见图 3-2）。中央部委属普通高等院校录取率的逐年提升，表明不同群体考生获得优质、特质高等教育的机会在增多，高等教育公平水平不断提升，达到较满意程度。

三、高质量高等教育选择面深度拓展

追求高质量高等教育是每个有志青年追求成功成才的表现。在高考竞争激烈、就业形势日趋严峻、中央部属普通高等学校招生数量不能完全满足考生需求的情况下，国家通过实施重点学科建设项目、海外留学项目、特色专业建设工程等措施，扩充高质量高等教育容量，为学生成功成才提供更多选择，高质量高等教育公平水平向满意程度接近。

（一）选择重点学科的机会更多

国家重点学科是国家根据发展战略与重大需求，择优确定并重点建

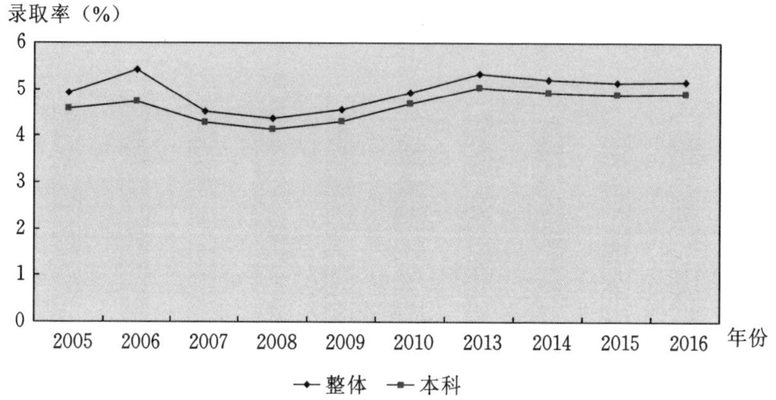

图 3-2　2005—2016 年中央部门所属普通高等院校招生录取率

说明：2011、2012 年教育部相关数据链接关闭，故此空缺。

资料来源：根据中华人民共和国教育部公布的历年高考报考人数及 2005—2016 年《教育部、国家发展改革委关于下达全国普通高等教育招生计划的通知》整理而成。

设的培养创新人才、开展科学研究的重要基地，在高等教育学科体系中居于骨干和引领地位，为经济社会发展提供人才和智力支撑，是我国优质高等教育的重要组成部分。通过重点学科建设促进优质高等教育增长，借此提升高等教育公平水平，是我国高等教育改革的重要政策举措。1985 年，中共中央《关于教育体制改革的决定》提出，“根据同行评议、择优扶植的原则，有计划地建设一批重点学科”。根据这一要求，原国家教育委员会于 1987 年发布《关于做好评选高等学校重点学科申报工作的通知》，正式开展高等学校重点学科评选工作。从 1987 年至 2007 年，我国共组织三次评选工作，共评选出1 656个一级学科国家重点学科、677 个二级学科国家重点学科、217 个国家重点（培育）学科。2017 年 9 月 21 日，教育部、财政部、国家发展和改革委员会印发《关于公布世界一流大学和一流学科建设高校及建设学科名单的通知》，公布世界一流学科建设名单，共计 465 个学科入围，标志着我国重点学科建设达到新水平。国家重点学科数的稳步增长，使学生的入学选择面更加广阔，不再囿于某所特定的大学，而可以从学科发展中找到更多成功的机会。

（二）选择海外留学的渠道更广

在高等教育国际化日益加强的条件下，众多学生将目光转向欧美等发达国家一流大学，通过海外留学谋求更公平的发展机会。国家通过创新海外留学审核制度、海外留学考试制度等的创新，帮助更多学生多渠道实现出国留学的梦想，取得重要进展。

一是海外留学空间深度拓展。随着全球化与教育国际化的深入发展，海外留学正在从公费留学为主向自费留学转变，使不同类型的高校学生均有机会出国深造。进入21世纪以来，欧美等发达国家把留学教育作为重要的服务产业来发展，通过开设各种留学考试、承认中国高校学历等来吸纳中国学生，进一步为国内学生出国留学拓展了空间。因应高等教育国际化的发展，国家通过废除自费出国留学资格审核制度、建立留学人员创业园区、设立国家优秀自费留学奖学金、提供回国服务等一系列措施为学生参加海外留学考试提供种种便利，使更多学生有机会走出国门接受国外优质高等教育，现已形成广泛的留学考试渠道。以2012年为例，教育部认证的海外留学考试就已包括TOEFL、GRE、GMAT、LSAT、MSE、BEC、IEITS、LCCIIQ、JLPT、BJT等17项，而参加海外考试的考生达到130万人之众（见表3-1），与2011年相比增长5.3%。

表3-1　2012年参加海外留学考试人数

序号	海外留学考试项目	人数
1	TOEFL（托福，英语作为外国语考试·美国）	33.2万人
2	GRE考试（研究生入学考试·美国）	64 958人
3	GMAT考试（工商管理研究生入学考试·美国）	43 682人
4	LSAT（美国法学院入学考试·美国）	961人
5	CGFNS考试（外国护校毕业生委员会·美国）	0人
6	IT（信息技术考试证书·美国）	5 478人

续表

序号	海外留学考试项目	人数
7	MSE（剑桥英语主体考试·英国）	1 024 人
8	BEC（商务英语证书考试·英国）	10.6 万人
9	IEITS 考试（雅思，国际英语语文测试系统·英国）	482 750 人
10	LCCIIQ 考试（伦敦工商会国际认证·英国）	467 人
11	JLPT（日本语能力测试·日本）	23.9 万人
12	BJT（商务日语能力测试·日本）	1 454 人
13	TestDef（德福，德语作为外国语考试·德国）	6 981 人
14	TestAS（学习能力考试·德国）	416 人
15	TOPIK（韩国语能力考试·韩国）	34 913 人
16	Celpe-Bras（葡萄牙语水平测试证书·巴西）	67 人
17	CELI（意大利语言水平等级考试·意大利）	79 人

说明：由于美国移民政策紧缩，护士移民的配额为 0，所以无人报考。

资料来源：《中国教育年鉴》编辑部. 中国教育年鉴：2013［M］. 北京：人民教育出版社，2013：299-300.

二是公派留学制度日益完善。为深入贯彻人才强国战略，为现代化建设培养更多高质量人才，国家一方面通过设立“国家公派留学生项目”，为更多学生出国接受国外优质高等教育创造机会。2012 年，国家留学基金共资助 31 256 名国家公派留学人员，分别在 87 个国家学习，比 2011 年增长了 15%，其中访问学者类（高级研究学者、访问学者、博士后、短期研究生、进修生）占 30%，研究生（博士生、联合培养博士生、硕士生、联合培养硕士生、硕士插班生）占 64%，本科生（本科插班生、本科生）占 6%。另一方面，国家为推进高水平大学建设，培养一批若干年后国家建设所需各行各业拔尖创新人才，从 2007 年起设立“国家公派研究生项目”，资助更多学生出国学习。2012 年，国家建设高水平大学公派研究生项目录取 6 140 人，其中攻读博士学位研究生 2 803 人、联合培养博士生 3 337 人[①]。至 2013 年，国家公派研究生已基本覆盖“211 工程”高校和“985 工程”高校，为越来越多的学生公派留学创造更多机会。

三是留学发展机会更加广阔。随着我国留学制度不断完善以及国内经济发展、基本待遇改善等因素的影响，学生出国接受国外优质高等教育后，不仅有在国外发展的机会，而且有更多国内发展的机会。因此，进入 21 世纪以来，国内学生出国留学热度始终不减，而学成后归国的热情也在增长。据国家统计局公布的数据显示，从 2009 年到 2018 年，各类出国留学人员按平均每年 4.33 万人的速度增长，从 22.93 万人增长到 66.21 万人；学成留学回国人员按每年 4.11 万人的速度增长，从 10.83 万人增长到 51.94 万人，学成后回国人员占留学人员比例从 47.23%上升到 78.44%（见图 3-3）；2015 年，中国公派留学生规模达到 2.5 万人，同期回国率提升到 98%，表明学生获得越来越多的公平发展的机会。

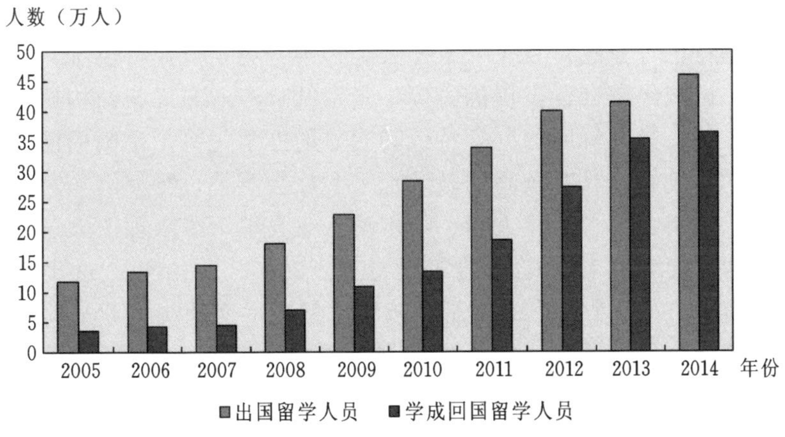

图 3-3　2005—2014 年出国留学人员及学成回国留学人员

资料来源：中华人民共和国国家统计局，http://data.stats.gov.cn/easyquery.htm? cn=C01。

① 《中国教育年鉴》编辑部.中国教育年鉴：2013[M].北京：人民教育出版社，2014：330.

（三）选择特色专业的出路更宽

为大力加强本科专业建设，面向社会需求培养有特色、高质量的人才，促使不同类型与层次的高校形成自身特色与品牌，提升特质高等教育公平水平，国家自 2007 年起实施“国家级特色专业”建设工程。所谓“国家级特色专业”，是高校在一定办学思想指导下和长期办学实践中逐步形成的富有个性风貌的专业，是在教育目标、师资队伍、科学研究、课程体系、教学条件、培养质量等方面具有显著特色和较高声誉的专业。这些国家级特色专业，反映出各高校的优势资源和办学定位，具有较长的办学历史和良好的办学传统，与国家和当地的经济社会发展紧密相连，是一种高标准、高水平、高质量的专业，堪称全国高校某一同类专业的“领头羊”。国家级特色专业的发展，可以为学生提供更加公平、更高质量的教育，拓宽学生成人成才的机会和向上流动的通道。

自 2007 年至 2010 年，教育部和财政部依据国家和区域经济社会发展需要，参照《国家中长期科技发展纲要》，先后分 6 批在全国普通本科高等院校立项建设了 3 376 个特色专业建设点，涉及特色专业 310 个。这些特色专业建设点主要有三大类：第一类是行业特色型，主要面向国家、区域经济社会发展的需要，紧密结合产业布局与结构调整培养行业性人才，具有鲜明的办学特色和明显的办学优势，是国内同类专业领域中的佼佼者，具有较高的教学水平和社会声誉，譬如清华大学、同济大学、东南大学、天津大学、哈尔滨工业大学、华南理工大学、重庆大学、西安建筑科技大学的建筑学专业。2007—2010 年，这类专业建设点共有 2 800 多个。第二类是区域特色型，主要围绕国家战略需求和地方经济社会发展需要，在优先发展、紧缺专门人才和艰苦行业领域，推进高校专业建设与人才培养，形成一批急需和紧缺人才培养基地和特色专业建设点。这一类特色专业建设点主要集中在经济学类、马克思主义理论类、新闻传播学类、教育学类、电子信息类、计算机类、水利类和外语非通用语种、农林、医疗、石油地矿等相关专业领域，如天津大学的工商管理、复旦大学的软件工程、忻州师范学院的汉语言文学、广西师范大学的物理学（师范教育）、海南师范大学的生物科学（师范教育）、新疆大学的化学工程与工艺（石油天然气）等，这类专业建设点共有 500 多个。第三类是产业特色型，主要涉及节能环保、新一代信息技术、生物、高端装备制造、新能源、新材料、新能源汽车等战略性新兴产业领域。这类专业建设点共有近 80 个，主要集中在部分高水平大学，如北京化工大学的能源化学工程、中国药科大学的生物制药、西安电子科技大学的电子封装技术、西安交通大学的新能源科学与工程、兰州大学的功能材料、重庆大学的车辆工程等。

国家级特色专业建设是提升教育质量的重要途径，也是实现高质量高等教育公平的有效方法。通过国家级特色专业建设，一批“普质”高等教育机构摆脱趋同发展的困境，走上特色发展的道路，为更多考生特别是那些无缘重点大学的学生提供公平地实现人生出彩的机会。

四、高质量高等教育惠及面显著扩大

我国一直将振兴中西部教育作为缩小区域教育差距、推进教育公平的重要战略，大力实施“中西部教育振兴行动计划”等措施。2008 年，教育部开始实施“支援中西部地区招生协作计划”，每年专门安排招生增量计划，主要由高等教育资源相对丰富、录取率较高省份的中央部委属普通高校、地方“211 工程”高校承担，面向高等教育资源不足、录取率较低的中西部省份招生，促进高等教育区域协调发展和入学机会公平。2008—2016 年，参与协作计划的支援省份从 11 个增加到 14 个，受援省份从 4 个增加到 10 个，现已广泛覆盖山西、安徽、河南、广西、四川、贵州、云南、西藏、甘肃、新疆等地。支援省份持续向受援省份提供援助，逐年增加招生计划，从 2008 年的 3.5 万人增加到 2016 年的 21 万人，9 年间累计招生 133 万人（见图 3-4），使高考录取率的区域差距日益缩小，现已使高考录取率最低的省份从 2007 年与全国相差 17 个百分点缩小至 2015 年的 5 个百分点内。协作招生政策的持续发力，使高质量高等教育资源惠及更多经济落后地区、教育落后地区，高等教育改革成果共享水平不断提升，区域间的差异日益缩小，满意程度日益提高。

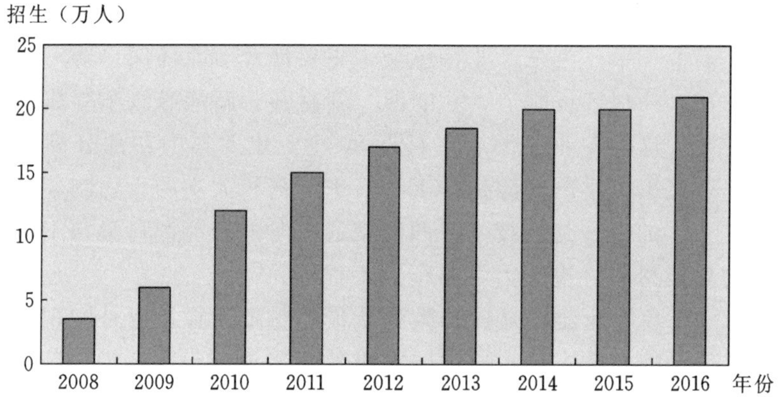

图 3-4　2008—2016 年支援中西部地区招生协作计划

资料来源：中华人民共和国教育部 2008—2016 年《“支援中西部地区招生协作计划”实施方案》。

五、高质量高等教育均衡性日益改善

在建设小康社会的进程中，人们不仅期望公平地享有接受高等教育的机会，而且越来越期望公平享有接受优质高等教育的机会，而标志着优质高等教育的原“211 工程”大学和绝大多数“双一流”建设高校因其办学实力强、办学水平高而受到社会的普遍向往，其在不同地区的合理分布意味着高质量高等教育均衡性得到不断改善。

首先，从原“211 工程”大学的分布来看，2002—2011 年间，伴随着公民的优质高等教育公平意识不断增强，就读“211 工程”大学的机会公平成为我国高等教育改革发展的重要目标。在党和政府的高度重视和不断努力下，中国“211 工程”大学的分布由零星点缀走向星罗棋布，在有力地推动我国高等教育发展和高等教育质量提高的同时，对促进全国各族人民更公平地享有优质高等教育机会提供了保障，使我国高等教育机会公平达到“合格水平”，主要体现在两方面：

一方面是“211 工程”大学的分布从集中走向分散，遍布了所有省区。近二十年来，“211 工程”大学的分布发生了较大变化。2002 年全国共 95 所“211 工程”大学（包括三所军事院校），主要分布在教育发达城市和教育发达省区，北京、上海、江苏等是“211 工程”大学的聚集地，而教育欠发达地区的“211 工程”大学寥若晨星。2011 年，全国“211 工程”大学上升到 112 所，增加 17 所，增长率为 17.89%（详见表 3-2），不仅实现了海南、宁夏、贵州、青海、西藏等地重点大学零的突破，而且实现了“211 工程”大学在大陆范围的全覆盖，每个省区均有一所重点建设的大学，使不同地区的考生均获得了更多地享受本地优质高等教育的机会。

另一方面是“211 工程”大学的增长更加倾向于少数民族贫困地区。为了促进优质高等教育资源的均衡分布，国家重点加强教育中等发达省区尤其是教育欠发达省区的“211 工程”大学建设，使“211 工程”大学的增长向着有利于公平的方向发展。2002—2011 年，教育中等发达省区增加“211 工程”大学 8 所，增长率均为 40%；教育欠发达省区增加 4 所，增长率为 40%；教育发达城市增加 4 所，增长率为 11.76%；教育发达省区增加 2 所，增长率为 7.14%；教育中等发达省区和教育欠发达省区的“211 工程”大学增长远远高于教育发达城市和教育发达省区（详见表 3-2），表明国家对教育中等发达省区和教育欠发达省区的政策倾斜，特别是对少数民族贫困地区的高度关注，有力地促进了少数民族贫困地区的公民更公平地享有接受优质高等教育的机会。

表 3-2　2002—2011 年“211 工程”高校分布与增长情况　单位：所

教育发达城市			教育发达省区			教育中等发达省区			教育欠发达省区		
地名	2002 年	2011 年	地名	2002 年	2011 年	地名	2002 年	2011 年	地名	2002 年	2011 年
北京	22	26	辽宁	4	4	山东	3	3	安徽	2	3
上海	9	9	江苏	11	11	湖北	4	7	四川	5	5
天津	3	3	广东	4	4	内蒙古	1	1	广西	1	1
			浙江	1	1	湖南	3	3	甘肃	1	1

续表

教育发达城市			教育发达省区			教育中等发达省区			教育欠发达省区		
地名	2002 年	2011 年	地名	2002 年	2011 年	地名	2002 年	2011 年	地名	2002 年	2011 年
			福建	2	2	海南	0	1	贵州	0	1
			吉林	3	3	江西	1	1	青海	0	1
			黑龙江	3	4	河北	1	1	云南	1	1
			新疆	1	2	重庆	1	2	西藏	0	1
			山西	1	1	宁夏	0	1			
						河南	1	1			
						陕西	5	7			
合计	34	38		30	32		20	28		10	14

说明：3 所军事系统院校单列，包括第二军医大学、第四军医大学和国防科技大学。

数据来源：中华人民共和国教育部，详见 http：//www.moe.gov.cn/publicfiles/business/htmlfiles/moe/moe_1680/201002/xxgk_82762.html。

其次，从“双一流”建设高校的分布来看，在建设高等教育强国战略的推动下，“双一流”建设高校相比原“211 工程”高校不仅在数量上有明显增长，而且在地域分布上也有变化。整体来看，不同地区的“双一流”建设高校都在原“211 工程”高校的基础上有所增长。其中，教育发达城市增长 14 所，增幅为 36.86%；教育发达省区增长 7 所，增幅为 21.88%；教育中等发达省区增长 1 所，增幅为 3.57%；教育欠发达省区增长 3 所，增幅为 21.43%（见图 3-5）。“双一流”建设高校的分布由集中走向分散，使不同地区的学生均能获得更多的优质高等教育机会，在一定程度上提高高等教育机会公平水平。

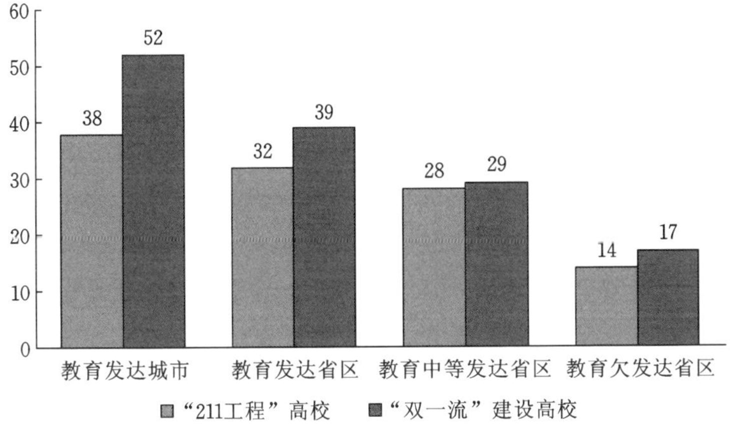

图 3-5　"双一流"建设高校与"211 工程"高校在不同地区的分布

资料来源：①中华人民共和国教育部，详见 http://www.moe.gov.cn/publicfiles/business/htmlfiles/moe/moe_1680/201002/xxgk_82762.html。

②中华人民共和国教育部：《教育部、财政部、国家发展改革委关于公布世界一流大学和一流学科建设高校及建设学科名单的通知》，http://www.moe.gov.cn/srcsite/A22/moe_843/201709/t20170921_314942.html。

第三节　高质量高等教育公平水平的不足

中国高等教育事业取得巨大成绩，高等教育质量不断提升，高等教育公平水平极大提高，为全面建成小康社会奠定坚实基础，但高等教育体系建设仍然存在许多不足，突出表现为优质高等教育短缺且分布不均、特质高等教育不足等问题，都在一定程度上影响到共同富裕，高质量高等教育公平水平还有待进一步提升。

一、高质量高等教育供给量依然不足

我国高等教育步入大发展的快车道，但高等教育质量提升没有跟上规模扩张的步伐，高等教育供给侧结构性改革进展缓慢，高质量高等教育资源依然严重不足，优质、特质高等教育的实际供给无法满足人民实际需求的状况并没有得到根本性改变，家长、考生、社会对高等教育的满意程度不高，抱怨声、批评声不绝于耳。2020 年，我国有普通高等学校 2 738 所[①]，但一流的学术型高校屈指可数，中央部委属高校占普通高校总数的比例仅为 4.1%，教育部与省级人民政府共建“985 工程”和“211 工程”高校、教育部协同其他部委与省级人民政府共建地方高校占高校总数的比例仅为 6.57%；一流的行业型、专业型高校寥若晨星，普及化情境中的众多地方高等院校淹没在“身份固化”和趋同发展的茫茫海洋中，以至于被人们嗤之以鼻，一些学生在上国内重点大学无门的情况下，纷纷“以脚投票”，潮水般地涌向国外高等教育机构；一流的应用技术型高校凤毛麟角，昔日曾经人满为患的许多高职高专，时下正变得门可罗雀，每年都因为招生困难而愁肠百结，不得不采取降分录取、就业承诺等策略来招揽学生。高等教育的低效供给与人民群众的热切期待形成巨大反差，无法对经济社会发展提供强有力的人才支撑，无法取得改革成果共享的实际效果，导致教育分流渠道不畅，迫切需要扩大高质量高等教育规模来提供给质量和效率。

二、部属高校录取率仍处于较低水平

在高等教育文凭的信号能力不断减弱的条件下，被部属高校录取成为万千考生的愿望。根据有关统计，中央部委属高等教育机构扩招缓慢，招生录取率不高，考生竞争激烈。一是中央部委属高校招生录取率低。有数据表明，1998—2018 年，全国普通高校录取人数呈现增长趋势，但增长率逐渐放缓。2018 年全国录取人数增长至 791 万人，全国普通高等学校本专科招生录取率已达到 81.13%，中央部委属高校招生录取率并不高。从 2018 年各省市高考“985 工程”高校录取率来看，天津高考“985 工程”高校录取率最高，达到 5.8%；安徽最低，只有 1.1%。从 2018 年各省市高考“211 工程”高校录取率来看，北京高考

---

① 中华人民共和国统计局.普通高等学校数：2020[EB/OL].[2021-10-15].https://data.stats.gov.cn/easyquery.htm? cn=C01&zb=A0M05&sj=2020.

“211 工程”高校录取率最高，达到 13.99%；广东最低，只有 2.74%[①]。二是中央部委属高校招生录取率同步增长慢。2005—2016 年，我国高等教育毛入率按平均每年 1.79%的速度增长，从 2005 年的 21%上升 2016 年到 42.5%，但中央部委属高等院校的录取率并未实现同步增长，仅按平均每年 0.7%的速度增长。三是每 10 万名考生中上重点高校的人数少。2015 年，每 10 万名考生上大学的人数为 74 310 人，但每 10 万名考生上中央部委属高校的人数仅为 5 146 人。部属重点高校录取率偏低反映出两方面问题：一方面是部属重点高校的办学效益不高，无法承载更多的有需求的考生；另一方面说明部属重点高校实行“壁垒式”的招生政策，使绝大多数考生无缘国家重点高校，这与人民群众对优质高等教育的期待形成巨大反差。

三、海外留学机会眷顾优势社会阶层

我国海外留学政策在鼓励和加快高层次人才培养方面取得重要成效，但政策的许多规定使海外留学机会更多向优势社会阶层倾斜，国外优质高等教育对中低社会阶层来说只能是一种奢侈品。首先，从海外留学考试来看，学生要通过 TOEFL、GMAT、GRE、MSE、IEITS 等考试，才有可能拿到国外大学的“入场券”。但通过这些考试并非一日之功，不仅需要学生勤奋治学，还需要修习相关课程，并接受一定的考试培训。目前部分地区的普通高中开设了以出国为导向的国际班，但由于缺少政策规范，部分课程存在随意性和盲目性，收费高昂，中低收入阶层难以支付巨额费用。厦门大学教育研究院谢作栩教授的调查研究证实了这一点：按“非常重要”的程度排序，学费因素对低社会阶层、中间阶层、优势阶层学生高等教育入学机会的影响分别为 30.8%、17.8%、12.0%（见表 3-3）。其次，从海外留学渠道来看，海外留学虽然包括公派留学生、申请奖学金和自费出国留学等多种途径，但自费出国留学是

---

① 创业研究院.历年全国高考报名人数、录取人数及录取率分析[EB/OL].(2019-05-23)[2021-10-15].https://www.qianzhan.com/analyst/detail/220/190522-13ec0cc8.html.

主要途径，原因在于公派留学生项目只惠及原“985、211 工程”高校学生。目前，国外高校特别是著名大学在招录中国学生时还只认可原“985、211 工程”高校，有的高校虽然已经入围“双一流”建设名单，但国外高校并不认可，中国学生在申请国外著名大学奖学金须得有“985、211 工程”高校出身，所以一般本科院校的学生只能选择自费出国留学。当今中国九成以上的留学生是自费生，学习成本大部分由家庭承担，给学生家庭造成巨大的经济负担，不少中低收入阶层出身的学生不得不放弃出国留学的梦想。

表 3-3　学费因素对不同阶层学生高等教育入学机会的影响

		学费因素的影响					合计
		非常重要	重要	不确定	不重要	非常不重要	
社会阶层	优势阶层	12.0%	34.0%	23.5%	25.8%	4.7%	100.0%
	中间阶层	17.8%	40.2%	22.7%	17.3%	2.1%	100.0%
	低阶层	30.8%	43.0%	17.5%	8.0%	0.7%	100.0%
	合计	25.0%	41.3%	19.7%	12.5%	1.5%	100.0%

数据来源：中国高等教育研究数据库（http：//www.hedb.xmu.edu.cn）。

四、“双一流”建设高校省际分布不均

“双一流”建设高校是优质高等教育的核心组成部分，其合理分布不仅关系到区域高等教育协调发展，而且关系到优质高等教育入学机会公平。2017 年，教育部正式公布第一轮“双一流”建设名单，引发全社会高度关注，人们除盘点各省市有哪些学校入围之外，还热烈探讨“双一流”建设和之前“985、211 工程”的关系问题。总体来看，“双一流”建设高校相比“211 工程”高校在数量上有较大幅度增加，从 112 所增长到 137 所，共增长 25 所，但增长的范围主要是“双一流”学科建设高校。其中，北京增加 8 所，上海增加 4 所，江苏增加 4 所，四川增加 3 所，天津增加 2 所，广东增加 1 所，浙江增加 2 所，河南增加 1 所（见表 3-4）。2022 年 2 月 9 日，教育部、财政部、国家发展改革

委发布《关于深入推进世界一流大学和一流学科建设的若干意见》，同时公布第二轮“双一流”建设高校及建设学科名单，此轮有7所新增“双一流”建设高校，分别是山西大学（山西）、湘潭大学（湖南）、南京医科大学（江苏）、华南农业大学（广东）、南方科技大学（广东）、广州医科大学（广东）和上海科技大学（上海）。分析可以发现，优质高等教育增长的份额主要倾向于经济发达省区的高校，这些省区的高校由于天然的资源聚集优势而入围“双一流”建设范畴，实际上是“马太效应”作用的结果，如果不通过合适的招生政策加以调节，势将进一步拉大不同省区之间的差距，形成新的高质量高等教育不公平。

表 3-4 “双一流”建设高校与“211 工程”高校在不同省区的分布

教育发达城市			教育发达省区			教育中等发达省区			教育欠发达省区		
地名	“211工程”高校	“双一流”建设高校	地名	“211工程”高校	“双一流”建设高校	地名	“211工程”高校	“双一流”建设高校	地名	“211工程”高校	“双一流”建设高校
北京	26	34	辽宁	4	4	山东	3	3	安徽	3	3
上海	9	13	江苏	11	15	湖北	7	7	四川	5	8
天津	3	5	广东	4	5	内蒙古	1	1	广西	1	1
			浙江	1	3	湖南	3	3	甘肃	1	1
			福建	2	2	海南	1	1	贵州	1	1
			吉林	3	3	江西	1	1	青海	1	1
			黑龙江	4	4	河北	1	1	云南	1	1
			新疆	2	2	重庆	2	2	西藏	1	1
			山西	1	1	宁夏	1	1			
						河南	1	2			

续表

教育发达城市			教育发达省区			教育中等发达省区			教育欠发达省区		
地名	“211工程”高校	“双一流”建设高校	地名	“211工程”高校	“双一流”建设高校	地名	“211工程”高校	“双一流”建设高校	地名	“211工程”高校	“双一流”建设高校
						陕西	7	7			
合计	38	52		32	39		28	29		14	17

资料来源：①中华人民共和国教育部，详见 http：//www. moe. gov. cn/publicfiles/business/htmlfiles/moe/moe _ 1680/201002/xxgk _ 82762. html。

②中华人民共和国教育部：《教育部、财政部、国家发展改革委关于公布世界一流大学和一流学科建设高校及建设学科名单的通知》，http：//www. moe. gov. cn/srcsite/A22/moe _ 843/201709/t20170921 _ 314942. html。

五、国家特色重点学科地域分布失衡

国家级特色重点学科是特质高等教育的重要组成部分，其合理分布是区域高等教育协调发展的基础。自 1998 年实施国家级特色重点学科建设工程以来，学科布局的自然结构被打破，国家重点学科分布具有较大的地区差异，并与各地区经济发展水平具有比较一致的特征。从区域分布来看，华北地区、华东地区重点学科分布密集，分别为 616 个、483 个，各占 37.20%、29.17%；华南、西南地区分布稀疏，分别为 90 个、64 个，各占 5.43%、3.86%（见图 3-6）。从省区分布来看，北京、上海、江苏是重点学科高度集中的省市，分别为 636 个、236 个、212 个，各占 38.41%、14.25%、12.80%，而西藏、青海、宁夏至今无重点学科。国家级特色重点学科分布的地区差异性，是一种不平等供给政策的连续与维持，象征着政府对大学的非对称性安排。表面上看，国家重点学科的布局与走向是由大学决定的，实际上，这种布局与走向是政策作为过滤与筛选机制发生作用的结果。国家重点学科建设政策生产着大学学科的分布差异和大学分层，这种生产性可能引发高等教育的分割与断裂[①]，直接导致不同地区的学生选择机会不同、发展机会不同。

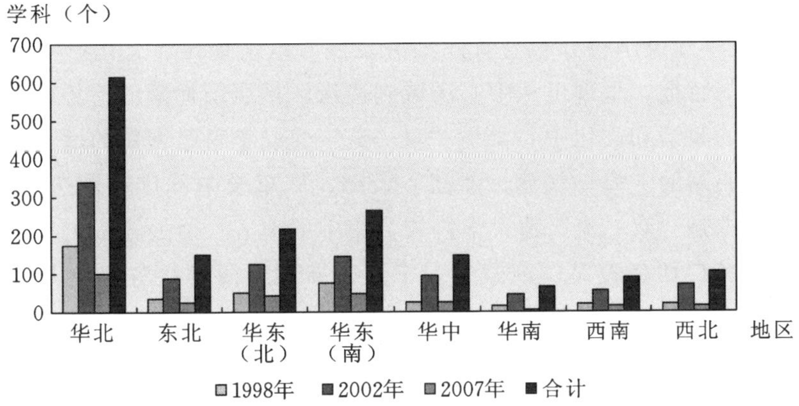

图 3-6　1998—2007 年全国各地区一级重点学科分布

资料来源：根据教育部 1998 年、2002 年、2007 年公布的重点学科名单整理而成。

六、"双一流"建设学科地域分布不均

"双一流"建设学科是优质高等教育的重要构成部分，其合理分布是区域高等教育公平的重要支柱。国家开展"双一流"建设的一个重要原则就是突出绩效导向，以可衡量的业绩为主要依据来遴选建设对象，由此导致"双一流"建设学科在地域上的非均衡分布。从"双一流"建设学科数量的省区分布来看，位居前 5 名的是北京、上海、江苏、湖北、浙江，分别有"双一流"建设学科 161 个、57 个、43 个、29 个、20 个；从 6～13 名，广东、陕西、四川、安徽、天津、湖南、吉林、黑龙江各拥有 11～20 个"双一流"建设学科，分别为 18 个、17 个、14 个、13 个、12 个、12 个、12 个、11 个；有 2～10 个"双一流"建设学科的省区是福建、山东、辽宁、重庆、河南、甘肃、新疆、云南，

① 周守军，陈佩佩，孙来文.国家重点学科分布及其象征意义分析[J].中国高教研究，2009(1)：40-45.

各省分别有6个、6个、5个、4个、4个、4个、4个、2个“双一流”建设学科；江西、河北、山西、海南、贵州、广西、青海、内蒙古、宁夏、西藏各有1个“双一流”建设学科（见图3-7）。分析可以发现，“双一流”建设学科分布与省区经济发展、政治地位、文化影响具有比较一致的特征，呈现出从中心区域到边缘区域层层递减的趋势。北京作为全国的政治和文化中心，是“双一流”建设学科最密集的地方；地处经济中心圈的上海、江苏、浙江、天津、广东及中部比较发达的湖北、湖南，都是“双一流”建设学科较为集中的地方；地处经济欠发达地区的贵州、广西、青海、内蒙古、宁夏、新疆、西藏等省区则是“双一流”建设学科稀疏的地方。“双一流”建设学科在不同省区的非均衡分布既是自然和社会进化规律在高等教育系统内的反映，又是绩效本位的高等教育政策作用的结果，其存在影响到不同省区的受教育群体和潜在受教育群体公平地分配和使用优质高等教育资源的机会。

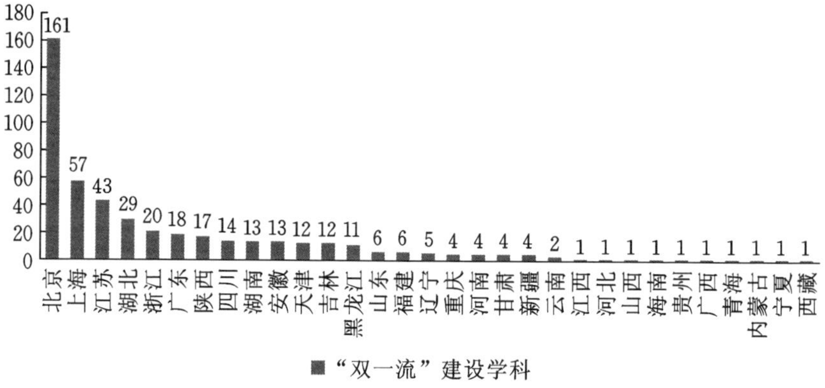

图3-7 “双一流”建设学科分布

七、重点高校招生名额投放公平度不高

在中国高等教育招生实践中，重点大学往往利用自主招生权保护本省考生的利益，造成本省名额投放过度，破坏考选制度固有的公平性，

造成了城乡差距拉大、东西部地区悬殊加剧的局面①。以北京大学2016年本科生招生为例，公平强度系数最高的省区是北京，为19.64；公平强度系数大于1的省区有青海、天津、上海、西藏、宁夏、新疆、海南、吉林、福建、辽宁、陕西、重庆，分别为5.30、4.14、3.88、3.09、1.99、1.92、1.74、1.66、1.46、1.11、1.08、1.02；公平强度系数恰好为1的是黑龙江、浙江；公平强度系数小于1的省区为山西、湖北、湖南、内蒙古、云南、江西、河北、江苏、广西、甘肃、安徽、山东，分别为0.95、0.94、0. 89、0.85、0.82、0.73、0.73、0.73、0.73、0.66、0.65、0.48。分析表明，“属地化”的名额投放方式对报考考生少且分配名额多的北京最为有利，对报考考生较少且分配名额较多的青海、天津、上海、西藏较有利，对报考考生较多而分配名额一般的山西、湖北、湖南等省区不公平，对报考考生多而分配名额少的山东、安徽最不公平（见图3-8）。重点大学招生名额分配的地区差异，使人口大省、高考大省考生上重点大学的概率下降，竞争加剧，严重背离考选的公平原则。

八、特质高等教育体系尚未真正形成

当今中国还没有形成以特色求生存、以特色求发展的意识，高等教育系统普遍存在同质性强、创新要素发育不足、服务经济社会多样化需要的能力有限等问题，通过教育部评估认证的国家特色专业虽然数量众多，但并不能代表同类专业的最高水平，对多数高校的发展来说只具有象征意义，对多数考生的选择来说不具有参考价值，根本无法引导教育分流。特质高等教育的缺失整体上表现为特色鲜明的行业性、应用型高校寥寥无几，一些行业性、应用型高校不但模仿综合性大学的办学模式，还仿效同类高校的办学定位、人才培养目标、专业设置、课程体系等，如有的水利电力大学提出办高水平综合性大学的办学定位，有的林

① 周洪宇，申国昌.我国考选历史的回顾与反思：兼谈我国重点高校录取名额投放问题[J].教育研究，2006(4)：43-48.

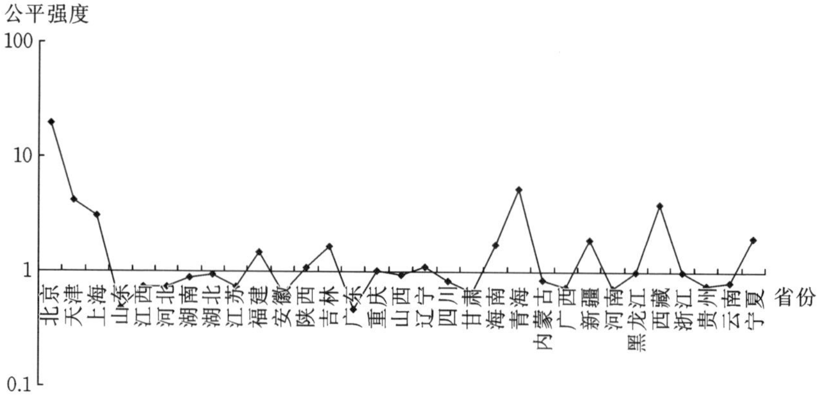

图 3-8　2016 年北京大学招生公平系数比例图

说明：①北京大学在西藏、新疆的招生包括藏班 4 人、疆班 4 人。

②按照比例公平的原则，可以计算判定高等教育招生名额分配公平与否的标准——公平强度系数，其计算公式为：公平强度系数＝［（某省区）获得的招生名额÷重点校招生总人数］/［（某省区）考生人数÷全国考生人数］。计算结果表达为：比值为 1 时于人于己都最为公平；比值比大于 1 时，对个人越有利，对别人越不公平；比值小于 1 时，对个人越不利，对别人越公平。

资料来源：《北京大学 2016 年招生》，http：//www.gotopku.cn/programa/enrolstu/6/2016/36/0.html。

中国教育在线，《2016 年全国各地高考报名人数汇总》，http：//gaokao.eol.cn/gkbm/bmxx/201605/t20160530_1404113.shtml。

业大学提出培养高素质学术型人才的目标，结果导致千所学校一个样；特色鲜明的职业性、技能型高校屈指可数，职业性高校盲目模仿学术型高校的办学思路和办学风格，将办学资源集中于科研产出，结果科研无成效、教学无特色；特色鲜明的学科、专业也并不多见，国家层面所开展的国家级特色专业建设在表面上促成了特质高等教育发展，但这些特色专业缺乏社会认可度，并不能受到公众的追捧，影响到人们对特质高等教育公平的追求。每年高考，不少学生在志愿填报过程中“只选贵的不选对的”，宁择原“985、211 工程”高校那些失业量大、就业率低、薪资不高的“黄牌”专业乃至“红牌”专业，也不愿报考非“985、211 工程”高校所宣传的那些失业量小、就业率高、薪资较高的特色“绿牌”专业，于是，就形成了教育分流的两难困境：一方面是学生求学困难，主要表现为学生无法选择适合自己的“好大学”；另一方面是高校招生困难，主要表现为高校招不到适切自己的优秀学生。有的学生虽然在无奈之余选择非“985、211 工程”高校，但入学不久即发现自己做了错误的决定，于是选择退学或转学，这对高校提高质量、办出特色敲响了警钟。

第四章 问题归因：高质量高等教育公平的机制障碍

保障公民享有更公平的接受高质量高等教育的机会，让每个学生都能入读适合自己的“好大学”，形成依天性而教、因需求而分的教育秩序，是中国教育事业发展的重要目标。经过多年努力，我国高等教育改革与发展取得显著成效，但高质量高等教育公平水平仍然没有达到满意程度，千军万马争过“985、211工程”高校这座“独木桥”的局面还没有从根本上得到改观，在很大程度上影响到高等教育分流的顺畅性和协调性。从表面上看，高质量高等教育公平水平不高是高质量高等教育供给不足、高等教育资源配置机制不合理等机制作用的结果，但从深层原因上看则是“双一流”建设机制障碍、特质高等教育建设机制障碍及教育扶贫机制障碍所致。因此，全面深化高等教育改革，大力提升高质量高等教育公平水平，必须破除制约高等教育发展体制机制障碍。

第一节 “双一流”建设之困：高质量高等教育公平的运行机制障碍

一流大学、一流学科是高质量高等教育的重要组成部分，是高水平创新人才培养的重要阵地，是基础研究和原始创新的学术高地。从筛选假设理论的角度出发，随着社会经济结构的转型升级，人才市场对求职者的要求越来越高，那些毕业于一流大学或一流学科的求职者能更好地适应经济社会发展的需要，一流大学、一流学科文凭作为一种高能力的信号与象征，因而受到雇主的青睐。从社会分层与流动理论的角度出发，一流大学和一流学科作为优质、特质高等教育的代表，是个体从社会底层向社会中层、高层流动的阶梯，在高等教育普及化的过程中，一个低社会阶层出生的学生接受一流高等教育之后，实现向上流动的可能性会更大，因而一流大学、一流学科受到考生的追捧。从文化资本与生产理论的角度出发，一流大学、一流学科作为一种高质量文化资本，不仅是学生进入政界、商界、学界的“敲门砖”，而且是优势资源代际传递的杠杆，在“马太效应”作用下形成“官二代”“富二代”“学二代”，因而受到万千家长的景仰。

2015 年 10 月 24 日，国务院印发《统筹推进世界一流大学和一流学科建设总体方案》（以下简称《方案》），进一步明确我国建设世界一流大学和一流学科的指导方针、目标和要求。各省市借此东风，纷纷出台未来五至十年的高等教育发展规划，以期打造出一批具有世界级影响力的一流大学与一流学科，掀起高等教育改革的新高潮。“双一流”建设已经成为我国高等教育内涵发展和公平发展的战略选择，在促进社会经济、科技、文化、教育等更快更好发展方面将发挥十分重要的作用。加快“双一流”建设进程，形成具有中国特色的高质量高等教育体系，让每个学生都获得一流的高等教育，成为不同领域的高水平人才，实现更加公平的发展，既是我国由高等教育大国向高等教育强国转变的必由之路，也是全面深化高等教育改革的应然选择。

一、“双一流”建设是实现优质高等教育公平的基石

创建世界一流作为一种提高质量与促进公平的价值工程，是中国高等教育改革发展由来已久的追求。新形势下，国家在顶层设计中做出“双一流”建设的战略部署，既是我国实现从高等教育大国向高等教育强国转变的必然要求，同时也意味着一场深刻的教育思想变革，对于建立优质高等教育体系和高等教育合理分流的重要意义不言而喻。

（一）提高供给高度

在经济发展转型升级过程中，深化供给侧结构性改革，增强高等教

育的信号功能，对提升高等教育质量和促进高等教育公平提出新要求。一流大学、一流学科作为优质高等教育的核心组成部分，代表高等教育供给的一种高度，也必然催生经济社会发展的一种新高度。客观地讲，我国目前优质高等教育还相当不足，高质量高等教育公平水平还比较低，高等教育的信号功能还不强，这是深化高质量高等教育供给侧结构性改革的重要动因。推进“双一流”建设，促进更多高校办出特色、提升质量，在服务与贡献中追求一流，就是要建立一种优质高等教育体系，实现高质量高等教育公平的新跨越，为更加顺畅的高等教育分流奠基。

从世界一流大学的建设来看，世界一流大学是综合实力居于世界顶尖水平的大学，是高信号功能的大学，在人才培养、科学研究和社会服务方面所释放的信号都足以吸引社会的筛选。世界一流大学总体来说具有这些特点：一是有重大科研成果问世，能够产生对科技发展具有革命性影响、对社会文明进程和人类生活方式有深刻改变和推动的学术成果或思想文化成果，为人类实现具有划时代意义的发展提供科技支撑；二是拥有一支学术水平卓越、研究能力杰出的师资队伍，有一批世界公认的学术权威和知名学者作为学术带头人，能广泛吸引全国乃至全世界的优秀学生，培养杰出的世界公认的优秀人才；三是有先进的办学理念，开放式国际化的办学方针，优秀的精神文化传承，并具有良好的社会声誉和充足的办学资源、优越的教学科研和物质条件。世界一流大学是居于大学之“金字塔”尖的大学，世界一流大学的数量越多、质量越高，优质高等教育供给越充足，学生入读世界一流大学的机会就越大，成功成才的道路就越广阔，高等教育分流的道路就更通畅。

从世界一流学科的建设来看，世界一流学科是在该学术领域和行业中具有引领和带动作用的学科，在社会筛选中占据优势位置的学科。世界一流学科具体来说应该具有如下特点：一是有一支一流的学术队伍，是高端人才汇聚、学术大师辈出之地；二是有一流的科研业绩，不仅科研资源丰富，而且科研成果一流；三是有一流的学术声誉，学术成果在国际学术领域和社会上具有广泛影响力和认可度，学科排名在国际权威机构排行上位居前列；四是有一流的人才培养质量，主要表现为人才结构合理，科研反哺教学能力强，人才培养成效显著，毕业生广受社会欢迎[①]。世界一流学科是居于世界领先水平的学科，建设世界一流大学离不开世界一流学科的支撑。世界一流学科的数量愈多、质量愈高，优质高等教育供给愈丰富，学生选择世界一流学科的概率愈大，成功成才的空间机会愈多，高等教育分流的渠道就愈通畅。

（二）拓展流动宽度

让学生流向适合自己需要和能力的一流大学及一流学科专业，是拓宽流动方向、促进学生按身心特点正常发展的表现，也是高等教育分流合乎内外部关系规律的体现。从教育的内部关系规律来说，每个学生的需求不同，有的学生追求一流的普通高等教育，有的学生追求一流的职业高等教育，只有建立一流大学与一流学科体系，让学生选择适合自身需求的一流高等教育，才能提高教育的满意程度；从教育的外部关系规律来说，每个学生的可教育性不同，只有让学生选择适合自身能力的高等教育，才能使其顺利成长为社会需要的人才。遵循教育的内外部关系规律，赋予学生不同的优质、特质高等教育机会，让善歌者继其声，让善教者继其志，最大限度地满足学生的不同需要，是高等教育合理分流的内在要求。世界银行出版的《2006 年世界发展报告：公平与发展》在定义“机会公平”时指出，一个人一生中的成就应主要取决于其本人的才能和努力，而且这种才能和努力是可控的，而不是被种族、性别、社会及家庭背景、出生地等不可控的因素所限制[②]。在高等教育分流中引导学生理性选择一流大学和学科专业，不是从外部强加给学生压力，而是把他们从教育过程中解放出来，使他们流向最适合自己需要与能力的位置，以便充分地实现自己、完善自己。美国教育家杜威认为，学生的需要与能力犹如黎明时节闪烁着的光辉，只有在迈出学校后的遥远的将来才不断地辉映。如果高等教育分流追求形式上的公平而背离学生的

① 周光礼，武建鑫.什么是世界一流学科[J].中国高教研究，2016(1)：65-73.

② 李廉水，吴立保.和谐社会视野下高等教育公平的制度设计[M].北京：科学出版社，2010：23.

需要与能力，让学生选择力所不能及的所谓一流大学，或让学生选择自己之能所不能达的所谓一流学科，这种光辉将殒落在漫漫的黑夜，不但不能照亮学生人生发展的长路，反而会使其入学后产生低效能感，导致学生对学校、学科、专业、教师的拒斥，甚至于形成习得性无助。当今大学校园的逃学、恐学、厌学、辍学现象仍频，一方面反映出大学教育质量令人堪忧，另一方面也折射出学生的选择与需求、能力的错位。

（三）增强发展厚度

人的天性各不相同，让学生选择不同的一流的学科专业，按天性赋予学生相应的高质量高等教育，使不同的学生占有不同的一流文化资本，为自由社会造就自由的人，教育才能夯实发展的厚度，真正促进学生公平地成长。按照柏拉图的天赋人权观，公正就是人在社会秩序中各司其职、各守其序、各得所得，在国家职位中执行一种最适合于他天性的职务。由于每个人的天赋、兴趣等天性各具特征，因而人与人之间的不完全平等是合理的，是构成国家存在的基础，也是效率提高的基础。每个人都期望获得公平、高质量的高等教育，但是每个个体的条件迥异、发展潜力不同，所以每个人在接受一流高等教育的类型、层次等方面会存在差异，这种差异就意味着社会成员不可能完全平等地享有社会提供的高质量高等教育资源。高等教育的分流功能在于消除经济和社会的外部障碍，将每个学生分配到与其天赋、兴趣相称的大学中去，使学术天才在一流学术型大学里自由生长，使技术天才在一流应用技术型大学里茁壮生长。从这个角度讲，高等教育公平的真谛是按照学生的天性进行分流，而无须刻意追求高等教育机会均等，即不同起点的学生既没有必要进入相同层次与类型的大学，也没有必要选择相同的学科和专业，因为人们的天赋、技能、能力和兴趣千差万别。评价高等教育分流的依据不是看学生是否平等地进入相同的大学或专业，而是看学生是否公平地获得个性化最优发展。依天性而教，让学生的天性得到充分发展，有利于不同类型、不同层次的大学在学生群体中寻觅天赋很高的各种苗子，为经济发展培养各种高质量人才，同时使不同特长的学生获得自由发展，在适合自己的教育情境中展现自我、建构自我、成就自我。

二、“双一流”建设是实现高等教育合理分流的关键

全面提高高等教育质量，着力提升高质量高等教育公平水平，离不开优质高等教育体系的支撑。站在新的历史起点，中国高等教育改革正处于深化改革的关键期、转型升级的阵痛期、创新驱动的破冰期，需要贯彻全面深化改革的要求，创新重点建设机制，以中国特色、世界一流为核心，以一流为目标、以学科为基础、以绩效为杠杆、以改革为动力，推动一批高水平大学和学科进入世界一流行列或前列。

（一）破旧立新，以保证质量促进更科学的分流

推进世界一流大学与一流学科建设，让更多学生分享品种更为丰富、质量更为可靠的高等教育资源，获得更为公平发展的起点，是提升高等教育质量的基础，更是实现科学的高等教育分流的条件。1995 年以来，教育部、财政部等有关部门推行的“985 工程”与“211 工程”高校建设项目先后实施，旨在推动一批高水平大学和学科进入世界一流行列。经过多年的建设，一批重点高校和重点学科取得较快发展，使我国高等教育质量和高等教育公平水平全面提升，为经济社会发展作出了重要贡献。从国际视角来看，我国已经具备向世界一流大学、一流学科发起冲击的实力和底气，一些学科领域已经走在国际前列，得到国际学术界的公认。从国内视角来看，迄今为止，多数“985 工程”高校和“211 工程”高校的办学质量已得到社会广泛认可，被誉为我国优秀高校的代表，是高质量高等教育的核心。人们判定高等教育公平水平的高低，也由一般本科院校入学机会公平转向“985 工程”高校和“211 工程”高校入学机会公平。可以说，“985 工程”和“211 工程”的成绩是不可忽视的，但同时必须看到，我国的高等教育质量与世界一流水平整体上还存在较大差距，缺少享誉全球的顶尖大学与顶尖学科，高等教育质量、高等教育公平水平与人们的期望还存在一定距离，高等教育分流还没有达到人民满意的水平。

为缩小我国高等教育与世界一流水平的差距，提高人民群众的满意程度，党和政府推出“双一流”建设工程，目的在于全面深化高等教育

资源配置方式，推动高等教育领域重点建设实施方式改革，着力解决“985 工程”“211 工程”建设、优势学科创新平台建设、特色重点学科项目建设的身份固化、竞争缺失、重复交叉等问题，在全面提升高等教育质量的基础上提升高等教育公平水平。2016 年 6 月，教育部宣布废除《关于继续实施“985 工程”建设项目的意见》《“985 工程”建设管理办法》《“211 工程”建设实施管理办法》《关于补充高等教育“211 工程”三期建设规划的通知》《关于实施“重点特色学科建设项目”的意见》《关于继续实施“优秀学科创新平台”建设的意见》等一批规范性文件，将“985 工程”“211 工程”等重点项目建设统一纳入世界一流大学和一流学科建设，使高等教育质量建设有利于稳增长、促改革、调结构、惠民生，标志着“双一流”建设拉开序幕，高等教育质量工程建设进入新的里程，高等教育分流将由此上升到新的台阶。

（二）拒绝平庸，以增强效率促进更合理的分流

“双一流”建设的核心思想，就是通过建设一种高绩效的高等教育体系，为每个学生提供公平、高质量的高等教育，在提升高质量高等教育公平水平的基础上实现更加合理的分流。中国高等教育从大众化阶段向普及化阶段迈进，学生对高质量高等教育的需求越来越多样化，对高等教育公平的认识越来越多元化。按照学生的个性发展实施更为有效的人才培养，为每个学生提供合适的高质量高等教育，使每个学生都获得更为公平的发展，是一流大学与一流学科建设的核心。从“985、211”两个工程的建设来看，其初衷是为了集中优势资源，重点建设一批办学质量高的大学和学术水平卓越的学科，使其尽快达到世界一流水平，但在具体建设过程中，存在着“985 工程”“211 工程”和“优势特色学科”重复交叉、效率欠佳的问题。袁卫等人对教育部直属 72 所高校办学效率的评价表明，我国高校平均办学效率为 70.24%，相对于世界一流大学而言偏低①。罗杭、郭珍对“985 工程”大学效率评价表明，“所

① 袁卫，李沐雨，荣耀华.2011 年教育部直属 72 所高校办学效率研究：基于 DEA 模型[J].中国高教研究，2013(11)：7.

谓的研究型大学，在科研效率上并未达到一个令人满意的水平，自然科学研究效率和社会科学研究效率的整体水平都比较低，且不少学校的自然科学与人文社会科学研究效率高度失衡”[①]，在很大程度上影响到高等教育分流的合理性。

高校办学效率不高的原因及影响是复杂的，一方面是重复建设导致资源分配不公平，“985 工程”“211 工程”高校既是一流大学的建设对象，又是“优势特色学科”建设的对象，国家重复投资、重复建设，对非“985 工程”“211 工程”高校严重不公平。另一方面是重点建设的大学与学科平庸导致更大的不公平，比如在“985 工程”高校建设方面，政府采取一种平均主义的公平观，在资源分配上强调见者有份，将“大饼”摊薄到众多“985 工程”高校，使每所高校所获得的资源相对有限，无法集中优势力量创建一流，造成不少“985 工程”高校有其名无其实，一些“985 工程”高校不但远离世界一流，甚至还不及一些优秀的一般本科院校；与此同时，“985 工程”高校在学科建设中又效法政府的做法，实行一种平均主义的资源分配策略，将“大饼”进一步摊薄到各个学科，最终导致人人有份，人人平庸。“双一流”建设在考虑到这些问题后，着力加强绩效建设，突出高校办学的“有效性”，主要体现在四个维度：一是有效于学科建设维度，基础研究要有利于学科水平的提升；二是有效于社会需求维度，应用型研究要服务于国家重大战略、地方经济和社会发展；三是有效于人才培养维度，教学出题目，科研做文章，成果进课堂。教学和学科建设提出问题，科研来解决，科研成果和发明进课堂，最终还是服务于育人；四是有效于人才成长维度，通过制度的驱动和控制，建立符合科研最终价值的评价指标，使科研助推人才成长[②]。

① 罗杭，郭珍.2012 年中国“985”大学效率评价：基于 DEA-Tobit 模型的教学-科研效率评价与结构-环境影响分析[J].高等教育研究，2014(12)：35-45.

② 张艾情，曾智.“双一流”建设的出发点和归宿[N].新华日报，2016-11-17.

（三）统筹推进，以追求卓越促进更合意的分流

一流大学与一流学科的检验标准，最终都无法绕开办学实力的考量。没有办学实力的全面提升，不仅高等教育公平的理想会落空，而且建设高等教育强国的梦想也无法实现，高等教育分流的目标也会成为泡影。中国高等教育发展至今，已成为名副其实的高等教育大国，上大学难的问题基本得到解决，人们不再执著于追求数量上的公平，更执著于追求质量上的公平。中国高等教育的进一步发展，乃是通过内涵建设，注重质量和软实力的提升，真正实现从高等教育大国向高等教育强国的转变，为人民群众提供更为公平、更高质量的高等教育，从根本上实现有序的高等教育分流。

从政策导向上看，建设“双一流”的基本要求与提高质量、促进公平的高等教育政策一脉相承，其出发点和落脚点皆是以提高质量为基石，以促进公平为核心。在高等教育“双一流”任务建设“冲锋号”高调吹响之际，当前以实现教育更趋均衡、公平、可持续发展的政策基调亦绝对不会有所改变①。为建设更高质量、更加公平的高等教育体系，2015 年 10 月 24 日，国务院印发《统筹推进世界一流大学和一流学科建设总体方案》，决定统筹推进建设世界一流大学和一流学科，提出“三步走”的战略使我国从高等教育大国向高等教育强国转变：第一步，到 2020 年，若干所大学和一批学科进入世界一流行列，若干学科进入世界一流学科前列；第二步，到 2030 年，更多的大学和学科进入世界一流行列，若干所大学进入世界一流前列，一批学科进入世界一流学科前列，高等教育整体实力显著提升；第三步，到 21 世纪中叶，一流大学和一流学科的数量和实力进入世界前列，基本建成高等教育强国。随着“三步走”战略的推进，一个更高质量、更臻公平的高等教育体系正在逐步形成。

从“双一流”建设在各省落地的进展看，尽管“985 工程”“211 工程”高校因之前的资源投入和发展具有明显的竞争优势，但不可否认的

① 童彤.高教“双一流”与教育均衡发展并行不悖[N].中国经济时报，2015-11-11.

是，非“985工程”“211工程”高校也迎来了加快发展的新机遇，并已有借势上位的迹象，充分显示出“双一流”建设的开放性与竞争性①。2015年12月12日，河南省教育厅、河南省财政厅印发《河南省优势特色学科建设工程实施方案》②，投资31亿元打造“一流学科”，提出2024年学科建设目标：5个左右学科进入国家“世界一流学科”行列；10个左右学科进入国内前列，ESI排名进入前1%，或在权威第三方评价中进入前十名或前5%。首期入围的高校名单中，既有“211工程”高校，如郑州大学，也有非“211工程”高校，包括河南大学、河南理工大学、河南农业大学等获得更多的机会竞争“双一流”。2015年12月23日，上海市教委颁布《上海高等学校学科发展与优化布局规划(2014—2020年)》，明确提出实施“高峰学科和高原学科”建设计划，其基本建设目标是大力推进“高峰高原”学科建设计划，通过对学科布局的优化和调整，努力让上海高校的学科“高峰凸显”“高原崛起”，在“高原”之上建“高峰”。计划到2020年，上海高校将有20个左右的一级学科点和一批学科方向达到世界一流水平，同时180个左右的一级学科点跻身国内学科排名前20%③。在其中的Ⅰ类高峰学科名单中，21个学科有5个学科来自非“985工程”“211工程”院校，同样展示出一般本科院校建设“双一流”的契机。

此外，在内蒙古建设一流高校的目标中，明确提出将3所非“211工程”院校进行重点建设。更值得注意的是，一些地方不仅提出建设“双一流”，还提出建设自己的“高水平大学”，如广东省提出在“985工程”“211工程”之外建设自己的“高水平大学”“高水平学科”“高水平理工大学”“高水平理工学科”；江苏省提出建设“高水平大学”的目标是“到2020年全省15所以上高校进入全国百强”，而该省“211

---

① 戴春晨.多地对接双一流，985和211高校仍是赢家？[N].21世纪经济报道，2016-07-05.

② 河南省教育厅，河南省财政厅.关于印发河南省优势特色学科建设工程实施方案的通知[EB/OL].(2015-12-08)[2021-10-15].http://www5.zzu.edu.cn/xkyzd/info/1014/1111.htm.

③ 樊丽萍，姜澎.“高原上建高峰”，稳步迈向“双一流”：2020年上海高校将有多个一级学科点和学科方向达到世界一流水平[N].文汇报，2015-11-06.

工程”高校仅有11所，表明江苏“高水平大学”建设方案已经给非“211工程”高校预留空间。各地方政府、社会、企业是建设“双一流”的重要力量，其积极支持必将开拓“双一流”建设的新局面，助力更多高校更快进入“双一流”行列。

三、“双一流”建设须破除改革发展的运行机制障碍

纵观中国高等教育改革与发展的历史，我们并不缺乏争创一流的雄心壮志与物质条件，也不缺乏争创一流的生态环境与人才队伍，缺乏的是一种建设一流的精神气质和体制机制。几十年来，我国一流大学与一流学科建设固然取得不少成效，但建设过程中的身份固化、竞争缺失、交叉重复等问题引发的负面影响也不可忽视，特别是高校之间发展不公平、学生发展不公平已经成为社会诟病的焦点。“双一流”建设所面临的困境，影响到高质量高等教育公平水平的进一步提升，既需要突破制约创新能力提升的内在机制障碍，打破高等学校之间以及学科之间的体制壁垒，也需要调整资源投入机制，完善绩效评价体系，突破阻碍高校活力释放的外在机制障碍。

（一）身份固化，遴选机制障碍

身份是大学地位的象征。赋予一所大学特定的身份，就相当于承认其特定的地位。“985工程”“211工程”这些身份符号的等级区分都是传统“管办评一体化”的产物，即教育主管部门同时负责投资办学、监督管理、质量评价。2016年关于“985工程”和“211工程”废除的争论，既包含对工程本身的讨论，又包含有关“985工程”高校和“211工程”高校身份符号的争议①，还包括对“985工程”“211工程”大学遴选方式不规范的争论。类似的等级制度，如官方规定的重点大学与一般本科院校之分、部属高校与省属高校之分，都是人为地给大学贴上标签，套上光环，缺乏科学合理性。

① 刘佳，方兴.“211工程”和“985工程”存废争论究竟争什么：对高校重点建设以及高校身份符号的透析[J].现代教育管理，2016(6)：20-25.

环顾我国的一流大学与一流学科建设，由于建设对象的遴选没有客观公正的制度可依，没有客观、公正、权威、透明的评审委员会，没有共识度高、参与度高的大学绩效评估标准和严格的淘汰机制，使得重点大学遴选制度具有终身性质，陷于身份固化的怪圈，大学层次等级之间没有流动，整个高等教育生态犹如一潭死水，缺少流动的活力。体现在重点大学的建设逻辑上，一旦大学被贴上重点的标签，就相当于端上制度的“铁饭碗”，可能还没有启动一流建设就已经“功成名就”，高枕无忧地得到国家源源不断的财政支持，而不论其具体建设过程中的办学效益、办学质量如何。尽管国家出台的《关于重点建设一批高等学校和重点学科点的若干意见》规定，“评估成绩优秀者，给予一定的鼓励；评估成绩不合格者，要限期改正；多次评估不合格者，取消各项优惠政策，不再列入本工程”，但“985 工程”“211 工程”实施几十年来，从未有被取消的案例。有的“985 工程”“211 工程”高校在人才培养质量、科学研究水平、社会服务效益等方面都已经严重不符合其重点大学的身份，但仍然享受不一般的待遇，使高等教育成为制度不公平的重灾区。还有甚者，在“标签效应”的作用下，重点高校与非重点高校之间的身份差别日益悬殊：重点高校的办学条件持续改善，非重点高校的人力、物力、财力捉襟见肘；重点高校的毕业生倍受雇主青睐，非重点高校的毕业生则相形见绌；重点高校成为社会盲目追逐的对象，非重点高校则成为社会无端放逐的对象。

身份符号的“终身制”严重影响到非重点高校的办学积极性，损伤高等教育公平和效率。因此，在创设“双一流”的进程中，热热闹闹的似乎都是部属高校：综合型的“985 工程”大学以众多的优势学科为支撑，势要问鼎世界一流大学；单科型的“211 工程”大学以特色的优势学科为依托，将优势拓展至关联学科，力图追赶部分“985 工程”大学。相较于部属高校的踌躇满志，大部分地方高校似乎有些信心不足，迎头赶上不太乐观，原地踏步又唯恐落后[①]。随着社会的发展，以及建

① 黄俭，王传毅.双一流：地方高校不应“置身事外”[N].中国教育报，2016-05-09.

设世界一流大学、一流学科的深入推进，“985 工程”“211 工程”的负面作用越来越明显[①]。倘若“双一流”建设不破除身份壁垒，尽管它在短期内能促成部分重点大学的发展，但从长期来看，并不利于高校之间的公平竞争，反而只会延缓“双一流”大学出现，阻碍高质量高等教育体系的形成。只有破除制约大学发展的机制性障碍，才能引领、保障“双一流”建设的顺利推进。

（二）竞争缺失，运行机制障碍

竞争是现代大学生存和发展的动力，而且正以前所未有的高度对一流大学与一流学科建设提出严峻挑战。大学竞争旨在通过改革高等教育体制及其运行方式以实现资源的优化配置，提高办学效益，促进高校公平发展与学生公平成才。能引发高校之间竞争的因素很多，从资源的获得上看，包括经费、生源、科研项目、品牌课程、仪器设备、实验条件、社会声誉、师资水平、就业率等；从动力的激发上看，包括建立市场化的运行机制、绩效性的考核机制、动态性的调整机制等。

经济全球化背景下，大学竞争进入一个新的时代，已从发挥市场作用的方式和实现目标的手段扩展为一种几乎无所不包的信念，一种意识形态[②]。但大学的市场化竞争在我国开展的时间不长，对竞争的认识还比较肤浅，对竞争的实践还有很多误区，政府将规范化、公平性的竞争机制引入“双一流”建设之中仍有很大阻力，始终未能建立起动态的资助额度调节机制以及高校淘汰机制，只能采取一种非公平的竞争法则，实行无任何附加条件的拨款制度，使大量投入过于集中于“985、211工程”院校，导致教育资源配置不均，高校之间缺乏平等合理竞争，资源利用效率低下，高校发展不公平、学生发展不公平，既助长“985、211 工程”院校的“无为”，或明或暗地袒护其师生不应有的“优越感”，也打击非“985、211 工程”院校的积极性，导致其师生产生“自卑感”，先前的一流建设设想已沦为高等教育发展之痛。譬如在经费划

① 熊丙奇.“双一流”：中国建设世界一流大学 2.0 版[J].人民论坛，2016(7)：52-54.

② 朱振国.大学竞争规则亟待规范：访西北师范大学高教所教授安心[N].光明日报，2006-06-28.

拨方面，国家主要依据重点高校与非重点高校进行财政预算，而非按照一所高校的办学水平进行拨款，由此导致一些“985、211工程”院校不思进取，当今高校的教学科研水平座次，并非遵循“985工程”高校—“211工程”高校—其他院校的线性排位，非“985、211工程”院校在教学科研水平超过“985、211工程”院校而被忽视的例子并不鲜见，就是竞争缺失所造成的恶果。又如在课题申报方面，国家施行一种非公平性的门槛限制，使“985、211工程”院校申请课题相对于非“985、211工程”院校门槛低，获批率高，教师的教学科研热情越来越高、科研氛围越来越浓，申请课题更加积极，当然这是好事；可是非“985、211工程”院校的教师申报课题如同购买体育彩票，“中奖”概率很低，他们随着科研氛围的淡化逐渐对科研工作失去兴趣。这种人为的制度安排使科研成为“985、211工程”院校的“独角戏”。再如在高校招生中，学生按批次填报志愿，高校按照批次录取，“985、211工程”院校因学校的录取批次靠前，加之有显赫的身份，自然而然能轻松地获得比一般普通本科院校更优质的生源，高校之间缺乏良性竞争。

大学在缺乏开放、竞争的环境中生存，虽然也依靠自身的努力来获得一些社会性办学资源，但主要是依靠政府的制度安排来获得国家性财政拨款，丧失公平竞争的精神。没有公平的竞争，入选的一流高校就不可能从思想上进行根本性转变，积极追求更高水平的发展，切实把工作重点放在提高质量上，进一步提升内涵；没有公平的竞争，地方高校就不可能从行动上进行着力，主动追求更高层次的发展，切实办出特色、办出水平。改变中国一流大学与一流学科建设之政府高投入与大学低产出之间的倒挂关系，迫切需要建立起公平公正的竞争机制。

（三）重心游离，评估机制障碍

学科是大学的细胞，是人才培养的载体①，是大学教学、科研、服务社会的基本单元。学科水平是一所大学核心竞争力的集中体现，学科特色也是一所大学的办学特色体现。从一定意义上讲，大学综合实力的

① 周光礼.“双一流”建设的三重突破：体制、管理与技术[J].大学教育科学，2016(4)：4-14.

竞争，实质上是学科的竞争[①]。世界一流大学之所以成为世界一流，是因为它有一批世界一流的学科。学生选择世界一流学科后，能够实现更加公平、更高水平的发展。一些毕业生在填报高考志愿时放弃一流大学的二流学科，转而选择“二流大学”的一流学科，在很大程度上就是基于发展前景的考虑。建设世界一流大学必须以学科内涵建设为基础，这是“双一流”建设的重心所在。

在理想主义式微、功利主义盛行的现代高等教育场域里，大学很容易放弃学科内涵建设而陷入“GDP崇拜”的泥潭不能自拔。我国“双一流”建设还存在很本质的问题，在“双一流”建设方案出台之前，大学评价中的数字崇拜已经泛滥成灾。从时下的一流学科的评估来看，大多数高校以ESI的学科排名和教育部学位与研究生教育发展中心的学科评估为主要依据，着重对高水平科研成果进行考察，ESI学科数、SCI论文数、发明专利数、科研项目数、科研经费总量、国家级获奖数等指标成为学科评估的核心指标，也成为各高校追逐一流的全部内容。这与美英等国评价一流大学的重心截然不同，美英等国世界一流大学建设迎合的是学科的潮流，而国内一流大学建设迎合的是政府的导向，由此导致中国一流大学建设左支右绌。一方面，国家在建设一流大学与一流学科时没有厘清二者之间的关系，没有客观科学的评价方案，只重视一流大学建设，以一流大学建设代替一流学科建设，导致一流大学缺乏一流学科做支撑，拔尖学科匮乏，国内顶尖、世界一流的高峰学科稀少。另一方面，高校以行政化评估为导向，在建设一流过程中没有厘清一流学科与一流专业的关系，误将就业形势好的新兴学科、热门专业判定为一流学科，忽视学科内涵建设，导致一流学科体系弱化，一流专业稀释，部分学科重复设置过多，学科专业的前瞻性不足，缺乏与市场需求的有效对接。

一流大学的建设重点是学科，评价的重心也应该是学科。“如果只着重一流大学建设、只对一流大学加大投入，一般学科很容易坐上顺风

① 朱振国.学科评估释放怎样的信号[N].光明日报,2013-02-21.

车；而非一流大学中有发展前景的学科，怎么努力也上不去。”[①] 这不仅对一流大学中的学科发展不公平，也对非一流大学的高水平学科发展不公平。“双一流”评估不摒弃指标化、行政化倾向，大学很难回归核心使命，诸多大学也会在“双一流”建设的名义下失去学科基础，步入歧途，最终与“双一流”建设目标南辕北辙。

第二节　地方高校转型之难：高质量高等教育公平的动力机制障碍

地方高校是高等教育大众化、普及化的主力军，是我国高等教育的重要组成部分，占据中国高等教育的“大半壁江山”，其转型发展是建设特质高等教育体系的重大战略决策。2015 年 11 月 21 日，教育部、国家发展改革委、财政部联合发布《关于引导部分地方普通本科高校向应用型转型的指导意见》，提出“部分地方普通本科高校向应用型转变，推动高校转型发展”的意见[②]，引起社会各界高度关注。在全面深化教育领域综合改革的过程中，引导一批普通本科院校向以就业为导向的应用型、技术型高校转型，促进其在自身所属领域办出特色、争创一流，既是破解地方高校招生与就业难题的治本之策，也是建成特质高等教育体系、提升特质高等教育公平水平的可行之道，对于高等教育合理分流起着重要的导向作用。

一、地方高校转型发展是促进特质高等教育公平的动力

提高质量是地方高校转型发展的根本目标。高校转型发展旨在通过异质发展、特色发展，使高等教育分流的渠道更加顺畅，促进高校合理定位和形成公平竞争的格局。以加快地方高校转型发展促进高等教育合

---

① 潘懋元.建设一流本科 全面统筹推进[J].中国大学教学,2016(6):4.

② 教育部,国家发展改革委,财政部.三部门印发关于引导部分地方普通本科高校向应用型转变的指导意见[EB/OL].(2015-11-16)[2021-10-15].http://www.gov.cn/xinwen/2015-11/16/content_5013165.htm.

理分流，在建立特质高等教育体系的基础上提升高等教育公平水平，是当前我国高等教育从规模型发展向内涵式发展转变的最迫切、最现实的需要，是全面深化高等教育改革的内在动力。

（一）提高质量：地方高校转型发展的本质追求

提高质量是高等教育发展的“生命线”，保障公平是高等教育改革的“风向标”。伴随着中国高等教育普及化的实现，民众获得高等教育入学机会的可能性增大，但随之而来的文凭贬值现象也日渐凸显①，无论是考生还是用人单位都更加看重“985 工程”“211 工程”和“双一流”建设高校的文凭，而看轻一般本科院校文凭，歧视高职高专文凭。在高校毕业生人数过多的高等教育市场上，没有特色、质量不高的地方高校文凭已不足以吸引考生的青睐，高等教育机会增长的光环在一定程度上掩盖了高等教育质量现状，也在一定程度上遮蔽了高等教育公平水平，由此导致民众对高等教育的满意度不高，抱怨声较多。我国地方高校数量众多，但办学质量普遍不尽如人意，人民群众对地方高校的认可度不高。有统计表明，在国家开展的第一期“质量工程”建设中，近70％的国家级项目和近 50％的省级项目被教学科研质量较高的部属重点高校所获得，数量众多的地方高校在申报工作中处于明显的劣势，申报成功率很低，只能选择性地填补一些数量上的空白。在高考选择中，不少无缘“985 工程”“211 工程”和“双一流”建设高校的学生采取“以脚投票”的方式选择国外高校，而有的学生则直接放弃高考，转而打工谋生。在人民群众对地方高校办学质量不认可的背后，我国高等教育面临着严重的现实矛盾，主要体现为社会日益增长的高等教育需求与高等教育供给相对不足特别是优质高等教育资源不足、人们对高质量高等教育的普遍企盼与有限优质高等教育机会分配不均之间的矛盾，阻碍了人们追求更高公平水平的高等教育。社会对高质量高等教育的期望在

① 孙启进.横向学历对大学生毕业去向影响的社会学分析：基于对 2010 级本科毕业生的调查研究[J].教育研究与实验，2014(5)：15-21.

增长，对低质量高等教育的失望也在增加[①]。我国从高等教育大众化向高等教育普及化发展，不应只是单纯地追求高等教育毛入学率的增长，更要追求高质量的高等教育入学公平，方可提升高等教育公平水平。没有质量的高等教育公平，只能是肤浅的、表面的、低水平的公平，不但无助于社会公平，反而可能借公平之名来践踏公平。因此，通过地方高校转型发展来彰显个性、突出特色、提升高等教育质量，为人民群众创造更多品种的高质量高等教育，让不同群体的考生切实享受到改革的成果，实现更为公平地发展，乃地方高校融入社会、造福人民的必由之路。

（二）打破困局：地方高校转型发展的核心使命

地方高校转型是有效化解高校毕业生相对过剩和企业高层次技术技能人才紧缺之间矛盾的手段，也是提升高等教育质量和促进毕业生就业公平的根本出路。当前，地方高校发展正面临着前所未有的困难：一是人才培养之困，既招不到理想的学生，又难以让毕业生谋得理想的职业；二是科学研究之困，比上不足，比下有余，在盲目攀比中耗费教师的科研激情；三是社会服务之困，一些专业设置与经济社会发展的需要有一定差距。总体而言，地方高校普遍面临着办学基础薄弱、获取社会资源能力有限等问题，走传统大学发展之路往往比较困难。培养的学生相对于研究型大学理论研究能力不足，相对于职业技术学院实践技能素质差，就业形势不容乐观，长此以往势必影响学校的办学声誉，对学校的招生及后续生存发展造成危机[②]。加快高校转型发展，就是要推动部分地方本科院校加速向应用技术类型高校转型，实现高等教育结构与建设现代职业教育体系的有机耦合，提高地方本科院校服务区域经济社会发展的能力，从而打破职业教育的“断头桥”，构建人才培养的“立交桥”。地方高校转型发展主要体现在四个方面：“转变办学思路，服务地方经济社会发展；转变办学体制机制，深化产教融合、校企合作；转变

① 董泽芳，张继平.以质量保障提升高等教育公平水平的思考[J].高等教育研究，2015(1)：1-5.

② 苏宇.青年教师应如何应对地方高校转型发展[J].中国高校科技，2015(9)：43-44.

人才培养模式，培养应用型技术技能型人才；转变教育发展理念，增强学生就业创业能力。”[①] 地方高校的转型发展既不是升格也不是降格，而是通过“存量优化、增量提质”[②]，找到一种适合自身发展的战略方式，在培养产业转型升级急需人才或特定领域等方面成为一流。因此，转型不是地方高校发展的目的，而是一种提高核心竞争力的途径和措施，是一种破解同质发展窘境的出路与方法。转型的真正目的是提升学校办学水平和社会影响，增强学生的就业创业能力，为学生创造更高公平水平、更加丰富多彩的发展机会，为家庭创造更多实现经济梦、幸福梦的平台，从而冲破我国高等教育同质发展的困局，打破地方高校外延发展的僵局，开创职业教育特色发展的新局，这也是全面提高高等教育公平水平的一个重要方面。

二、地方高校转型发展是推动高等教育顺畅分流的核心

地方高校转型是通过构建有中国特色的现代职业教育体系，在促进整个教育体系现代化的基础上，引导不同高校各安其位，办出特色，为高校多元发展、学生多元成才提供平台，形成高等教育系统有序竞争、顺畅分流的局面，进而提升高质量高等教育公平水平。在某种程度上说，地方高校转型发展的成效如何，直接决定着高等教育分流是否顺畅。

首先，要实现顺畅的高等教育分流，必先做实做牢特质高等教育体系建设，才能为学生公平竞争、多元成才创造广阔的空间，这就需要形成多方协同的合力。从高质量高等教育公平与地方高校转型发展合力要素来看，提高质量、地方高校转型发展和高等教育合理分流是新形势下高质量高等教育公平发展的三个方面。提高质量是提升高质量高等教育公平水平的前提条件；地方高校向应用技术型高校转型是高等教育内涵式发展的重要内容，也是创建高质量的职业教育体系和提升高等教育公

① 李见新.转型发展试点高校须积极主动拥抱变革[N].中国教育报，2015-04-17.

② 鲁昕.高校转型是解决就业的关键[EB/OL].（2014-04-25）[2021-10-15].http://edu.qq.com/a/20140425/015028.htm.

平水平的有效途径；高等教育合理分流是地方高校转型发展的必然结果，也是促进高质量的学术型高校和高质量的应用技术型高校公平竞争、推进高质量高等教育公平进程的根本出路。在建设社会主义和谐社会的进程中，以高校转型发展提升人才培养质量和毕业生就业质量，进而推动学术型与应用技术型两类高校公平发展、两类学生合理分流，不仅有助于破解我国高等教育市场“用工荒”与“就业难”并存的困局，而且有助于建立特质高等教育体系，提升特质高等教育公平水平，从而打破社会分层的僵化局面，实现“条条大路通罗马”的社会流动。对此，社会各界已形成广泛共识，并已成为现阶段我国全面深化高等教育改革的重要追求。

其次，要实现顺畅的高等教育合理分流，还必须做大做强特质高等教育体系，让学生成功成才有充分的权利、多样的机会和自由的选择。事实上，高质量高等教育公平的本质就是让每个考生都获得恰如其分的高等教育机会，实现有个性的发展；就是让每所高校都形成自己独特的办学理念与风格，实现有特色的发展，在高等教育竞争中充分挖掘自己的潜能，展现自己的个性，发挥自己的特长，基此谋得更广阔的发展空间，造福更广大的民众。如果说权利公平、机会公平和规则公平是社会层面的公平，那么保证学生因材施教，实现个性发展和能力激励，推动高校差异化发展则是在教育内涵意义上的公平[①]。从某种程度上说，因材施教是最大的高等教育公平，是高等教育发展最崇高的追求，地方高校转型走特色发展之路的终极目标全在于此。更具体些，地方高校转型发展就是要更好地促进高等教育分流，打破高校相对封闭的发展模式，实现高等教育多样化发展，促进不同类型高校之间公平竞争，促进不同天赋与兴趣才能的学生公平竞争，让不同的高校和不同的学生都拥有自己的“自留地”。而这种分流机制的实现就是在分类管理、分类发展的前提下，引导部分地方本科高校转变发展定位和办学思路，构建具有中国特色的应用技术型高校体系。分流的结果之一是促进学术型高校与应

① 冯成火，王东.实现高考改革形式公平与实质公平的统一[N].光明日报，2014-12-29.

用技术型高校公平竞争，各显其能，办出特色，使最合适的学校培养最适合的人才，让每所高校都有出彩的机会，让所有学生都有出彩的机会；分流的结果之二是促进学术型人才与技能技术型人才公平竞争，各展其长，发展个性，使最合适的学生进入最适合的院校，让每所高校都有竞争上游的机会，让每个学生都有竞争上游的机会。学术型高校与应用技术型高校合理分流是高等教育发展遵循内适规律与外适规律的集中体现，将从根本上突破高校同质发展、学生千人一面的藩篱。

三、地方高校转型发展需牢牢把握千载难逢的时代机遇

地方高校转型发展的根本目的是通过提升高等教育质量，既为社会和国家提供质优量足的高等教育资源，又使自己从高等教育系统的低位向上位流动，为入读地方高校的学生提供可靠的文化资本专断，创造更多向上层社会流动的机会。地方高校转型发展是涉及我国高等教育改革发展全局的重大改革，将对我国高等教育产生持续和深远影响[①]。地方高校要实现转型发展，必须依靠政府、学校和产业界的紧密合作[②]。从“十三五”到“十四五”，是我国全面建成小康社会的关键时期，也是我国基本实现教育现代化的决定性阶段。随着我国经济建设进入新常态，制度改革进入深水区，教育发展也将进入新阶段，资源投入将达到新水平。地方高校要进一步明确发展定位，以更加敏锐的战略思维和更加宽广的视野，把学校未来发展放在更高层面、更大范围来思考和谋划，抓住新形势、新常态下的新机遇，增强教育对区域经济社会发展的服务贡献能力，获得更多优质资源，才能不断超越自我，实现高质量发展。

（一）创新驱动发展的新机遇

创新是提升高等教育质量和促进高等教育公平的核心动力，没有创新就没有活力。“十三五”期间，《国家科技创新规划》面向国家长远发

---

① 张应强，蒋华林.关于地方本科高校转型发展若干问题的思考[J].现代大学教育，2014(6)：1-8.

② 陈锋.地方高校转型发展须依靠政府学校和产业界的紧密合作[J].河南教育(高教)，2015(1)：10.

展，推进创新驱动发展战略，把重大科技改革措施落到实处，扎实推进科技体制改革，以改革促创新，以创新促发展。国务院印发的《中国制造 2025》提出，坚持把创新摆在制造业发展全局的核心位置，完善有利于创新的制度环境，推动跨领域跨行业协同创新，突破一批重点领域关键共性技术，促进制造业数字化网络化智能化，走创新驱动的发展道路。国家将继续推进《高等学校创新能力提升计划》，继续实施“创新人才推进计划”“青年英才开发计划”“海外高层次人才引进计划”等 12 项重大人才工程。这些都为地方高校推进科技体制改革，凝练一批对国家战略任务、经济社会发展，以及各个方面发展有重要促进和带动作用的优质项目和工程，为地方高校引进优质人才和创建高水平人才队伍提供了难得的政策机遇。2014 年 6 月，教育部等六部门印发的《现代职业教育体系建设规划》明确提出，“引导一批本科高等学校转型发展。支持定位于服务行业和地方经济社会发展的本科高等学校实行综合改革，向应用技术类型高校转型发展。鼓励独立学院转设为独立设置的学校时定位为应用技术类型高校”。2014 年 6 月，教育部颁布的《关于加快现代职业教育发展的决定》则进一步提出，“采取试点推动、示范引领等方式，引导一批普通本科高等学校向应用技术类型高等学校转型，重点举办本科职业教育”。国家政策的引导和支持是地方高校转型发展的有力保障，教育主管部门、财政支持部门等部门出台明确支持政策，使地方高校转型发展际遇加快发展的大好机遇。只要地方高校善于把握政策，抓住机遇，就能在新一轮发展中迈上更高台阶。

（二）全面深化改革的新机遇

全面深化改革是加快地方高校转型发展的内在驱力。《国家中长期教育改革和发展规划纲要（2010—2020 年）》明确提出了建设高等教育强国的目标与要求：到 2020 年要建成一批国际知名、有特色、高水平的高等学校，若干所大学达到或接近世界一流大学水平，实现以中国特色、世界水平为目标的内涵式跨越，使高等教育在质量上有新提升、人才培养模式上有新突破、结构布局上有新优化、对经济社会发展和人的全面发展上有新贡献。党的十八届三中全会审议通过的《中共中央关于全面深化改革若干重大问题的决定》提出，“探索招生和考试相对分离、学生考试多次选择、学校依法自主招生、从根本上解决一考定终身的弊端”，擘画了全面深化高等教育改革的主攻方向、工作机制和推进方式。2014年7月22日，时任中共中央政治局委员、国务院副总理刘延东出席教育部直属高校工作咨询委员会第二十四次会议时强调，高校要增强高等教育综合改革的使命感、责任感，“把立德树人、提高质量贯穿综合改革全过程”，“要合理定位、特色发展，优化专业结构，防止‘同质化’，提高学生就业创业能力。要深化考试招生制度改革，促进学生健康成长、科学选拔人才、确保公平公正”①。系列政策的出台，为地方高校合理定位、加快转型提供了思想指导。为了加快深化改革，实现中国从高等教育大国向高等教育强国的转变，国家的体制机制改革力度会进一步加大，教育投入力度会进一步增强，国家将加快以地方高校为主体的“2011计划”② 和“省部共建高校”③ 进程，同时着力推进“双一流”建设，把一部分办学基础好、办学实力强、办学特色突出的地方高校建设成高质量大学，这为众多地方高校转变发展观念、加快管理体制改革，在提升质量、办出特色的基础上跻身一流、获得公平发展的前景提供了千载难逢的历史机遇。

（三）扩大对外开放的新机遇

扩大对外开放借助外力是实现更快更好发展的重要动力。在全球化

---

① 刘延东在教育部直属高校工作咨询委员会上强调全面深化高等教育综合改革[N].人民日报，2014-07-22.

② “2011计划”，即高等学校创新能力提升计划，是胡锦涛同志在2011年清华大学百年校庆上的讲话中提出的。该计划是继“985工程”“211工程”之后国家在高等教育领域启动的第三项国家工程。该工程以人才、学科、科研三位一体创新能力提升为核心任务，通过构建面向科学前沿、文化传承创新、行业产业以及区域发展重大需求的四类协同创新模式，深化高校的机制体制改革，转变高校创新方式，建立起能冲击世界一流的新优势。该工程由教育部和财政部共同研究制定、旨在突破高校内外部机制体制壁垒、释放人才、资源等创新要素活力。

③ 省部共建高校是指国务院相关部委（教育部及其他国家部委）与省、自治区、直辖市共建高校，主要分为四类：教育部与地方政府共建“985工程”大学；教育部、各行业部门与地方政府共建“211工程”大学；教育部与地方政府共建省属高水平大学；教育部之外的其他国家部委与地方政府共建省属重点大学。

趋势不断增强的今天，开展多层次、宽领域的教育交流与合作，提高我国教育国际化水平，是高等教育国际化发展的必然趋势。2015 年 9 月 15 日，习近平在中共中央全面深化改革领导小组第十六次会议上讲话强调，以开放促改革、促发展，要坚定不移实施对外开放的基本国策、实行更加积极主动的开放战略，坚定不移提高开放型经济水平，坚定不移引进外资和外来技术，坚定不移完善对外开放体制机制，以扩大开放促进深化改革，以深化改革促进扩大开放，为经济发展注入新动力、增添新活力、拓展新空间。为在高等教育领域落实对外开放的基本国策，教育部《留学中国计划》提出，“建立与我国国际地位、教育规模和水平相适应的来华留学工作与服务体系；造就出一大批来华留学教育的高水平师资；形成来华留学教育特色鲜明的大学群和高水平学科群；培养一大批知华、友华的高素质来华留学毕业生”[①]。随着《留学中国计划》的进一步落实，地方高校日益走出国门，获得更多更快的发展机遇。近年来，随着中国对外开放进程的加快，“新丝绸之路经济带”和“21 世纪海上丝绸之路”倡议构想的逐步实施、亚洲基础设施投资银行的成立、中国-拉共体论坛的成立，以及中澳、中韩自由贸易协定的签订等，将迎来更多国家对中国对外开放的支持与分享，标志着以中国为主导的亚洲“命运共同体”开始新的征程，使我国高等教育对外开放的广度、力度、深度达到新的高度，不仅为地方高校更好地“走出去”，在国际范围内创造自己的品牌，输出优质教育服务创造了难得契机，也为地方高校更好地“引进来”，最大程度地发挥中外合作办学的积极作用，借鉴国外、境外先进的办学理念与办学模式，吸收国外、境外真正的优质高等教育资源，全方位提高高等教育质量创造了难得机遇。有条件的高校，可以围绕自身办学优势与特色，与“一带一路”沿线国家组建“丝绸之路大学联盟”，促进中国与沿线各国教育合作和科技协同创新，成为中国高校与沿线各国高校之间全方位合作、深度合作的桥梁和纽带，

---

① 中华人民共和国中央人民政府.教育部关于印发《留学中国计划》的通知[EB/OL].(2010-09-21)[2021-10-15].http://www.gov.cn/zwgk/2010-09/28/content_1711971.htm.

包括高校之间的合作攻关、教师之间的合作研究、学生之间的交流等，为各国大学之间的互联互通创造更多机会。

四、地方高校转型发展要积极应对前所未有的改革挑战

地方高校转型发展是一种追求卓越、实现自我超越的发展理念与路径。作为一项新的改革举措，以提高质量、加快转型和合理分流促进高等教育公平是一项艰巨、复杂而又长远的系统工程，没有固定的模式可套用，没有现成的方法可遵循，改革的路上必然会遇到诸多挑战，如果不积极应对这些挑战，势必严重阻碍高等教育的改革发展。

（一）传统办学体制的挑战

地方本科高校转型发展是加快高等教育综合化改革、促进部属重点大学与地方普通本科高校之间公平竞争的一种理念创新，这种理念在付诸实施过程中，首先会遇到传统办学体制下的观念挑战。诸多地方本科院校在选择转型发展之路时颇感困惑和举棋不定，恐怕最根本的原因还在于对“地方高校转型”这一问题的认识尚未清晰，观念上尚缺乏对转型方向和转型途径的了解、认可和认同①。体现在社会层面，我国的传统观念历来重学轻术，部属重点大学位居高等教育系统的上层，培养的学术型人才被认为质量高、素养好、能力强，社会地位“高人一等”，而职业学校位居高等教育系统的底层，培养的技能技术型人才被认为质量低、素养差、能力弱，社会地位“低人一等”，要社会公众摒弃这种根深蒂固的观念性歧见、将学术探索与职业教育同等看待还有很长的路要走。反映在高校层面，受“重普教轻职教”等传统观念的影响，地方高校认为转型发展会矮化自己的办学品格，降低自己的学术地位，从而丧失公平竞争的砝码，一些高校存在一定程度的抗拒心理，虽在政府的压力下表态要转型发展，但仅停留在概念层面，没有实质性的举措，存

---

① 孙翠香.地方高校转型：从“国家意志”到“地方行动”：兼论地方高校转型亟待解决的问题[J].职教论坛，2015(22)：25-29.

在转型发展主动性不够、路子走得不彻底、进程缓慢的问题[①]；一些高校则持等待观望的心态，其他高校动一动，自己才动一动，照搬其他高校的经验和做法，没有形成自身的特色，趋同、跟风、盲目模仿问题突出；一些高校虽已经启动转型发展，但也只是做做表面文章，仅制定一个宏观性指导方案，缺少具体实施办法和相应配套措施，原有专业和学科布局、人才培养方案基本没有调整，“换汤不换药”，形式主义问题严重。表现在学生层面，在传统就业观的支配下，考生很难将目前社会地位低、经济待遇差、晋升通道窄的职业教育作为第一选择，学生宁愿选择学术型高校的冷门专业也不愿意选择地方高校的热门专业，有的考生因高考被录取学校或专业不理想而选择复读。要让高中毕业生清晰地找准未来职业发展方向，还得父母有一双智慧的眼睛。当这些传统观念与现代教育理念发生碰撞时，地方高校转型发展的道路就会变得曲折绵延。如果不能有效化解这些传统观念的挑战，地方本科院校转型发展将成为教育主管部门的一厢情愿。

（二）高等教育模式的挑战

推动地方本科高校转型发展，探索一条促进中国特色应用技术型高校内涵发展的道路，切实提高地方高校的教育教学质量，实现不同类型高校毕业生更加充分的发展、更有个性的成长、更臻公平的就业，是一种引发高等教育革命的新理念和新模式，既有可能颠覆传统普通高等教育单一发展的模子，也有可能解构传统高等职业教育趋同发展的路子，必然受到两种传统教育的挑战。一方面，地方本科高校向应用技术型高校转型发展意味着要遵循职业教育规律，以专业建设和能力提升为核心，促进行业企业深度参与，构建工作过程导向的课程教学体系，形成产教融合、校企合作、工学结合的人才培养模式[②]，这将颠覆地方本科高校长期以来践行的学术本位的人才培养模式，要求教师改变惯性的学术科研方式和教育教学模式，实现从学术型向应用技能型的大转身，实

① 侯长林，罗静.地方本科高校的转型与回归[N].中国青年报，2014-09-01.

② 董仁忠.推动本科高校转型发展的挑战[J].职教论坛，2014(23)：1.

施过程中必然遭到学校管理者的抵制、教师的拒斥和学生的怀疑。另一方面，地方本科高校转型发展标志着要遵循人才成长规律，以公平发展为准则，以合理分流为导向，把职业教育与学术研究有机统合起来，根据人才培养目标建立技能技术型人才培养体系，实现职业教育体系从专科到本科，甚至于硕士、博士研究生教育的构建。但这种教育体系之下的人才培养特别是硕士、博士研究生培养在我国是新生事物，它与研究型大学的学术型硕士、博士研究生培养必然存在入学条件、培养目标、修业年限、培养过程、课程设置、毕业标准等方面的差异，如果不善加区别和经营，地方高校的转型发展还可能走盲目攀高的老路、复制模仿的弯路、自我封闭的错路。

（三）教育管理机制的挑战

地方高校转型发展是新形势下高等教育科学发展、公平发展的一次深刻变革，由高等教育管理体制机制问题倒逼而产生，又在不断解决体制机制问题中得以深化。破除体制机制障碍，加快形成科学有效的管理体制和运行机制是地方高校转型发展最直接的挑战。首先，地方本科高校转型发展要求政府发挥更大的主体性作用，根据经济社会发展实际，对普通高等教育与职业教育按规律实行分类管理，形成普通高等教育服务于高深学问、职业教育有效对接市场的体制机制，这是普通高等教育与职业教育合理分流的内在要求，也是推动地方高校转型发展的治本之策。但国家没有建立高校分类管理的体制机制，应用技术型本科高校作为一种特殊高等教育类型的地位不能得到公平合理的确认，在国家只注重“985 工程”“211 工程”建设而忽视地方高校建设的政策氛围下，地方高校不仅得不到国家财政的支持，也得不到社会各方的认可，由是导致地方高校转型发展的动力不足、活力不够、合力不强。其次，地方本科高校转型发展需要建立起一套与之相适应的制度体系，为地方高校转型发展提供公平的经费投入、政策保障和法制保障，尽管国务院出台了《关于加快发展现代职业教育的决定》《关于地方本科高校转型发展的指导意见》等文件，但仍不能满足地方高校转型发展的制度需求，需要国家进一步加快顶层设计，提早作好制度安排。再次，地方本科高校转型发展需要落实高校办学自主权，深化内部治理结构改革，才能形成高效的管理体制和良好的运行机制，但政府作为高等教育的举办者和高校的管理者，对地方高校的人事、干部、编制、办学环境、校地关系等干预过宽，包揽过多，约束过甚①，要将地方高校建设成面向社会依法自主办学的法人实体还有较远的征程。

（四）师资队伍建设的挑战

高水平的师资队伍是造就高素质技能技术型人才的根本保证，是地方高校转型发展的内在动力。从根本上说，地方本科高校转型发展的目的就是培养本科层次的高规格职业技术人才，使毕业生既接受系统的理论训练，又有较强的职业技能，从而在就业竞争中与学术型大学毕业生有实力站在公平的“起跑线”上，有效破解毕业生就业难、求职难问题，真正实现高等教育结果公平。然而，高规格职业技术人才的培养，要解决的是将所学科学知识转化为现实生产力而非知识发现的问题，其重心在知识转化能力的培养，这就要求应用技术型高校的专任教师既要有宽广深厚的业务知识，又要有扎实的实践教学能力，还要具备较高的技术研究与市场需求分析能力，以及善于在工作中探索创新的能力，可谓标准高、要求多、难度大。地方高校的转型发展，首先是教师从“单师型”向“双师型”转型发展。而现实的情况是，地方本科高校在人才引进时更加注重教师的教授职称和博士学位，忽视教师的实践能力，几乎没有高校向社会公开招聘行业或企业优秀的技术人才和管理人员担任专职教师。时下，地方高校的教师大多源自中国的学术型大学，在应试教育体系下获得硕士学位、博士学位，然后走出大学校门又进入大学校门从教，没有一线行业或企业实践经验，缺乏将理论转换为技术、将技术转换为直接生产力的专业实践能力；全然不了解社会需求，缺乏动手能力，指导学生完全是“空对空”，无法让学生获得社会看重的技能与能力，实训教学、实践指导、就业指导能力相当薄弱；凭感性认识向学生传授知识技能，不少教师的教育教学内容陈旧，教育教学方法单调，

① 张应强.从政府与大学的关系看地方本科高校转型发展[J].江苏高教，2014(6)：6-10.

把更多注意力集中在知识的传授上，用探索高深学问的思维对学生进行技能训练，囿限了学生的实践实训机会，扼杀了学生的动手操作能力，打破了学生求职、成才和成功的梦想，学生要想获得公平的教育结果犹如天方夜谭。地方高校转型发展的道路要想走得通畅顺利，提升教师综合素养及其实践能力的任务还十分迫切和严峻。

第三节　防止返贫返困之窘：高质量高等教育公平的保障机制障碍

高质量高等教育扶贫是通过提升高等教育质量、促进高等教育公平、推动高等教育发展成果共享来提升贫困地区特别是集中连片特困地区的人口素质和发展能力，加快当地经济、社会和文化发展，并最终摆脱贫困、实现共同富裕的一种扶贫方式。美国著名经济学家舒尔茨（T. W. Schultz）认为，贫困地区落后的根源不是物质资源的匮乏，而是人力资本的缺乏[①]。治理贫困的根本不在于提供物质资源的帮助，而在于为贫困地区、贫困人口提供更多接受高质量高等教育的机会，从而实现人力资本的充分开发。因此，通过实施高质量高等教育扶贫，有效开发贫困地区的人力资源，是帮助贫困地区彻底摆脱贫困、防止返贫返困和实现共同富裕的治本之策，也是教育公平和社会公平的必由之路。

一、防止返贫返困是实现高质量高等教育公平的现实要求

高质量的高等教育以促进个体智力高度发展和能力高度提升为内容，以改善个体生存状况和收入水平为核心，以推动区域经济协调发展、社会公平水平全面提升为目标，是国家治理贫困、社会消除贫困、家庭摆脱贫困、个体拒斥贫困的根本出发点和最终归宿，对于贫困地区、少数民族考生改变生存现状具有直接性的作用，对于国家巩固扶贫攻坚成果和防止脱贫群体再度返贫返困具有根本性的作用。

① 熊文渊.高校教育扶贫：问题与路径[J].当代教育科学，2014(23)：43-46.

（一）国家治理贫困的重大战略

以质量提升推动高等教育公平是展现高等教育调适功能、有效消除社会贫困的国家战略所在。中国虽然建成小康社会，但贫困现象和脱贫群体再度返贫问题仍然存在，根本原因不仅在于经济发展不平衡，而且在于教育发展不平衡。高等教育质量的差异是教育差异的重要形式，也是社会差异的重要根源，而社会贫富分化是社会差异的必然结果。从文化资本与再生产理论来看，少数民族地区和贫困地区缺乏优质的政治资源、商业资源、教育资源、人力资源……这些优质资源的缺乏会使优秀的年轻人远离贫困地区，流向繁华的大都市，而优秀年轻人的逃离使贫困地区无法获得公平的发展，于是形成一个弱势迭代的恶性循环，这就是“马太效应”中的弱者愈弱，造成发达地区与贫困地区的分化与差异。按照社会分层理论，社会差异是社会合理分层的必然要求，“但如果社会差异过大，就必然导致社会结构要素的增多、数量的扩大、异质性的增强，社会结构形态和功能由此也日趋多样化”①，社会的稳定性因此而减弱，社会矛盾在一定程度上会激化。高质量高等教育公平是社会公平的价值杠杆，在调适社会差异方面发挥着调节器的作用。在精英高等教育阶段，高等教育质量普遍受到社会认可，只要贫寒子弟获得高等教育机会，就意味着毕业后能够“跳出龙门”，使自己乃至全家脱掉“贫困的帽子”，从此过上有尊严的生活；在大众化阶段特别是普及化高等教育阶段，高校毕业生的大量涌现使普质水平的高等教育很难得到广泛认可，由此导致就业市场上的“学历膨胀现象”，在雇主无法辨识毕业生实践能力的前提下，他们只能凭学生的文凭量才录用，将那些拥有优质、特质高等教育文凭的毕业生安置到福利待遇好、社会地位高、发展前途好的岗位上。在这种筛选机制的作用下，贫寒子弟要得到雇主的认可和肯定，只有接受优质、特质的高等教育，才有可能走上脱贫致富的道路和实现向上层社会流动的梦想。鉴此，从国家战略的高度出发，积极发展高质量高等教育，让贫寒子弟特别是连片特困地区的学生普遍

① 文军.转型中的社会差异及其对中国社会稳定的影响[J].探索与争鸣，2010(9):12.

接受现代文明教育，掌握现代职业技能，提高就业创业能力，巩固扶贫攻坚成果才能真正做到不让一个人掉队。

（二）社会消除贫困的价值工程

凝聚社会力量消除贫困是再造高质量高等教育整合功能、积极化解社会冲突的核心内容。从社会分层与流动的角度来看，上层社会的政治资本、经济资本、文化资本等，通过父传子、子传孙的形式而使社会阶层趋向固化，如果中产阶层、低产阶层子女不能接受高质量的高等教育，他们中的大多数人可能世世代代都是中产阶层、低产阶层；反过来，设若中产阶层、低产阶层子女能够接受高质量的高等教育，则有可能获得与上层社会子女公平发展的机会。而事实上，高质量高等教育具有多方面的功能，“在个体层面高等教育应培养追求真善美的人，在社会层面高等教育应促进政治稳定、经济发展、科技进步、社会公平、社会整合等”①。知识经济社会，高质量高等教育的社会功能随着经济社会的发展及其自身的发展而不断丰富和完善。随着高等教育普及化的实现，高校毕业生的就业矛盾日益凸显，并成为社会冲突和社会不公平的重要形式，高质量高等教育功能的有效发挥在于通过就业矛盾的解决达到化解社会冲突的目的，从而实现社会就业领域的机会均衡。正如德里克·博克所说：“大学只有努力运用其资源对社会需求作出合理的反应，那才是公平的。”② 高质量高等教育是基于一种主体性需要的价值认知，致力于满足三个“高水准的需要”：满足学生高度发展的需要，为每个学生发挥自身特长创造适宜的机会；满足雇主高回报的需要，造就用人单位青睐的高素质技能型、实用型人才；满足经济社会高质量发展的需要，使高等教育成为传统产业改造升级、新兴产业培育发展和基本公共服务建设的人才支撑和智力支持。三个层面的需要相互联系，相互促进，共同致力于消除社会贫困，实现全社会共同富裕。三种需要的相互

① 张国强.论高等教育功能的失调与调适[D].武汉：华中师范大学，2008：5.

② 博克.走出象牙塔：现代大学的社会责任[M].徐小洲，陈军，译.杭州：浙江教育出版社，2001：341.

作用机制在于：高等教育机构通过提升高等教育质量，培养经济社会发展需要的高素质技能型、实用型人才，在提高每个个体劳动生产率和雇主投资回报率的基础上，既促进贫困地区经济发展又促进贫困家庭经济改观，因一个人脱贫而促进一家人脱贫，因诸多家庭、诸多地区的局部性脱贫而实现全社会整体性脱贫，从而从根本上砍除穷根，彻底改变贫困地区和低社会阶层贫穷落后的面貌。近年来，中国许多地区之所以能够摆脱贫困走上小康之路，在很大程度上得益于有特色、高质量高等教育的发展，为地区经济发展培养了大量职业型、技能型、应用型人才，注入了经济发展的强劲活力。习近平总书记指出，治贫先治愚，扶贫先扶教。举全国之力积极建设一种高质量的高等教育体系，让每个片区的孩子都有机会接受高质量的高等教育，是一项能从本质上帮助全社会贫困族群脱贫的基础性和战略性工程，也是一项需要长期坚持的重大民心工程和民生工程。

（三）家庭摆脱贫困的希望所在

知识经济社会，接受高等教育是贫困家庭摆脱贫困的重要途径，是低社会阶层实现社会流动的重要渠道。然而，不同质量的高等教育对家庭摆脱贫困、实现社会流动的功能不同。从社会学的角度分析，家庭越贫困，子女上大学的代价越高、风险越大，如果学生上低质量的大学，毕业即失业，那么美好的工作梦、收入梦、人生梦就会“竹篮打水一场空”，不但成本无法收回，还会因此变得愈发贫困。从这种意义上说，低质、劣质的高等教育无助于家庭改变贫困现状，因而人们将希望的目光投向高质量高等教育。从筛选假设理论出发，高质量高等教育作为一种信号，是一种以提高受教育者能力和素质为重点，以促进毕业生高质量就业和创业为核心，以增加投资者收益和回报为目标，最终实现每个家庭都脱离贫困而走向富裕的高等教育。一般认为，高质量高等教育的私人回报率高于社会回报率，高质量高等教育不只具有满足个体消费性嗜好的特征，更具有满足家庭经济性回报的价值。在教育的信号功能依然存在的前提下，一个家庭中如果有人获得高质量的高等教育，就意味着该家庭中有人获得较高薪资水平的工作，同时也就意味着该家庭有可能获得高水平的经济回报。对于身处社会底层的贫寒家庭来说，子女接受高质量高等教育一方面可能会加深父代家庭的贫困状况，使原本贫困的家庭变得更为拮据；另一方面可能通过代际流动支持父代家庭摆脱贫困，并且赋能后代免除家庭贫困。要实现后代免除家庭贫困的目的，子女接受的高等教育必须达到比较高的水平，并且保证教育收益不发生递减。在这种情况下，投资高质量高等教育不仅是一种收益最高的投资，而且是风险最小的一种投资。在中国城乡差别严重、地区差别突出，严格的户籍制度又造成城乡流动困难的背景下，上“好大学”的机会代表着最有现实意义的社会公平。如此现实下，少数民族不发达地区和农村家庭以孩子考上“好大学”为唯一出路，是十分自然也是合理的。也正是在这种意义上，贫家父母更渴望孩子通过接受高质量的高等教育成人成才，谋得理想的职业，实现家庭经济收入和生存状态的改观，摆脱贫寒的家境。因此，创建一种公平、高质量的高等教育体系，为不发达地区的底层民众提供更多向上流动的渠道，使低社会阶层人群拥有更多走出窘境和改变命运的机会，是万千贫寒家庭的希望。

（四）个体拒斥贫困的重要通道

高质量高等教育是一个相对性的概念，虽不等同于精英性高等教育、稀缺性高等教育，但它往往和“成功”“满意”“如愿”这些词汇联系在一起，因而是一种高品质、高素质、高效益的教育，既为每个学生成为真正的人提供灵魂和心智的启迪，使之能将科学知识转化为直接的生产力，在提高劳动生产率的基础上增加社会和个人收入，又为学生的持续发展提供技能和综合素养的训练，使之成为有创新精神和实践能力的创新创业型人才；还能在增强学生的生活能力、生存能力、就业能力和社会适应能力的基础上，为不同层次、不同类型、不同需求的毕业生开辟广阔的就业渠道和公平的向上流动机会。在精英高等教育时期，只要个体获得一纸大学文凭，就可以轻松地找到理想的工作，摘掉贫困的帽子，实现向上的流动，甚至成为社会上层精英。在普及高等教育时期，随着越来越多的学生走出大学校门，高等教育不再像 20 世纪 80、90 年代那样能有效促进个体向上层社会流动，在文凭相对过剩的劳动力市场上，低质、劣质大学文凭不再具有符号魅力，普质大学文凭的符号功能不断减弱，用人单位日益看重毕业生的毕业院校，那些拥有"985 工程""211 工程"或"双一流"大学文凭的毕业生，可以向用人单位传递高能力的信号。在这种情形下，学生越来越倾向于追求优质、特质的高等教育。在未来社会里，高等教育入学机会的供需关系将从"供不应求"到"整体供求平衡、结构性供需失衡"，优质、特质高等教育将供不应求，普质高等教育可能会出现供大于求的局面。在这种供需关系下，民众对高等教育的关注度并没有减弱，只是开始从对一般高等教育资源的竞争转向对优质、特质高等教育资源的竞争。因此，让高质量高等教育真正惠及每一个贫寒子弟，是贫寒学子改变社会资本存量低、实现人生梦想和社会地位变迁的通道，也是改革成果共享、防止脱贫群众再度返贫和促进社会公平的关键。

二、防止返贫返困是形成合意的高等教育分流的政策追求

高等教育是传播知识、传递文明的工具，既有促进贫困个体与群体向上流动的功能，也有促进经济社会发展的价值。对于刚刚脱离贫困的地区而言，高等教育扶贫政策的实施为贫困乡村提供了现代化图景，赋予其子孙后代选择美好生活的权利和机会，不仅影响乡村伦理道德与精神文化的现代性发展[①]，也影响教育公平与社会公平的现代性发展。因此，加快推进国家治理体系和治理能力现代化，必须以巩固扶贫攻坚成果为突破口，建立合意的高等教育分流机制。

首先，合意的高等教育分流是高质量高等教育扶贫攻坚的内在追求。从教育分流的形式上来看，高质量高等教育扶贫是为贫困人口提供更多的优质、特质高等教育机会，让其因为拥有获得雇主认可的大学文凭而谋得满意的工作，进而实现经济状况的根本性改观，走上脱贫致富的康庄大道；从教育分流的实质上来看，高质量高等教育扶贫是通过帮

① 余万斌，杜学元.对贫困地区教育扶贫的伦理取向审视：基于社会主义核心价值观的视角[J].教育研究与实验，2019(5)：58-64.

助贫困人口接受优质、特质的高等教育，形成就业、创业、谋业、建业等方面的知识与技能，提升追求美好生活的能力，在持续发展中脱贫致富。无论从教育分流的形式还是实质上来看，扶贫攻坚与高质量高等教育发展都具有内在的统一性。只有形成长效性、稳定性的高质量高等教育扶贫及防返贫机制，才能形成合意的教育分流；只有构建合意的教育分流机制，教育扶贫才能收到实效。

其次，以高质量高等教育扶贫促进教育分流是党和国家的政策追求。2013 年 7 月 29 日，国务院办公厅转发的教育部、发展和改革委员会、财政部等部门制定的《关于实施教育扶贫工程的意见》提出，要“把教育扶贫作为扶贫攻坚的优先任务，以提高人民群众基本文化素质和劳动者技术技能为重点，推进教育强民、技能富民、就业安民，为全面建成小康社会奠定坚实基础”，并强调要通过多种途径，提高片区高等教育质量，“实施面向贫困地区定向招生专项计划，扩大片区学生接受优质高等教育的机会”①。2015 年 10 月 16 日习近平总书记在 2015 年减贫与发展高层论坛的主旨演讲中指出：“扶贫先扶智。让贫困地区的孩子们接受良好教育，是扶贫开发的重要任务，也是阻断贫困代际传递的重要途径。”2019 年 10 月 14 日，在教育部主办的教育扶贫论坛上，教育部副部长孙尧指出，全面打赢脱贫攻坚战，已进入决战决胜的关键时期，教育系统要把脱贫攻坚作为首要的政治任务和当前的头等大事，加快实现贫困地区同步共享优质教育资源②。从国家政策和教育改革发展的趋势来看，高质量高等教育扶贫是一种长效的扶贫，已成为扶贫的国之大计、民生之本，因为高等教育高质量发展为人才培养带来了长期发展的可能，最大限度地遏制住了脱贫后再次返贫的可能，在巩固扶贫攻坚成果方面发挥着纲领性、方向性的作用。

最后，以高质量高等扶贫形成合意的教育分流是改革发展的必然要

① 国务院办公厅.国务院办公厅转发教育部等部门关于实施教育扶贫工程意见的通知[EB/OL].(2013-07-29)[2021-10-15].http://www.gov.cn/zwgk/2013-09/11/content_2486107.htm.

② 曹晶瑞.2019 教育扶贫论坛在京举行[EB/OL].(2019-10-15)[2021-10-15].http://www.bjnews.com.cn/feature/2019/10/14/636232.html.

求。随着教育扶贫政策的推进和高等教育的不断发展，中国高等教育规模日益扩展，高等教育毛入学率不断增长，越来越多贫困地区的考生获得了优质高等教育入学机会，实现了生存状况的改变和人生地位的变迁，摘掉了贫困的帽子，但仍有为数不少贫困地区的考生没有享受到高等教育改革的实惠，教育分流还没有充分发挥平衡器、调节器的作用，一些贫困学生因为无法享受优质高等教育而心存不满，一些贫困学生因难以接受特质高等教育而心存芥蒂，贫困地区考生高等教育入学公平成为社会关注的热点话题。深入贯彻落实党中央扶贫开发工作的战略部署，建设高质量的高等教育体系，充分发挥高等教育在扶贫开发中的重要作用，以合意的分流为导向，培养经济社会发展需要的各种高素质人才，促进贫困地区特别是集中连片特殊困难地区从根本上摆脱贫困，是阻断贫困代际传递的重要途径，是中国社会从小康迈向富裕的重要追求，是高等教育高质量发展的根本任务。

三、高质量高等教育扶贫需要强化防返贫的保障机制

经过长期努力，中国高等教育扶贫事业取得重要进展，越来越多的贫困家庭通过受益于高质量高等教育而实现经济状况的根本性改变，农村绝对贫困人口大幅度减少，中国已全面建成小康社会。然而，由于种种原因，脱贫对象可能会再度返贫，进一步巩固脱贫成果难度依然较大，有效防止返贫返困和持续脱贫攻坚成为高质量高等教育扶贫必须面对的新难题。

（一）认识偏差，创新动力不足

积极的思想认识是创新教育扶贫方法、提高教育扶贫实效的灵魂。从本质上讲，高质量高等教育扶贫的根本目的是通过提高贫困人口的思想认识、人力资本水平和劳动生产率，助其更好地把握经济机会、自主创造经济机会的能力，增加劳动的要素报酬，实现高质量的生存生活。目前，扶贫主客体的思想认识偏差是阻碍高质量高等教育扶贫创新发展的羁绊。从扶贫主体的角度来看，无论是教育扶贫干部还是扶贫教师，都是以外来文化者身份进入乡村世界，导致教育扶贫与基层老百姓脱贫

需求之间存在裂隙[①]。教育扶贫主体将扶贫成效和职位升迁高度联系在一起，因而在扶贫工作中注重短期绩效忽视长期扶持，强调形式忽视内容，关注少数忽视多数，重视宣传忽视行动，把大量时间与精力放在填表报、迎评迎检、陪会参会等方面，从而使高等教育扶贫变成了千篇一律的“形象工程”“面子工程”和“政绩工程”，结果外因不能通过内因而起作用，贫困家庭的子女并不知道如何有效利用高等教育扶贫途径来改善自己的不利处境。从扶贫对象的角度来看，他们中的大多数是贫困代际传递的“产物”，因长期处于贫困状态，所以思想相对保守，主动投资优质、特质高等教育的动力不足，不少贫困户将贫困作为争取教育救济的资本，不同程度地存在“等、靠、要”的思想，思想意识贫困尤为严重。如果不努力冲破扶贫主客体的思想桎梏，教育脱贫攻坚任务将会更加艰巨。

（二）资源贫乏，成果共享困难

丰富的高质量高等教育资源是实现教育改革成果共享和扩大教育扶贫范围的基石。伴随着高等教育普及化时代的到来，考生获得越来越多的接受高等教育的机会，“上大学难”的问题已在很大程度上得到解决，随之而来的是上高质量大学难的问题。目前，中国高质量高等教育资源还严重不足，难以满足学生的需求，主要表现在两方面：一是优质高等教育资源稀缺，受社会各界公认的“双一流”建设高校数量过少，招生名额有限，不能满足贫困子弟接受优质高等教育的愿望。据国家统计局公布的数据显示，2018 年我国有高等学校 2 663 所[②]，但“双一流”建设高校数量仅为 137 所，“双一流”建设高校所占比例仅为 5.14%，且主要分布在北京（21.90%）、上海（9.50%）、江苏（10.95%）[③] 等经济发

① 佘万斌，杜学元.对贫困地区教育扶贫的伦理取向审视：基于社会主义核心价值观的视角[J].教育研究与实验，2019(5)：58-64.

② 中华人民共和国统计局.普通高等学校数：2018[EB/OL].[2021-10-15].https://data.stats.gov.cn/easyquery.htm? cn=C01&zb=A0M05&sj=2018.

③ 中华人民共和国教育部.教育部、财政部、国家发展改革委关于公布世界一流大学和一流学科建设高校及建设学科名单的通知[EB/OL].(2017-09-21)[2021-10-15].http://www.moe.gov.cn/srcsite/A22/moe_843/201709/t20170921_314942.html.

达省区，经济落后省区的“双一流”建设高校则相对稀疏，远远不能满足贫困地区的考生对高质量高等教育的期待，许多贫寒子弟还只能在城外看优质高等教育的风景。二是特质高等教育资源奇缺，地方高校盲目攀高、趋同发展严重，办学特色鲜明、就业质量上乘的专业型、区域型、行业型、技能型高等教育机构凤毛麟角，不能满足贫家孩子接受特质高等教育的期盼。高质量高等教育的稀缺性与中国贫困面积广、贫困程度深的现状构成巨大反差，导致高等教育扶贫分散，只能浮光掠影，以点带面。要让贫困人口真正共享改革发展成果、共享人生出彩机会，迫切需要通过提高高等教育质量来增强优质、特质高等教育供给。

（三）临阵发挥，协调推进受阻

健全的高质量高等教育增长机制是推动教育与经济协调发展、贫困地区与经济发达地区协调发展、贫困阶层与富裕阶层协调发展的科学之举。当前中国高等教育高质量发展还没有形成坚强有力的政策支持系统，教育扶贫存在临阵发挥之嫌，主要表现为国家出台的政策多，部门出台的配套支持政策少，教育主管部门与其他部门之间的协作程度不高。没有形成持续长效的投入机制，一方面是“双一流”建设、省部共建工程等注重短期性、阶段性投入，建设高校为应对中期和末期考核而急功近利，无法静下心来进行长效性的质量建设；另一方面是高等教育扶贫项目存在一哄而上、盲目上马的现象，缺乏长远发展的规划①。高等教育扶贫没有将防止返贫有效结合起来，人们对高等教育“扶真贫”“真扶贫”还心存怀疑。没有形成科学规范的质量保障机制，主要借鉴国外的高等教育评估制度进行质量认证、鉴定与监测，制约高校发挥本土优势、办出特色。片区高等教育质量不高，优质高等教育增长缓慢，特质高等教育成长困难。这些问题的存在，造成贫困人群日益增长的高质量高等教育需求与优质、特质高等教育的增长速度不对应，高质量高等教育扶贫强调输血功能的发挥，造血功能严重不足，仅仅依靠国家的教育救济来应一时之急，扶贫政策只能以点带面，惠及少数，众多贫困

① 鲁石.高等教育精准扶贫的价值、问题及对策[J].教育理论与实践，2019(18)：3-5.

人口仍然被遗忘在政策的眷顾之外，教育扶贫顶层设计与基层创新之间的协调性、整体推进与个体脱贫之间的协调性亟待提高。

（四）合力不强，均衡发展维艰

政府、高校和社会合力推进是高质量高等教育扶贫的价值选择，在帮助贫困人群摆脱出身限制、改变贫困状态、减少社会性不公平方面起着保障作用。当前，高等教育扶贫还缺少政府、高校和社会的合力，各自为政的情形还在一定程度上存在，主要表现为：高等教育扶贫是一种自上而下的、单向度的政府行为，国家的教育扶贫政策与片区区域发展缺少衔接，国家虽然努力推进“中西部高等教育振兴计划”“东部高校对口支援西部高校工程”等扶持项目，但由于东部高校的积极性不高、投入力度不大，民间组织、企业单位等机构参与的主动性不强，这些计划、工程的收效甚微，西部高校的落后状况改观不大，优质高等教育增量不足，东、中、西部的高等教育差距依然严重，教育非均衡发展的趋势还在继续蔓延；部属重点高校招生属地化倾向仍然严重，中西部优质、特质高等教育资源相对短缺地区的优质高等教育入学率过低，优质高等教育入学机会不公平问题突出；贫困群体参与的积极性不够高，参与程度比较低，扶贫项目在实施和管理中缺乏有效的监督，导致教育扶贫行为的短期性和资源浪费。政府、高校、社会合力不强已经成为制约高质量高等教育长效扶贫和社会公平发展的最大瓶颈。

第五章　机制创新：高质量高等教育公平的路径依赖

机制创新是激活竞争要素的根本途径。建设更高质量的高等教育体系，以丰富的优质、特质高等教育供给提升高等教育公平水平，形成协调顺畅的高等教育分流局面，必须进行高质量高等教育建设的运行机制、动力机制和保障机制创新。

第一节　运行机制创新：以“双一流”建设提升优质高等教育公平水平

“双一流”建设的最大特色是将重点置于大学本身建设和学科建设，既对部属重点大学的质量建设提出更高要求，也给一般本科院校公平发展创造突围的机会。“双一流”建设是我国加快建设世界一流大学与一流学科的重要战略，既要吸取“985 工程”“211 工程”建设的经验教训，又要创新建设思路与方法，才能突破机制障碍，形成建设活力，取得建设实效。“双一流”建设为所有高校加快发展展示新的愿景，既为不同层次与类型高校的建设路径、学科规划提出一道“必答题”，也为不同高校选择适合自己迈向“一流”的道路提出一道“选答题”。努力做好“必答题”，科学选择“选答题”，是不同层次、不同类型的高校理性争创一流的前提条件，是高等教育合理分流的客观要求，是提升优质高等教育公平水平的必然要求。

一、淡化身份，建立分类遴选机制

一流身份作为一种事实符号，它是社会系统中的一种价值存在。作为一种价值存在的一流身份，不应是被简单赋予的，而是高校通过努力争取到的。如果高校获得一流身份后放弃努力，这种身份也会随之流失，这样就可使一流身份处于动态之中。开启一种一流身份的动态流动模式，使“双一流”建设不仅成为构建高等教育秩序和结构的重要因素，而且真正成为促进大学发展的一种内在动力，需要革除过往的身份化、符号化、标签化弊端，通过科学合理的制度设计破除传统“双一流”建设的身份固化，让非重点高校亦有机会获得一流身份，让应用技能型人才也有机会入读一流高校，获得公平的成功成才的起点。综观世界上有影响力的高等教育分类体系，其制定要义之一就是淡化身份的等级意义，各层类皆有一流。尽管“双一流”建设主要定位于研究型的世界一流，但其结果样态也不必是一种正态分布，即只有少数大学及其学科的卓越，而多数大学和学科的平平①。因此，对高校进行分类，让不同的一流高校获得相应的一流身份不仅是必需的，而且也是必然的。让不同层次与类型的高校争创不同的一流，形成高等教育错位发展的“新常态”，有助于突破“双一流”正态分布的局限，打破身份固化的僵局，形成百花齐放的格局。建立无身份符号的“双一流”遴选机制，应从一流大学与一流学科遴选两个方面发力。

从一流大学建设的逻辑来看，经过长期的重点建设和支持，“985工程”“211 工程”高校与非“985 工程”“211 工程”高校之间在教学、科研的实力上已存在明显分化，“985 工程”“211 工程”高校入选一流大学的概率自然更大，是一流大学的建设主体，但非“985 工程”“211工程”高校只要充分挖掘自身优势、洞察机遇，坚持优化学科结构，以特色取胜，同样有机会入选“双一流”。根据《统筹推进世界一流大学和一流学科建议总体方案》的建设思路，“双一流”建设要突出分类管

① 卢晓中.“双一流”建设:破除身份固化[N].中国教育报,2016-09-26.

理，以差别化、个性化发展为导向，既适度发展综合性大学，也支持鼓励发展多科、单科型有学科特色的大学。基此，一流大学建设可以分为三类：一是办学实力突出的综合性大学，可以成为拥有多个高水平学科的大学；二是办学实力较强的多科性大学，可以成为拥有若干高水平学科的大学；三是办学特色鲜明的单科型大学，可以成为拥有某一高水平学科的大学。这三类大学分类发展，有利于启发各类不同大学在服务地方经济社会转型升级中，找到适合自己个性的“双一流”之路。

从一流学科建设的逻辑来看，若干密切关联的一流学科构成一流学科群，若干一流学科群构成一流大学，因此，高校争创“双一流”的出发点应该是学科。当前中国推行的一流学科建设，不仅使“985 工程”“211 工程”高校有新的发展机遇，也使一般本科院校迎来新一轮发展黄金周期。然而，一流学科的遴选有非常严格的要求，不仅重点考察一所大学的教学科研水平，而且考察人才培养质量与社会声誉，能够入选一流学科的都是在该学科学术水平最高的机构，因此可称之为“一流专业”，其毕业生日后就业相当有保障。一般本科院校要在新一轮竞争中迎头赶上甚至超越“985 工程”“211 工程”高校，实现“弯道超车”，必须立足主导学科的建设，通过苦练“内功”，深化产教融合，加强学科链与产业链的紧密对接，增强学科面向国家重大战略、服务区域经济社会发展需求、对接行业产业发展急需的能力，改善教学质量，提升科研水平，夯实主导学科实力，使主导学科成为学校发展的“顶梁柱”，以主导学科发展带动、支撑其他学科发展，打造学科品牌，形成院校、区域乃至全国独特的品牌学科，才能改变同行认可度不高、社会认可度不高、学生认可度不高的现状，在跻身一流学科的基础上争创一流大学。

二、激发竞争，引入滚动淘汰机制

竞争是大学重视办学效率、改善办学效益、激发办学活力、提高办学水平的内在动力，是加快“双一流”建设和建设高等教育强国的关键所在。从国外建设世界一流大学的经验来看，没有一所世界一流大学是靠政府设计出来的，而都是在大学自主办学、自由竞争中产生的。只有各类高校在公平的环境下竞争发展，才能充分提高办学绩效，较快提升高等教育质量，从根本上建成世界一流大学。美国一流大学林立，充满活力，而且引领世界高等教育的变革，主要原因便是在市场优胜劣汰调节机制下的开放竞争所带来的“鲶鱼效应”，很好地促进了大学发展[①]，哈佛、耶鲁等世界一流大学就是“鲶鱼效应”作用的结果。相比之下，中国在建设一流大学的过程中却鲜有竞争，“鲶鱼效应”更无从谈起。《国家中长期教育改革和发展规划纲要（2010—2020 年）》提出，“适应国家和区域经济社会发展需要，建立动态调整机制，不断优化高等教育结构。优化学科专业和层次、类型结构，重点扩大应用型、复合型、技能型人才培养规模”。深入贯彻落实规划纲要，“双一流”建设必须要处理好三个关键：

第一，营造公平竞争氛围，为所有高校创造平等的竞争空间。“双一流”建设是通过竞争办优质教育而不是“普质教育”，是办“扬长教育”而不是“补短教育”。真正的世界一流大学之所以能赢得教育消费者和纳税人的广泛欢迎，除管理措施得力之外，与其有序的大学竞争环境密不可分。促进高校之间公平竞争，关键在于给每所高校合理、平等的竞争环境，让入选高校凭实力说话，让未入选高校“能赶能超，让不能入选的高校口服心也服”，使此前的竞争缺失、竞争不公转变为更趋合理、更加公平的竞争，让高等教育资源和资金的利用更为科学合理，拓宽高校的发展空间，让高校在平等竞争的空间中自主办学、自主发展，形成办学特色，提高办学质量。

第二，引入市场竞争法则，淡化行政主导的力量，建立以市场为杠杆的拨款机制。市场经济时代，高等教育消费者和纳税人投资高等教育更加强调“物有所值”，对高等教育质量的意识比以往任何时候都高，这就要求政府改变以往重视投资有余而强调产出不够的重点大学建设机制，在投资建设一流大学与一流学科时既要看投入又要看产出，通过管理制

① 陈先哲.建设世界一流大学需要“鲶鱼效应”[N].光明日报，2015-09-01.

度创新和建立公平的竞争法则促进大学高效利用政府的投入、消费者和纳税人的投资。这就意味着，从“985 工程”“211 工程”到“双一流”，并不只是换一个名字，而是要改变一种拨款机制：针对前者的僵化垄断，转换成后者的滚动淘汰。两者的差别就在于以市场为杠杆激活竞争，让财政投入更有效率①。在“双一流”建设的过程中，政府作为高等教育的宏观管理主体，必须转变全能政府的角色，从大包大揽所有工作转变为以政策调控为主，实现从“运动员”到“裁判员”的转身，通过信息公开制度、监督制度、听证制度、绩效考核制度、民意调查等途径建立起市场调节机制，提高高校之间竞争公平公正性。

第三，完善竞争规则，形成以绩效为中心的滚动淘汰机制。“双一流”建设的最终目标是促进高校“强中做优”“无中生有”，在“高原上建立高峰”，而实现这一目标的根基是将资源利用效益最大化，达到多投入高产出的目的，防止资源的无效、低效使用。为此，必须建立起客观公平、阳光透明的绩效考核标准，根据绩效评估结果对“双一流”成员实施动态、分级的资助投入，及时将“不入流”的高校抑或“强中的弱者”调整出“双一流”建设范畴，同时将社会认可度高、发展势头好的高质量大学纳入“双一流”队伍，有效运用绩效杠杆克服行政评审的缺陷，形成世界一流大学和世界一流学科建设的滚动淘汰和良性循环机制，在公平竞争中体现扶优扶强扶特的导向。

三、聚焦学科，优化绩效评估机制

作为跻身一流大学行列的重要组成部分和支撑，建设一流学科是建设一流大学的重中之重。新形势下的“双一流”建设是高等教育质量的强势提升和高等教育公平的更高要求，建设世界一流大学必须抓住学科建设的龙头，高度重视绩效，促使入选高校和学科在获得倾斜性投入的同时，更加重视学术产出的水平和质量、资金分配与使用的效益、人才培养的质量与声誉。对此，“双一流”评估必须把握好细节，形成以学

① 舒圣祥.高校创“双一流”关键要激活竞争[N].宁波日报，2016-06-30.

科为中心的绩效评估理念，建立公平有效的评估体系和考核机制，积极鼓励各高校在特色学科领域的创新努力，切实提高办学效益与学科实力，才能破除制度壁垒，走上科学理性的发展轨道。

从评估理念的确立来看，“双一流”建设既需要管理体制的变革，更需要评估理念的创新。潘懋元先生认为，一流大学、一流学科建设不仅是增加经费投入，更应增加办学的自主权①。《国家中长期教育改革和发展规划纲要（2010—2020 年）》和十八届三中全会决议都明确提出要推进管办评分离，这是“双一流”建设顺利推进的关键所在。2020 年，中共中央、国务院印发《深化新时代教育评价改革总体方案》提出，“制定‘双一流’建设成效评价办法，突出培养一流人才、产出一流成果、主动服务国家需求，引导高校争创世界一流”。按照管办评分离的原则，政府部门应该淡出评价，主要履行对一流大学与一流学科的投入责任，专注于为大学发展创造良好的外部环境，以及依法监管大学依法办学，而把绩效评价权交给社会专业机构，积极采用第三方评价，由第三方评估机构根据客观数据开展学科建设跟踪监测，减少政府部门在绩效评估中因利益相关而形成的主观性，提高绩效评估的客观性、科学性和公信力。

从评估指标的设计来看，建设一流学科需要能够大刀阔斧进行改革、锐意创新的学科带头人，需要高质量的教学实施，需要充足的教学投入、坚实的教学平台，需要丰富的科研资源、丰硕的科研成果，需要和谐的工作环境、良好的学术氛围，更需要客观的“质量体检”。因此，一流学科评估不能简单量化，要摒弃大学排名和学科评估排名的简单粗暴做法，采用综合性、多元化的评估指标体系，把主观评估和客观评估结合起来、把定量评估和定性评估结合起来、把事前评估和事后评估结合起来、把综合评估和单项评估结合起来、把自我评估和社会评估结合起来，并通过设定科学客观的评估标准，为参评大学与学科呈现公正有效的信息和数据，让每所大学的优势劣势得以如实显现。

① 潘懋元.建设一流本科 全面统筹推进[J].中国大学教学,2016(6):4-5.

从评估结果的利用来看，学科评估结果应具有很强的导向性，成为引领大学发展的风向标。适应大学竞争的需要，一流学科建设应鼓励突破体制机制“天花板”，建立周期性、开放性、可比性的评估制度和财政经费分期投入制度，在相对稳定支持的基础上，根据一流学科评估结果、资金使用管理、办学质量提升、特色专业建设等情况，动态调整支持力度，适时淘汰后进对象，增强建设的有效性。对实施有力、进展良好、成效明显的，适当加大支持力度；对实施不力、进展不快、实效不强的，适当减少支持力度；对实施乏力、进展迟缓、效果较差的学科，科学实施退出机制，并及时将社会经济发展急需的交叉学科、新兴学科纳入建设范畴。

第二节　动力机制创新：以地方高校转型发展增强特质高等教育公平程度

转型是地方高校加快发展的动力源。只有转型，地方高校才能把握新的发展机遇；只有转型，地方高校才能集合更有效的办学资源，为实现可持续发展注入持久动力；只有转型，地方高校才能提高质量、办出特色，才能更好地适应时代需要。回应经济社会发展的需要，地方高校只有把提升高等教育质量、促进高等教育分流、推进高等教育公平作为根本目标，把全面深化内部管理体制改革作为核心动力，把转变方式作为特质高等教育稳定增长的重要支点，形成政府、高校、社会和教师等力量的和衷共济，坚定不移推进转型升级，才能在扩大特质高等教育供给的基础上，不断增强高质量高等教育公平程度。

一、政府分类管理，建立分类引导机制

地方高校转型发展是高等教育领域的一次深刻的变革，这一变革将彻底打破原有的高等教育结构，逐步建立起分类管理的模式，实现高等教育结构的功能性调整。分类管理是促进不同类型的高校科学发展、公平发展、特色发展的前提条件。没有分类，不同类型的高校之间就没有

公平比较的准则，不同特性的考生就没有合理分流的通道。政府作为高等教育的举办者与管理者，要充分发挥统筹推进高校转型的职能，实现从“全能政府”向“有限政府”“有效政府”转变，从既要掌舵又要划桨的管制型政府向掌舵而不划桨的调控型政府转变，从高校的控制者、管理者向高校投入者、服务者、合作者、监督者转变①，从而建立起高等教育分类管理体系，有效引导地方高校转型发展。

第一，确立分类管理、分类发展的思想。针对当前我国高等学校分类不明、发展趋同的现状，政府需要出台高等学校分类标准。卡内基美国大学分类的顺序是按照允许授予学位的等级来排列的，把学校划分为六大类型：大型研究大学、小型授予博士学位大学、综合教育机构、学士学位教育机构、两年制学院学位教育机构、特殊教育机构、职业/技术教育机构（提供就业范围内短期无学位计划）②。根据我国的实际情况，政府可以将高校按照学术型和应用技能型的人才培养定位进行分类，促进高校依据类型合理定位，建立起类别清晰、结构合理、适应经济社会发展需要、具有中国特色的高等教育体系。

第二，形成分类办学、分类竞争的机制。由于不同层次与类型的高校办学历史、办学资源等的不同，发展起点也就不同，把不同层次与类型的高等学校放在同一框架下比较，不仅对地方高校不公平，也对部属重点大学不公平。中国高等教育改革发展的当务之急是要建立分类办学的制度体系，让同一层次的高校在同一起点竞技，以此引导高校分类发展，促进不同类型的高校在各自的领域办出特色、争创一流，为部属高校和地方普通本科高校均提供创建高水平大学的空间，创造公平竞争的环境。

第三，实施分类培养、分类评价的模式。高等教育质量的高低，不是政府抑或高校说了算，而是需要社会说了算。在社会需求日趋多元的高等教育市场上，不同部门、不同行业对高质量人才的要求各不相同，

---

① 郑波.围绕“双一流”建设创新我国高等教育管理体制机制[J].北京教育，2016(3)：8-11.

② 潘懋元，吴玫.高等学校分类与定位问题[J].复旦教育论坛，2003(3)：5-9.

有的用人单位看重毕业生的学术造诣，有的用人单位看重毕业生的动手能力，有的用人单位看重毕业生的创新思维，如果用同一把尺子培养学生、评价学生，不仅对高校发展不公平，而且对学生发展不公平。因此，针对不同类型高等学校人才培养的特点，需要分类制定办学标准、人才培养规格和质量评价体系，为不同类型的高校获得公正的评价和专心办学提供制度保障。

第四，构建分类招生、分类录取的机制。地方高校转型发展的核心是要有效解决招生问题，从回应考生在高考选择中的需要出发，国家可以实施招生考试分类管理，探索以国家统一考试为主，面向不同类型考生、适应不同类型高校人才选拔需要的分类考试办法，逐步形成分类考试、综合评价、多元录取的高校考试招生制度，使不同类型的高校都能招到适切自身特性的学生，使不同发展起点与需求的考生找到适合自己的学校。

第五，探索分类拨款、分类支持的机制。每一所高校都要发展，但每一所高校所应获得的支持却不能一刀切。办学规模大、办学效益高、社会声誉好的大学自然应该获得更多的财政支持，反之亦然。对此，政府可以探索基于绩效评价的高等学校分类拨款机制，科学核定各类高校生均经费基本标准、生均财政拨款基本标准，并根据经济社会发展水平逐年提高，形成高校生均拨款标准稳定增长的机制，为不同类型的高校发展提供公平的财政支撑。

二、高校主动转型，形成有效对接机制

高校转型发展是在经济结构全面调整、经济增长方式深刻转变的背景下提出的，既对高校的质量保证提出了前所未有的挑战，也为高校的公平发展创造了千载难逢的机遇。转型高校必须积极主动拥抱变革，在经济转型升级中有所作为，这是加快自身发展的根本。当今有不少地方高校不愿意主动转型，就像柏拉图的“洞穴比喻”所描述的一样，地方高校犹如地穴中的囚徒，长期待在那里，被定势思维所束缚，没有特立独行的发展理念，只能盲目模仿部属重点高校的学术型发展模式，并误

以为那就是真实的自己，而当他们发现这不是自己真实的影子之时，尽管他们可能会感到痛苦，但并不能就此获得解放，只有把那些不切实际的观念彻底暴露在阳光下，抛弃原来的思路和理念，才能走出“洞穴”。据此，地方高校要主动对接区域经济社会发展，加快转型发展步伐。

第一，转变办学理念，树立质量本位的发展观。判断一所高校好不好，最重要的是看其人才培养质量高不高。以人才培养质量高低衡量一所高校的优劣，无论对学术型高校还是应用技术型高校来说都是公平的。设若应用技术型高校能培养出高技能的人才，为区域经济社会发展提供高质量的服务，就完全可以成为社会公认的高水平大学；相反，如果学术型高校不能培养出高规格的人才，也可能沦为“二流”抑或“三流”。秉持质量本位的办学理念，在主动转型中求新求变，提高人才培养的针对性与实效性，以提高应用技能型人才培养质量来赢取生存发展的空间，地方高校的转型发展才不会盲目攀高、迷失方向。

第二，转变发展思路，主动强化服务经济转型升级的意识。经济转型升级的根本前提是要形成支撑经济结构调整的科技和人才体系。适应经济发展的新常态，顺应我国经济发展从传统劳动密集型、资源密集型产业向高科技含量、高附加值高端产业转型的潮流，地方高校需要转变发展思路，在服务经济转型升级中获得新生。地方高校是科技创新与人才培养的重要阵地，需在与区域经济的互利互动中求发展。一方面，地方高校要通过不断提高应用技能型人才培养质量、为行业企业提供科技研发和技术攻关支持等为行业企业发展服务；另一方面，要充分发挥行业企业在高校人才培养、课程建设和教师素质提高等方面的积极作用，以此实现地方高校和行业企业之间的合作共赢。对此，地方高校不能故步自封，画地为牢，而要积极走出象牙塔，顺势而为，主动融入国家战略发展，服务地方经济建设，通过与政府部门、科研院所、行业企业建立发展战略联盟、开展联合培养人才和联合研究课题等方式，开辟互利合作的新路径。

第三，转变发展机制，构建与经济转型升级相适应的教育体系。德里克·博克（Derek Bok）曾经指出，“与世隔绝的大学或许只能以牺牲专业教育质量、应用性研究、社会性批评和专家建议为代价”[①]。在现代信息社会，“互联网＋教育”是实现优质教育资源共享，从而实现教育公平的机制。在2015年“两会”上，“互联网＋”被纳入国家战略，成为各行各业改革的焦点。互联网如同催化剂，不断催生新的行业形态及行业生态；互联网又如同“代谢机”，倒逼传统行业的及时变革。“互联网＋教育”是教育现代化的重要内容，不仅意味着教育教学理念和教学方式的变革，也意味着学科专业创造价值的最大化。教育部印发的《教育信息化十年发展规划（2011—2020年）》提出，到2020年，形成与国家教育现代化发展目标相适应的教育信息化体系，基本实现所有地区和各级各类学校宽带网络的全面覆盖。中共中央、国务院印发的《中国教育现代化2035》强调，要“充分利用现代信息技术，丰富并创新课程形式”。对地方高校而言，“互联网＋教育”不仅要从技术形态上重塑教育模式，更为重要的是形成开放、平等、协作、共享的互联网精神，以及凸显用户体验的互联网思维。顺应潮流，主动求变，地方高校要依托现代信息技术，构建具有战略性特征、综合整合功能、服务引领功能的体制机制，加快形成以企业为主体、市场为导向、产学研相结合的专业体系、课程体系和科技创新体系，才能在激烈的市场竞争中谋得更多资源，实现更快更好发展。

第四，转变发展模式，构建与地方经济适配的学科专业群。地方高校转型发展的出发点是应对国家和地方产业结构转型升级、造就行业企业需要的高素质技术技能型人才，落脚点是促进地方经济社会的发展。因此，地方高校转型必须实现学科转型，建立与方经济发展具有适配性的学科专业群。每所地方高校都有自己的优势学科与特色专业，其转型需要以优势学科为核心，充分利用专业间互相带动的关联性，发挥专业群的聚集与扩散效应，形成专而精的学科专业核心，建构与产业结构相适应，能满足地方经济发展人才需求的学科专业群。其路径包括：以传

① 博克.走出象牙塔：现代大学的社会责任[M].徐小洲，陈军，译.杭州：浙江教育出版社，2001：13.

统支柱产业升级、新兴产业发展、重点产业优先的思路以及学校现有专业基本情况改造学科专业群；以专业方向适应社会行业人才需求的变化为方式，通过核心学科专业的带动、引领和整合，围绕区域产业链和岗位群加快推进应用型学科专业集群建设；以核心专业为骨干，以核心课程群、核心技能群、核心师资群为基础，打造主干特色专业，渐进衍生开发周边学科专业来实现学科专业群的整体发展；集中力量办好一批与区域经济结构匹配度较高的应用型重点学科和特色专业，建设若干有一定办学优势和特色的、具有良好发展前景和产生显著社会经济效益的学科专业群①。

三、社会各方参与，构建合力支持机制

地方高校与地方社会处于互动之中，其发展离不开社会的支持。曾任威斯康星大学校长的范海斯（Charles Vanhise）在论及州立大学与地方的关系时说："在州立大学，教育是为全州人民利益的，不限阶层和性别，它的大门向所有性别的人打开，只要他们有足够的智力，学费低廉使勤奋的贫穷者可找到道路，所有学生感到根本的平等，这就是州立大学的理念……州立大学的生命力在于它和州的紧密联系。州需要大学来服务，大学对州负有特殊责任。"② 地方高校转型发展是我国经济社会发展的动力源泉，社会支持则为地方高校转型发展提供合适的土壤。在新常态下，地方高校转型发展"不仅需要社会的完整的、全方位的支持，而且需要社会的谐和的、有合力的支持"③，才能形成有力的保障，实现由概念性探索向实质性转变，由浅层次尝试向深层次渗透。社会各方对地方高校转型发展的支持主要体现在以下几个方面：

一是舆论与宣传支持。地方高校转型的公平价值与发展意义要被公众接受，必须经历一个社会化教育的过程。只有公众的认识提高了，思

① 关丽梅.地方高校转型背景下的学科专业群建设研究[J].继续教育研究，2014(12)：72-74.

② 陈学飞.美国、德国、法国、日本当代高等教育思想研究[M].上海：上海教育出版社，1998：45.

③ 吴康宁.教育领域综合改革需要怎样的社会支持[J].教育研究与实验，2013(6)：1-5.

想解放了，地方高校转型发展才会有良好的舆论环境。媒体是舆论氛围的营造者，媒体的舆论与宣传有着非凡的社会影响，良好的媒体舆论对于地方高校获得与部属重点高校平等的社会地位有着不可估量的价值。媒体必须加强正面宣传，树立正面典型，介绍先进经验，澄清认识上的误区，让家长、考生、用人单位了解地方高校转型发展积极意义，为地方高校的科学发展道路造势，为家长、考生理性选择大学提供引导，为社会用人单位招录人才提供参考，多方努力激发人们对建设应用技术型高校的热情。

二是文化与心理支持。从文化与心理的视角来观察，地方高校不愿意转办应用技术型高校，考生不愿意选择应用技术型高校，最根本的原因在于我国社会没有形成公平的价值观和文化认同。从社会用人的角度来看，由于种种原因，高校毕业生就业中的身份歧视现象还在一定程度上存在。虽然国家相关部委出台文件明确规定用人单位在招聘、录用、晋升等环节必须以能力为导向，坚持公平公正原则，不得有性别、民族、学历等歧视行为，但用人单位在实际操作中早已习惯了“学历查三代”，技能技术型大学生在尊严和薪酬上都不能得到与学术型大学生同等的对待，高等教育机会公平水平还有很大的提升空间，必须通过调整社会经济结构、改善阶层关系、改变收入分配规则等来改变技能技术型人才受社会歧视的状况，真正形成只看能力不唯学历的人才聘用格局，最大限度地支持学生选择高质量应用技术型高校。

三是政策与资源支持。优越的政策和充足的资源是地方高校转型发展的根本保证。高校不愿意转型，最主要的原因是担心转型后降低品位，失去竞争力，无法获得充足的支持。如果政府的政策支持到位，财政支持充足，地方高校就会抛下转型发展的后顾之忧。鉴此，教育主管部门要建立专门的应用技术型高校专业设置、质量评估、绩效拨款制度，扩大地方高校的办学自主权，增加招生计划和加大财政投入，促进地方高校由“要我转”到“我要转”。区域、行业、企业是地方高校转型发展的技术中心和实践实训基地，要通过校企合作育人、合作发展、合作就业、合作创新等方式，促进地方高校专业设置与产业需求对接、课程内容与职业标准对接、教学过程与生产过程对接，助力地方高校形成“产学研相结合、教学做一体化”的应用型人才培养格局。

四、教师积极配合，完善队伍建设机制

教师是应用技术型人才的培养者，是地方高校转型发展的推动者。建设一支高素质的应用型教师队伍，是地方高校能否真正实现转型的重点。如果教师不转型，地方高校的转型也只能是纸上谈兵。只有教师主动转型，创新应用技术型人才培养的队伍建设机制，才能推动地方高校从根本上转型。因此，教育主管部门、学校要为教师的转型发展创造条件，促进教师更新教育观念，主动转变发展方向，积极革新教学方法，不断提升教育教学和人才培养质量，这是地方高校加快转型发展的关键。

其一，教师评价机制的转变：从统一管理走向分类评价。引导转型高校的教师改变“重学轻术”的思想观念，最重要的是建立公平客观的评价机制，使具有不同才干的教师各展风采、各显神通。根据我国经济社会发展趋势和高等教育发展走向，教育主管理部门可以将高校教师分为应用基础型、应用型、应用技能型三类，分类制定选聘要求，分类实施考核评价。其基本的评价原则是，应用基础型教师突出学术水平和创新能力，应用型教师突出科研能力和科技转化能力，技能型教师突出技术研发能力和实践能力。

其二，教师发展方向的转变：从“单师型”走向“双师型”。教师要在应用技术型高校求生存谋发展，不仅要注重自身专业理论的提升，更应该重视实践动手能力的提高。为此，教师要积极参加培训，主动到实务部门、企业生产一线实践锻炼，提高实践教学和行业实践能力；积极参与一线科研实践和技术研发，及时掌握产业和技术发展的最新动态，构建科研反哺教学的长效机制；青年教师还要以生产一线工作管理人员、工程技术人员为实践实习导师，提高知识的实践转化能力和应用

能力，在改变“黑板上种田”[①] 式教学方式的基础上提高教学质量，既促进学生成长成才又促进自身专业发展。

其三，教师引进方式的改变：从理论型走向应用型。人才引进政策在地方高校教师转型发展具有很强的导向性。高校有何种人才引进政策，教师就会朝着何种方向努力。地方高校在拔尖创新人才引进过程中要改变重学术轻技能的惯性，采取有力措施引进应用科技领域青年领军人物、教学名师、优秀教学团队和创新团队，加强应用型高层次人才队伍建设。与此同时，地方高校要以各种形式从企业单位引进优秀技术人员和管理人员，让他们在高校担任专职教师或兼职教师，参与人才培养各个环节，这样才能从根本上提高学生的动手能力。

第三节　保障机制创新：以教育扶贫推进高质量高等教育公平进程

高质量高等教育扶贫是高等教育服务社会的重要途径，是推动社会进步的重要方式。2021 年政府工作报告指出，要“建立健全巩固拓展脱贫攻坚成果长效机制，提升脱贫地区整体发展水平”。在巩固扶贫攻坚成果、共奔全面小康的大背景下，更新扶贫理念与方法，转变扶贫路径与方式，积极建设高质量的高等教育体系，扩大优质、特质高等教育供给，优化高质量高等教育资源配置，既是增强教育扶贫力度，提高教育扶贫针对性、实效性和持续性的解困之策，也是改善教育分流、提升高等教育公平水平的重要举措。

一、更新观念，形成“主动式”扶贫机制

经济贫困只是贫困的外在表现，思想观念贫困则是贫困的内在根源。贫困地区要解放和发展生产力，使教育扶贫取得显著成效，必须解放思想、更新扶贫观念，形成三管齐下的扶贫机制，为政策创新提供思

① 卢彩晨.地方本科转向应用技术型：难点与突破[N].光明日报，2014-11-11.

想基础。

一是各级政府主动作为。参与教育扶贫的各级政府要充分认识到，当今社会，只有高质量的高等教育才能提高人们的生存和发展能力，高质量高等教育是人们摆脱贫困的重要手段。各级政府要改变急功近利的政绩观，把教育放在优先发展的战略地位，把脱贫攻坚作为义不容辞的责任，不断提高基础教育质量，为贫困子弟获得更多优质、特质高等教育机会创造条件。

二是参与高校积极投入。部属重点大学参与高等教育扶贫，是我国区域平衡发展的一项创新性部署。部属重点大学要充分认识到，在现代社会中，一所优质的大学不仅要传承、传播、传授知识，培养人才，进行科研，而且还需要积极走出象牙塔，为社会提供高质量的教育服务。要实现从“要我扶贫”到“我要扶贫”的思想转变，从被动的社会义务履行者到主动的社会责任承担者的转变。这不只是角色的转换，更是教育思想和观念的创新，是高等教育改革行动和实践的进步①。

三是扶贫对象自动配合。各级扶贫主体要通过思想教育、政策宣传、人文关怀等手段，让扶贫对象感受到政策的温暖和关怀，从思想根源上认识到脱贫的重要性和可能性，自觉转变思想观念，形成对高质量高等教育脱贫的坚定信念和坚强意志力，积极发挥主观能动性，充分挖掘潜能，有效利用优势，努力改变劣势条件，为子女创造更多接受高质量高等教育的机会。

二、补齐短板，形成“融合式”扶贫机制

高等教育扶贫的初衷是帮助贫困群体通过提升自己的能力而实现经济状况和社会地位的全面改观，然而贫困群体的朴素意愿更在于前者，即他们希望通过高等教育的扶持，家庭中有人能够最终找到满意的工作，以此赚钱养家。如果贫困受教育群众无法在竞争激烈的就业市场上谋得合适岗位，他们就会质疑高等教育扶贫的实效性。因此，高等教育

① 阎桂芝，何建宇，焦义菊.教育扶贫的清华模式[J].北京教育，2014(5)：7-10.

扶贫必须着眼于提升贫困群体的发展能力，构建整合式扶贫机构。融合式扶贫是提高贫困人口素质和反贫困能力的一种方式，其实现机制是通过保证贫困地区高等教育质量，弥补贫困地区高质量高等教育不足的短板，使教育扶贫更着眼长远，更具脱贫效率，更有发展后劲，从根本上治理贫困。形成有效的融合式扶贫，需要做好“三个结合”：

第一，教育扶贫与区域发展相结合。推进区域经济社会发展是教育扶贫的历史担当，教育主管部门要以精准扶贫、精准脱贫方略为指导，坚持以高质量高等教育扶贫为依托，以促进区域经济社会发展为杠杆，根据贫困地区工业化、信息化、城镇化、农业现代化总体布局，优化片区高等学校整体布局，加快调整学科与专业结构，促进片区高校发展支撑当地特色优势产业的学科与专业，形成一批社会有需求、办学有质量、就业有保障的特色优势专业，更好满足片区产业发展对技术技能人才的需求。

第二，教育扶贫与对口支援相结合。对口支援是高质量大学对实力较强的大学实施援助、在扶贫攻坚中贡献教育力量的一种政策性行为。中央政府在实施这一政策的过程中，需要将片区高等学校纳入东部高等学校对口支援西部高等学校计划，建立扶贫协作、对口支援、对口合作长效机制，着力改善西部高校办学水平，提高片区高质量高等教育自给能力。对此，对口支援需要侧重做好几方面的工作：建立支援高校与受援高校之间的工作对接机制，科学制定教育支持专项规划和年度重点工作，让对口支援落地生根；注重发挥东部高校的人才优势，通过在职培训、脱产进修、援建教师培训基地等措施，大力支持受援地区的教师队伍建设，提高受援地区的师资水平；有效利用东部高校的资源优势，通过教育交流协作，推动支援高校与受援高校之间的教育教学互学共进、资源共享，提高受援高校的教育教学质量。

第三，教育扶贫与政策扶贫相结合。政策扶贫是稳定脱贫的重要保障，教育扶贫离不开有力的政策支持。各级政府作为教育扶贫与政策扶贫的主体，要坚持两手抓，紧紧围绕提高质量、促进公平、资助贫困等关键环节，敢担当、抓落实、促发展，通过建立内外并重的高等教育质量保证机制，加大对片区高等学校的投入，促进片区高等学校改善办学条件，提高人才培养质量和办学水平，形成更强的吸纳贫困家庭学生的能力，全面落实教育扶贫政策，全力推进教育脱贫攻坚工作。

三、调整布局，形成“造血式”扶贫机制

高等教育布局结构是高等教育系统与社会系统相互联系、相互作用的重要纽带。高等学校的数量、层次及类型等与民族贫困地区社会经济发展是否相协调，学科专业的数量、类型等与民族贫困社会经济发展是否相协调，不仅关系到高等教育扶贫功能能否正常发挥，而且关系到全面建成小康社会的目标能否真正实现。通过高等教育布局结构调整，改变“输血式”扶贫的被动局面，形成高等教育扶贫的“造血功能”，提升高等教育扶贫的“造血效果”，切实解决资源分配不均问题、区域发展不平衡问题以及就业难题等，是“一个都不能少”的现实需要。一方面，国家在对西部地区高校布局结构调整时，要充分考虑到地区需要这一因素，对贫困地区已经具备或基本具备设置高等学校的地区，可以大胆设置新增高校，促进高等学校在空间布局上更加合理，重心适当下移。具体而言，国家可以根据区域经济发展情况，结合贫困地区的需要与可能，在地级市新设置本科高校或高等职业学校，既为当地培养“留得住，用得上”的高素质应用型人才，也可以调动地级市，利用本级财政发展高等教育的积极性，通过扩大高等教育资源总量提升高等教育供给。另一方面，政府部门在增强高校学科设置时，要积极支持贫困地区高校新增设置新兴学科专业，使贫困地区高校的人才培养更适应就业市场对新兴人才的需求，提高人才培养的适应性。

四、增强供给，形成“开发式”扶贫机制

增强高质量高等教育供给，从根本上来说就是要加快高等教育供给侧结构性改革，从提升高等教育品质和公平水平的角度出发，通过开发创造更丰富的优质、特质高等教育资源，提高高等教育供给端的质量、效率和创新性，为贫困地区学生的发展创造更有效的空间和条件。《中国农村扶贫开发纲要（2011—2020年）》提出，“要坚持开发式扶贫的方

针”，“更加注重增强扶贫对象自我发展能力”①。拓展高质量高等教育资源，增加高质量高等教育供给是提高教育扶贫效率，夯实扶贫基础，实现从输送式扶贫向开发式扶贫转变的根本途径。拓展高质量高等教育资源的措施主要包括：

第一，加快省部共建高校建设进程，增加省属重点大学的发展经费和资源，把更多办学实力较强的省属大学特别是中西部贫困地区大学建设成在全国范围内综合实力强、办学水平高、有一定影响力的高水平大学，提高贫困地区的优质、特质高等教育供给，让贫困地区考生能够获得更多的接受本地高质量高等教育的机会。

第二，加快建设进程，引导和支持高等学校与各类创新力量开展深度合作，探索创新要素有机融合的新机制，加快世界一流大学和高水平大学建设步伐，促进优质高等教育资源的充分共享，加快优质特色学科交叉融合，推动贫困地区教育、科技、经济、文化互动，实现高等教育质量和扶贫对象自主发展能力同步提升。

第三，加快贫困地区高校转型发展步伐，努力创建特质高等教育体系。高校转型既不是升格也不是降格，而是通过合理定位，彰显特色，找到一种适合自身发展的战略方式，建立起高质量、特色化的高等职业教育体系，从根本上解决高校毕业生就业能力不强和企业高层次技术技能人才紧缺的结构性矛盾，形成适应经济社会发展需求的合理人才结构。贫困地区高校转型发展主要体现在四个方面：转变办学理念，树立质量为本、特色兴校的发展观；转变发展思路，主动强化服务经济转型升级的意识；转变发展机制，构建与经济转型升级相适应的教育体系；转变发展模式，培养应用型技术技能人才。

第四，加快“双一流”建设进程，引导贫困地区高校发掘传统文化、地方经济、民族风情等特色，充分凝练特色、办出特色，形成学科特色和特色学科等方面的具体优势，以一流学科建设提高争创一流的动

---

① 中共中央，国务院.中国农村扶贫开发纲要：2011—2020 年[EB/OL].(2020-09-05)[2021-10-15].http://www.gov.cn/gongbao/content/2011/content_2020905.htm.

力和活力。

五、优化招生，形成“参与式”扶贫机制

国家重点建设的优质、特质高校是高质量高等教育的核心组成部分，理当公平分配招生名额，让优秀的学生获得高质量的教育，避免高质量高等教育资源的不合理利用，人为地造成少数民族贫困地区考生接受优质、特质高等教育机会不公平。各级政府都是高等教育扶贫的重要参与者，要改变急功近利的政绩观，把优化优质、特质高校招生分配放在教育扶贫的战略地位，不断创新高等教育入学机制，为贫困子弟获得更多优质、特质高等教育机会创造条件。我国政府近年来通过增量安排和存量调整，使内蒙古、广西、贵州、云南、西藏、青海、宁夏、新疆等省区的常规生源计划持续增长，各地区高考整体录取率的差距在缩小，但各地考生上重点大学的机会仍然相差很远。对此，有人主张“取消分省计划，实行全国重点大学不分区域面向全国的自主招生”[①]，但拥有自主招生资格的高校多集中在大中城市，而且自主招生报名附加条件重重，如全国奥赛获奖、全国科技创新大赛获奖等，使众多乡村考生无法企及，于无形中将乡村学生阻隔在重点大学之外。因此，从根本上解决重点大学招生名额投放不均的问题，需要国家对重点大学招生进行统一管理，统筹调整，分区治理。一方面，在部委属重点高校密集地区，重点高校在全国招生按各地生源所占比例分配年度招生名额，让不同省区的考生享受到公平、优质的教育资源，保证各地考生录取机会均等。另一方面，在部委属重点高校分布稀疏的少数民族贫困地区，由其他地区重点院校增加本地招生配额进行补充，以此保证该地区考生接受优质、特质高等教育的机会公平。

六、多方参与，形成“联动式”扶贫机制

高质量高等教育扶贫是破解贫困代际传递的利器，是提升贫困群体

① 熊丙奇.高考:按考生人数分配录取指标可行吗?[J].考试,2015(12).

发展能力的一个通道，寄托着国家的希望和社会各界的期待。然而，高质量高等教育扶贫是一项长期性的艰巨任务，靠单方面的力量无法完成，需要各方共同努力，坚持政府主导、高校协同、社会支持的原则，完善政府、社会、学校相结合的联动机制，形成多元参与、多方投入、合力支持的格局。

一是政府与高校联动，形成政策合力。政府与高校合力既是整体提升高等教育质量的重要途径，也是贯彻落实教育扶贫政策的必然选择。在教育扶贫的施策过程中，政府要通过制定面向贫困地区倾斜的招生政策，实施面向贫困地区定向招生专项计划，部属重点高校通过招生计划和支援中西部地区招生协作计划向片区所在省（区、市）倾斜、举办的民族预科班和民族班向片区中的民族地区倾斜，扩大片区学生接受优质高等教育的机会，在全面提升高等教育公平水平的基础上推进教育扶贫进程。

二是高校与社会联动，形成共赢合力。高校作为高级专门人才培养和科技创新的场所，是经济社会发展的重要推动力量，社会则为高校的人才培养和科技创新提供资源支持，高校与社会联动既是高等教育发展之需，也是教育扶贫之需。在推进教育扶贫过程中，片区高校要通过不断拓宽筹资渠道，积极吸引社会各界投资、捐赠，并通过扩大社会合作，健全社会支持片区高校发展的长效机制，多渠道汇聚资源，既增强自我发展能力，又提高服务片区经济社会发展能力。

三是政府与社会联动，形成发展合力。政府是教育扶贫的政策制定者和制度安排者，在高质量高等教育扶贫中发挥着主导作用。社会是教育扶贫的推动者和参与者，在高质量高等教育扶贫中发挥着促进作用。只有政府和社会联动，才能提高扶贫效果。因此，政府要通过制定优惠性政策，鼓励有关部门和行业企业围绕培养区域经济社会发展所需人才、解决重大瓶颈等问题，加强与片区有关高校合作，通过共建、联合培养、科技合作攻关等方式支持片区高水平大学和优势特色学科建设，提高片区高校的高质量高等教育供给能力，为学生入读当地优质、特质大学提供更多选择。

第六章　规律探讨：高质量高等教育公平的趋势外推

高等教育改革既是一个历史继起的过程，也是一个解决现实问题的过程，更是一个不断创新的过程。在全面深化高等教育改革的过程中，我国政府积极运用政策杠杆和行政优势，统筹调配和积极创办优质、特质高等教育资源，大力促进高等教育公平，使越来越多的考生获得越来越多的优质、特质高等教育机会，掌握高质量的文化资本，实现了生存状况的改变和人生地位的变迁。但仍有为数不少人没有享受到高等教育改革的实惠，未能通过接受高等教育实现向上的社会流动，一些人在社会筛选中没有得到公平的对待，还持不满意的态度，高质量高等教育公平成为政策调整的着力点和突破口。全面回顾我国高等教育质量与公平政策，积极评价优质、特质高等教育公平现状，深刻反思政策制定、政策实施、政策监督问题，有利于在对社会呼声进行有效回应的基础上，建立起公平、高质量的高等教育体系，形成高等教育公平的支持策略和成果共享机制。面向未来，在我国社会经济可持续发展的美好前景中，政府、社会和个体对公平、高质量高等教育的需求与日俱增，高质量高等教育公平将成为一种普遍追求，需要我们从历史、现实和未来的维度把握发展规律。

第一节　从历史轨迹中探元高质量高等教育公平的发展规律

高质量高等教育公平政策是在排除智力、民族、性别等先赋因素后，通过政策安排使个体或群体接受更高质量、更加公平的高等教育，获得更高水平、更加充分的发展，实现更加顺畅的社会流动。高质量高等教育公平的实现是一个因地制宜、循序渐进的推进过程，既与经济社会发展有着千丝万缕的关系，也与国家教育政策调整始终处于互动之中。从新中国成立至今，我国高等教育政策促进质量公平的努力，大致可以分为以下三个历史阶段：(1) 1949—1976 年的公平政策初探；(2) 1977—1998 年的公平政策发展；(3) 1999 年至今的公平政策创新。分析发现，三个历史阶段的高等教育公平政策呈现如下规律：

一、政治根基：高质量高等教育公平的发展之源

美国教育家约翰·S. 布鲁贝克（John Seiler Brubacher）在论及大学的发展时指出，大学确立它的地位主要有两种途径，一种以认识论为基础，另一种以政治论为基础。持政治论的人认为，探讨深奥的知识不仅出于“闲逸的好奇”，而且还因为它对国家有着深远的影响①。正是基于高等教育对国家的政治影响，因此布鲁贝克宣称，“所有伟大的教育哲学家都把教育作为政治的分支来对待”②。无论高等教育质量的提升还是高等教育公平的发展，都是国家政治意志的集中体现。脱离政治力量的质量保障是没有根基的，脱离政治价值的公平也是没有生命力的。在我国高等教育发展的历程中，从来都是政治论取向的高等教育质量观和公平观占主流地位。近代以来，中国高等教育发展的政治取向变得更加明显，就像美国高等教育家克拉克·克尔（Clark Kerr）所描述

① 布鲁贝克.高等教育哲学[M].王承绪，等译.杭州：浙江教育出版社，2002：14.

② 布鲁贝克.高等教育哲学[M].王承绪，等译.杭州：浙江教育出版社，2002：15.

的那样，“国家的财富，过去从来没有像现在这样依靠高等教育的工作，通过高等教育做出的贡献，开发人力和积累知识，以及直到最近，有助于大国之间的军事竞争。国家政治的兴旺发达过去也从来没有像现在这样依靠高等教育帮助在全体人口中创造更大的机会，和打破留下来的阶级界限……由于这些以及其他的理由，高等教育对社会的太多部分和太多人民来说，已经变得太重要，以致国家不能完全不管”①。而随着政治论高等教育价值取向的发展，一个新的高等教育世界在中国诞生，高等教育为政治服务的意识在质量观、公平观中都有深刻的印记。

新中国成立之初，中央政府没有直接管理高等教育的实践经验，高等教育政策的制定实施在摸索中前行，高等教育公平的焦点是机会公平，具有很强的政治取向。1949 年通过的《中国人民政治协商会议共同纲领》提出的新民主主义教育方针，倡导民族的、科学的、大众的教育，掀开了新中国高等教育公平历史薪新的一页。1950 年，教育部《关于高等学校 1950 年度暑期招考新生的规定》提出，要对产业工人、革命干部及革命军人，以及社会主义国家学生和华侨学生进行政策优惠和优先录取，使高等教育入学机会分配走向“政治出身论”的政策轨道。1952 年，中国高校按照苏联模式和凯洛夫教育理论进行院系调整，要求历史悠久的老牌名校、综合性高校破除英式、美式高等教育体系，按苏式高等教育体系进行建设和招生，中国高等教育发展进入“无产阶级教条主义”时期。1957 年，毛泽东在省、自治区、直辖市党委书记会议上提出“教育必须为无产阶级服务”的方针，要求高校招生向工人阶级、贫下中农等阶级兄弟倾斜，并限制、剥夺被专政阶级的受高等教育权利，进一步强化高等教育入学机会分配的政治性。1963 年、1965 年高校招生规定明确将政治标准作为高校录取学生的一个优先考虑的范畴，要求高校对录取的学生进行政治审查，同等条件下优先录取工农和烈士子女，使高校招生的政治取向以制度化的形式得以体现。1966 年，

① 克尔.高等教育不能回避历史:21 世纪的问题[M].王承绪，译.杭州:浙江教育出版社，2005:48.

教育部《关于改革高等学校招生工作的通知》取消高考，高校招生走向以家庭出身和政治表现为依据的推荐选拔模式，这是一种“平均主义”的高等教育公平，为此后 10 年更多工、农、兵子弟进入高校学习创造了机会。这一时期的高等教育公平以“政治论”为基础，以政治运动为手段，以剥夺部分人的受教育机会而促进另一部分人的成功，因而是一种水平低下的、简单粗暴的公平。

二、能力本位：高质量高等教育公平的发展之魂

能力是学生进入高等教育系统并完成学业或者任务所体现出来的综合素质，是顺利成才所必需的主观条件，直接影响到高等教育效率与准能。由于人的心智素质不同，学生在完成学业或任务时所体现出来的能力有所不同。有的学生学术能力突出，适合于进入一流的学术型大学；有的学生应用能力不凡，适合于进入一流的应用技术型大学；有的学生实用能力强，适合于进入一流的职业型高等院校。按学生的能力大小赋予其相应的高等教育机会，既是高等教育合理分流的内在要求，也是高等教育公平的本质体现。

随着中国经济社会的发展，国家日益强调高等教育的绩效、经济价值以及高等教育与社区和地域社会合作，有关能力取向的入学标准受到国家政策的重视。1977 年，中国高等教育恢复高考制度，迅速消除了建立在血统、家庭出身基础上的教育歧视，确立了以考试制度为核心、以学习能力为标准、以机会均等为宗旨的公正政策。以分数面前人人平等的入学制度，在更大程度上排除了个人出身、家庭背景、宗教信仰等非学术因素，将个人的学术能力作为入学的根本标准，为不同家庭出身的考生进入重点大学提供了相对公平的竞争机会，在促进社会有序竞争、阶层顺畅流动、人才合理配置等方面产生了强烈的公平感，迄今仍被社会广泛认同为最能体现公平公正的入学机制①。1978 年召开的全国

① 张继平，董泽芳.高等教育入学公平的机制创新探析[J].国家教育行政学院学报，2015(12)：18-22.

教育工作会议，充分肯定了恢复高考对高等教育发展的重要性，认为考试能够保证高等教育质量的提高，但考试中的一刀切有损教育公平，需要采取相应的措施加以补偿。1983 年，教育部基于区域教育发展不均衡、高等教育发展不公平的状况，实施面向贫困地区的“定向招生，定向分配”政策，规定部属重点高校按一定比例实行面向农村或农场、牧场、矿区、油田等艰苦行业的定向招生，全面拉开高质量高等教育公平的序幕。1998 年《中华人民共和国高等教育法》制定并颁布实施，强调依法保障人人享有接受高等教育的权利，并规定国家要帮助家庭经济困难和边远山区及少数民族民族学生接受高等教育，为能力相同、出身不同的人公平地接受高质量高等教育提供了法制保障，中国高等教育公平从此走向法制化时代。这一时期的高等教育公平以能力为本位，高等教育公平水平有较大提升，达到“中满意水平”，但单向度的精英主义质量观使得高等教育的规模始终处于一种被严格控制的状态，民众的公平诉求被淹没①。

三、需求导向：高质量高等教育公平的发展之的

社会需求是高等教育政策创新的着力点和根本归宿，是大学得以繁荣发展的必要条件。没有需要，就没有学生；没有学生，就没有大学。在处于黑暗的中世纪的欧洲，大学因应社会的精神需求而曾被喻为黑夜里的一道亮光。“如今的大学已成为经济发展和国家生存绝对不可缺少的事物。过去在封建王侯和教会主教的羽翼下，大学被培育成为美丽的花朵，它不比宫廷中的乐师具有更多的推动经济发展的作用。”② 在市场经济体制下，社会需求是检验高等教育质量高低的一块“试金石”，是衡量高等教育公平程度高低的一个“测量仪”，是决定一所大学能否存在的重要标准。社会需要是和高质量的课程教学、高频率的师生交

① 张烨.走向高等教育质量公平：基于我国高等教育制度建构轨迹的思考[J].高等教育研究，2012(10)：8-13.

② 阿什比.科技发达时代的大学教育[M].滕大春，滕大生，译.北京：人民教育出版社，1983：12.

流、高期望的课程设置、高水平的创新训练联系在一起的，这些需要是学生编织地位梦、工作梦、收入梦、幸福梦、发展梦的基础。从大学生存发展的角度出发，高等教育改革发展的最终目的即在于提升高等教育质量、促进高等教育公平，满足社会的多元需求，除此之外，高等教育别无其他目的。

我国社会经济体制从计划经济向市场经济转型，导致人民群众的高等教育需求从数量公平向质量公平转变，为我国高等教育政策变革提供了依据。1999 年以来，我国推行高等教育扩招政策，高等教育入学机会得到实质性扩大，人民群众接受高等教育的数量需求得到较大满足。但是，伴随着高等教育规模的迅速扩大，高等教育的整体质量也日益被稀释，人民群众对低质量高等教育的批评越来越猛烈，对普质高等教育公平越来越不满意，越来越倾向于追求高质量高等教育公平。进入 21 世纪，高质量高等教育公平成为国家政策关注的重点领域和高等教育改革的战略要点。在 2001 年颁布的《全国教育事业第十个五年计划》中，国家首次将教育公平作为教育改革与发展的指导思想和基本原则，明确提出“坚持社会主义教育的公平与公正性原则，更加关注处境不利人群受教育问题”。2003 年，国家开始在北京大学、清华大学等部属重点高校推行自主招生政策，促进优质高校更加科学选才，学生更加公平入学，取得了较好的制度性突破，积累了改革的经验。2006 年，《中共中央关于构建社会主义和谐社会若干重大问题的决定》提出“坚持教育优先发展，促进教育公平”的方针，我国高等教育开始走上以内涵发展促进外延发展、以质量提升促进教育公平的轨道。党的十七大报告进一步指出，“教育是民族振兴的基石，教育公平是社会公平的重要基础”。2010 年中共中央国务院颁布的《国家中长期教育改革和发展规划纲要(2010—2020 年)》将促进公平作为国家基本教育政策，将提高质量作为教育改革发展的核心任务，充分体现出我国高等教育将促进公平与提升质量并重的变革思路。2012 年党的十八大报告强调要“着力提高教育质量”“大力促进教育公平”。同年，教育部颁布的《高等教育专题规划》指出，我国已经成为高等教育大国，但“相对于国家发展的新需求和人民群众的新期盼，必须清醒认识到，我国高等教育还不完全适应经济社会发展和人民群众接受良好教育的要求，同国际先进水平相比还有明显差距；管理体制和运行机制不完善，办学活力不足，办学特色不鲜明，提高质量已经成为高等教育改革发展最核心最紧迫的任务”。2013年党的十八届三中全会具体部署的深化教育领域综合改革进一步要求“坚守促进公平、提高质量的主线”，已将质量和公平作为一个问题的两个方面。2016 年政府工作报告提出“发展更高质量更加公平的教育”，2021 年政府工作报告进一步强调“发展更加公平更高质量的教育”，对高质量高等教育公平的核心内涵作出了科学而简洁的政策诠释，标志着我国高等教育改革走向质量公平时代。这一时期的高等教育政策强调质量与公平兼顾，并通过提升质量促进公平，由此使得高等教育公平水平不断向“满意水平”逼近。

概而观之，从我国高等教育改革发展的整体走势来看，政策话语对高质量高等教育公平问题的关注呈低起点、快提升的特点。在文凭的筛选功能还没有完全消失的情况下，人们对高质量高等教育的追逐就不会停止，每个人特别是中低社会阶层的社会成员都希望通过接受高质量的高等教育来实现向上的社会流动，改变自己的不利处境。一切事关高质量高等教育入学公平的问题，终究不能只靠修修补补来解决，而应采取系统的策略和机制，着眼创造更加公平正义的社会环境和制度体系，不断克服各种有违公平正义的现象，使改革发展成果更多更公平惠及全体人民。一言以蔽之，高质量高等教育公平不仅需要临时性的政策补偿，更需要借助高等教育综合改革的东风，建立持续长久的机制保障，高等教育公平之路才会走得更彻底、更长远。

第二节　从现实考量中寻找高质量高等教育公平的发展规律

在科学技术日新月异的当今社会，知识经济的大潮正在悄然来临，社会生活的各个方面几乎都正在受到知识经济的冲击，人类社会正在进入知识经济时代和知识社会，开始了从工业社会向知识社会的转型发展，这是又一场社会形态的大变革。在这场社会形态的大变革中，中国高等教育已站在一个全新的历史起点上，质量建设达到新高度，公平水平实现新提升，中国高等教育步入改革发展的“深水区”，进入全面深化的新阶段。然而从现实来看，陈腐的教育观念、落后的教育思想以及僵化的教育体制依然制约着我国高等教育的改革与发展，全面深化高等教育改革需落实的任务与责任之重、应对的矛盾与挑战之多、涉及的对象与利益之杂，均前所未有。积极应对高等教育质量与公平的现实考量，确保提升质量与促进公平沿着既定的路线图顺利进行并取得成功，需要协调好以下方面的关系：

一、育人为本与需求导向并重

坚持育人为本与坚持需求导向是两种不同的高等教育目的价值取向，既对立又统一。坚持育人为本就是要以学生为主体，充分发挥学生的能动性，把促进学生成人成才作为一切工作的出发点和落脚点，关心每个学生，为每个学生提供适合的教育，造就大批高素质的拔尖创新人才。坚持需求导向就是高等学校的人才培养要以社会为风向，观照经济结构转型与社会发展的需要，着力提高学生的社会适应性和服务国家人民的社会责任感、勇于探索的创新精神、善于解决问题的实践能力，造就国家、社会和人民需要的有用之才[①]。妥善解决“育人本位”与“需求本位”的问题，需要坚持育人为本和社会需求并重价值理念，从人的发展与社会发展的统一性入手，把促进学生本性、本能的发展与促进社会发展有机统一起来。党的十八大报告提出，“把立德树人作为教育的根本任务”，把促进人的全面发展和适应经济社会需要作为衡量人才培养水平的根本标准，培养信念执着、品德优良、知识丰富、本领过硬的高素质专门人才和拔尖创新人才。只有把育人为本和适应社会需要结合起来，全面深化高等教育改革才不会走弯路、错路。坚持育人为本和社

① 李玉梅，葛育新.论需求导向的高等教育发展[J].中国高等教育，2011(11)：58-59.

会需求并重的高等教育目的价值取向，本质要求是以人的全面、自由、和谐发展为中心，增强高等教育综合改革的使命感、责任感，为经济社会发展、民生福祉改善提供人才与智力支撑；核心内容是优化人才培养目标，改革人才培养模式，完善人才培养过程，提高人才培养的社会适应性；根本方法是走中国特色社会主义高等教育发展之路，推动社会主义核心价值观入脑入心，牢固确立人才培养在高等学校工作中的中心地位，创新人才培养机制，尽可能为每个学生提供各得其所的教育，让每个学生都成为社会需要的有用之才，让每个学生的工作梦、收入梦、幸福梦都能实现。

二、内部治理与外部监督融合

促进内部治理与外部监督有效融合，协力推进治理体系和治理能力现代化，是全面深化高等教育改革的重要内容。完善内部治理结构是高校提升自身治理水平与办学能力的内在要求，加强外部监督是促进高校激发办学活力与提升教育品质的有效手段，二者不可偏废。随着高等教育进入大众化的中后期，高等教育发展逐步从要素驱动转为改革驱动，从封闭发展转为协同发展，通过内外部管理制度创新激发和释放发展活力，已成为高等教育综合化改革的必然要求。党的十八届三中全会在部署高等教育领域综合改革时提出，要实施管办评分离，加快政府职能转变和简政放权，构建政府、高校、社会新型关系，形成三者之间目标一致、职责明确、良性互动的治理格局，为高等教育管理制度改革指明了方向。在实践中，要形成高校内部治理与外部监督相融的运行机制，促进政府管理、社会参与和大学自治和谐一致，共同建设真正的现代大学制度，需要强化政府的治理意识，突出政府在高等教育管理中的主导作用，变直接管理为间接管理，变微观管理为宏观管理，变教育提供者为教育质量的监督者、保证者，减少对高校办学过程中内部事务的干预，扩大高校的办学自主权①；需要完善高校内部治理结构，加快形成以章

① 陈昕.基于不同层面要求的高等教育去行政化探析[J].现代教育管理,2011(5):6-8.

程为统领的完善、规范、统一的制度体系，加强学术组织建设，完善民主管理和监督机制，形成科学决策、权力制衡、学术治校、民主参与、有效监督的大学治理结构；需要注重外部监督，加快高校法律与政策系统、管理与信息系统、投资与融资系统建设，形成科学有效的制约和监督体系，促进高校办学主动接受社会的民主监督、司法监督、舆论监督。

三、有效激励与合理约束兼顾

全面深化高等教育综合化改革是一种激励与约束相容的过程，有效的激励与合理的约束相互配合，会产生积极的管理效果。激励机制是从整体角度出发，通过物质奖励、精神鼓励等方式强化高校办学行为朝着社会期望的方向和要求发展，从而达到调动办学积极性、提高质量的目的。约束机制是从抑制角度出发，通过制度约束、合同约束、环境约束等措施杜绝高校办学与国家期望、社会期望、家庭期望、学生期望方向不一致的行为发生。激励与约束都是以制度化为基础、以利益诉求为纽带的管理系统，是一个问题的两个方面。要建立有效的激励与约束机制，就必须把握高等教育主客体的需求动机，促进激励与约束手段协调配合，才能达到国家利益、社会利益和高校利益彼此统一。对此，高等教育管理体制改革不能走行政命令的老路，而应从多方面进行体制机制创新，包括：建立激励与约束相互补充的队伍建设机制、学科建设机制、专业建设机制等，鼓励高校之间公平竞争，突出建设绩效，充分激发高校内生动力和发展活力，引导高等学校不断提升办学质量和水平；建立激励与约束相互配合的财政资助机制，使资金分配既充分考虑高校办学水平与特色，又适当观照办学基础与条件，在公平竞争中既体现扶优扶特的原则又体现扶贫扶弱的导向；建立激励与约束相互支持的高等教育质量评价机制，积极采用第三方评估，根据雇主满意度评价结果，对雇主满意度高的高校适当加大政策支持力度，采取招生控制等手段敦促社会满意度低的高校改善教育教学状况。

四、加快发展与保持稳定共济

加快发展与保持稳定是事关高等教育综合化改革成果的两个关键要素。加快发展，就是要坚定不移地执行改革的总方针总政策，沿着新的路线图敢试敢闯，开拓进取，勇于冲破思想观念的障碍，打破传统体制机制的桎梏，突破利益固化的藩篱，把改革作为思维习惯和工作新常态。保持稳定，就是全面深化高等教育综合改革要循序渐进，精心谋划和反复研究，注意选择恰当的时机和适宜的方式方法，及时总结经验和纠正偏差，把负面影响、不利因素和改革成本降到最低，确保改革有序推进、达到预期目标，而不能头脑发热、盲目冲动、急功近利，避免产生新的矛盾和问题。加快发展是建设高等教育强国的活力之源，是实现长期稳定的基础；保持稳定是建设高等教育强国的有力保障，是加快发展的根本要求。当前，我国正处于社会转型的急速期和矛盾冲突的多发期，成为影响社会稳定的重要因素，在一定程度上影响到高等教育的发展。正确处理加快发展与保持稳定的关系，必须从我国基本国情和高等教育发展要求出发，找准方向目标与着力点，把握改革脉搏与内在规律，坚持加快发展与保持稳定的高度统一。在以发展促稳定方面，高等教育改革要以人民群体接受更高质量的高等教育、实现更高水平的就业作为各项工作的最终目标和最高检验标准，把改革的力度、发展的速度和社会可承受的程度统一起来，在保持社会稳定的基础上使改革大踏步前进。在以稳定促发展方面，高等教育改革要以人民满意为根本出发点，充分尊重人民群众主体地位与教育利益，切实发挥人民群众的首创精神与集体力量，紧紧依靠人民群众推动改革，让发展成果真正由人民共建共享。

五、顶层设计与基层创新联动

全面深化高等教育改革既需要有顶层设计、线路图及时间表，也需要群众的基层创新，但顶层设计能否得以全面体现，线路图能否得以切实遵循，时间表能否得以严肃执行，都取决于基层民众的态度与行为是否符合改革要求[1]。可以说，顶层设计与基层创新同等重要。国家的顶层设计为人民群众接受更高水平、更加满意的高等教育描绘宏伟蓝图，而人民群众的首创精神和实践创造是全面深化改革的力量源泉。高校、地方的改革要找准方向，就离不开国家层面的顶层设计；国家层面的战略规划、改革方案要在高校和地方落地生根，必须鼓励和允许不同地方进行差别化探索，支持和首肯不同层次类型的高校进行差异化发展。在某种程度上，全面深化高等教育改革的任务越重，越要重视顶层设计与基层创新的良性互动，解决好教育方针政策、战略规划及改革方案与实际相结合的问题、利益调整中的阻力问题、推动改革落实的责任担当问题，把改革落准落细落实，使改革设计更加精准地对接社会所需、高校所盼、民心所向。一方面，高等教育综合改革要以科学的顶层设计引领基层创新，无论战略规划的制定还是制度框架的设计都要遵循高等教育规律，注重政策方针的连续性、战略目标的长远性、制度设计的全局性和科学性，重视在改革中以系统化防止碎片化，以规范化防止失范化，以协调防止紊乱，以长远规划遏制短期行为，为高校和地方的改革提供行动指南。另一方面，高等教育综合改革要以基层创新作为检验顶层设计是否科学合理的试金石，通过加强思想引导，健全基层组织设置，建立与基层改革实际需要相匹配的权责体系，完善评价考核和激励机制，推动教育行政部门的管理职能下沉，形成鼓励基层改革创新的氛围与合力，从社会之用、家长之需、学生之能找到高等教育改革的目标与方向。

六、整体推进与重点突破协调

以重点突破带动整体推进，以整体推进统筹改革大局，是中国高等教育改革发展的重要实践经验之一。从整体推进的角度出发，高等教育是一个由多种要素构成的有机整体，其中任何一个部分都不能脱离整体而发生根本性变化。全面深化高等教育改革作为一场深刻而全面的社会

① 吴康宁.自我革命：全面深化教育改革绕不过去的坎[J].江苏高教，2014(3)：1-6.

行动，各方面相互联系相互影响，必须整体推进，才能防止顾此失彼。从重点突破的角度出发，入学机制、管理体制、就业政策、扶贫开发等重要领域和关键环节的改革是解决发展中矛盾的支撑点，每一个领域都涉及高等教育的整体和全局，“牵一发而动全身”；每一项举措都关乎千万个家庭的幸福、关乎千万个学生的成长，“一子落而满盘活”。高等教育综合改革必须分清轻重缓急，找到突破的重点，环环相扣，步步为营，激发带动全局的力量。处理好整体推进与重点突破的关系，促进高等教育综合改革取得实质性进展，一方面要求我们按照抓主要矛盾和矛盾主要方面的思路，以影响高等教育发展全局、关系人民群众切身利益的领域和环节作为重点和突破口，不失时机地推出新的改革举措，集中力量办大事、办难事，务求在保证质量、促进公平、提升效率等方面取得突破性进展，让人民群众看到教育的希望，为全面深化改革提供牵引和推动力量。另一方面要求我们破除一切妨碍高等教育事业创新、协调、绿色、开放、共享发展的思想观念和体制机制弊端，既加强国家层面的总体统领又充分尊重地方行政部门、高等学校的首创精神，把自上而下的宏观改革与自下而上的微观探索结合起来，释放更多教育改革的“制度红利”，为建设高等教育强国和人力资源大国注入强大动力。

第三节　从未来趋势中预测高质量高等教育公平的发展规律

在经济全球化、知识经济和颠覆性信息技术的冲击下，高等教育发展面临着根本转型。高等教育要面向现代化、面向世界、面向未来，就必须更新理念、提高质量、增强效率、促进公平，使整个高等教育事业同国民经济建设和社会发展的要求相适应。邓小平同志指出：“现代经济和技术的迅猛发展，要求教育质量和教育效率的迅速提高。”中国高等教育要在未来的竞争中勇立潮头，就要科学预测高等教育的发展规律，以长远的、历史的战略眼光办好当前的教育。

一、高质量高等教育公平的发展理念探新

构建高质量的高等教育体系是提升高等教育公平水平的重要内容与追求。在全面深化高等教育综合改革的过程中，我国高等教育正从“以量谋大”向“以质图强”转变，提高质量、增强高质量高等教育供给成为高等教育公平的新期待和新要求，高等教育改革必须着力发展理念创新，从以下十个方面致力于高质量高等教育体系建设。

（一）更新观念，追求卓越发展

构建高质量高等教育体系，必先在思想上有卓越的品质追求。这种卓越性，源自教育观念的不凡追求，是推动高等教育卓越发展的内在力量。丁学良教授将这种力量概括为“软的力量”，认为大学的教育观念是这种软力量的发源地[①]。教育实践证明，卓越的教育观念使“大象也能跳舞”，哈佛大学、耶鲁大学、斯坦福大学即是在追求卓越中成就世界一流；缺少卓越的追求，曾经杰出的大学也会变得平庸，柏林大学在近代走向衰落就是最好的例证。新形势下我国高等教育正面临着国际竞争的新挑战、市场经济的新要求、外部环境的新考验、家长学生的新选择，这些都对高等教育的卓越发展形成长期复杂的影响。不少高校在改革的洪流中意识不到裹足不前的危险性，习惯于用规模扩张的老办法，走粗放经营的老路子，突不破“低质发展”的窘境。办学观念滞后的危险性、办学思路僵化的危险性、办学目标脱离社会的危险性和创新能力严重不足的危险性，更加尖锐地摆在所有高校面前。卓越作为全面深化高等教育改革的一种价值追求，首先在于思想和精神的崇高与远大[②]。欲求卓越，使高等教育从低质发展走向优质发展、特质发展，从平凡走向非凡，必须彻底解放思想，转变发展观念，拓宽发展思路，抛弃传统的“以规模论英雄”的惯性思维，牢固树立以质量求生存谋发展的意识，同时建立健全高等教育质量评估体系，形成专业动态调整和末位淘

① 丁学良.什么是世界一流大学？[M].北京：北京大学出版社，2004：31.

② 林新宏.现代大学该如何追求卓越[N].中国科学报，2012-01-16.

汰机制，确立以质量为核心，以学生、家长、雇主满意为导向的评价机制，这样才会使高校有“等不起”的紧迫感、“慢不得”的危机感和“坐不住”的责任感，沿着提高质量、加快发展的路线图敢闯敢试，保证高等教育改革更加有力有序有效地推进。

（二）加大投入，保证优先发展

稳定充足的经费投入是高等教育优先发展的物质基础，也是建设高质量高等教育体系和人力资源强国的有力保证。当今世界，各国均把加大投入、提升高等教育质量作为富民强国的根本举措，充分体现高等教育优先发展的战略决策。发达国家为保证高等教育优先发展，一方面通过加大政府拨款额度，保证高等教育的财政性投入。2005 年，美国、加拿大、韩国高等教育占 GDP 的比重分别高达 2.9%、2.6%、2.4%，我国在 2007 年仅达 1.41%[①]。另一方面通过政策性优惠促进大学拓宽经费筹措渠道，形成广泛的经费来源。2005—2008 年，美国公立大学经费来源包括联邦政府拨款（13.72%）、州政府拨款（27.38%）、本地政府拨款（6.51%）、学杂费（17.08%）、附属企业及医院收入（16.45%）、私人及企业捐赠和永久性赠与（5.08%）、投资收入（3.88%）和其他来源（9.9%）[②]。如果说我国高等教育质量整体不高，投入不足是重要的原因之一。同发达国家相比，我国高等教育经费筹措机制相对单一，主要依赖于政府拨款、学生学费和少量社会捐赠，政府的“大饼”摊薄之后，每所高校所分到的“羹”相当有限，导致不少高校日常运营困难，发展举步维艰，迫切需要实施优先发展战略，建立双管齐下的投入机制，其着力点在于：充分发挥中央和地方两级政府的合力作用，提高财政性高等教育经费支出占 GDP 的比重，建立高等教育投入优先增长机制；充分发挥国家和市场“两只手”的互补作用，通过实施教育捐赠、教育服务贸易税收优惠等政策，调动企业、社会、个人

① 马国贤，马志远. 教育支出占 GDP 的比重：国际比较与政策建议[J]. 教育发展研究，2009(3)：8-12.

② 陈晓娟，柯振埜. 美国高等教育投入的借鉴和启示[J]. 中国高校科技，2012(10)：34-36.

捐资投资的积极性和高校增加服务性收入的主动性，建立全社会、多渠道的高等教育投入机制。

（三）制度创新，助力自主发展

制度创新是提高政府管理效能、充分凝聚各方力量发展高等教育的重要路径，也是落实和扩大高校办学自主权、推动高等教育自主发展和全面提高高等教育质量的关键所在。改革开放以来，我国高等教育制度改革不断深化，高校办学自主权日益扩大，政府、高校、社会之间的关系逐步理顺，但政府管理高等教育还存在职能越位、缺位、易位现象，高校自主发展、自我约束机制尚不健全，社会参与高等教育治理和质量评价还不充分，高等教育低效、低质发展问题还比较突出。党的十八届三中全会出台的《中共中央关于全面深化改革若干重大问题的决定》提出，“深入推进管办评分离”，厘清政府、高校、社会之间的权责关系，形成政府依法管理、高校依法自主办学、社会广泛参与的格局，为高等教育制度创新和高校发展战略转移指明了方向。而要真正落实管办评分离，使高校成为质量保证的主体，形成内涵式自主发展动力，必须进行三个方面的创新：一是创新管理制度。政府要以简政放权为突破口，退出直接生产者的角色，突出管理者的角色，形成政事分开、权责明确、统筹协调、规范有序的管理体制，在有条件的高校，可以尝试开展负面清单管理模式，清单之外的事项高校可自主施行。二是创新办学体制。要坚持大学自治的原则，支持高校科学选拔适合自身特性的学生，培养特定领域的高水平人才；支持高校根据经济社会发展需求自主调整优化学科专业，造就适销对路的高素质人才；扩大高校自主开展教学科研、人事管理、经费使用等权限，使高校能根据自身实际选择合适的发展道路。三是创新质量评价机制。要逐步引入市场机制，将委托专业机构和社会组织开展高等教育质量评价纳入政府购买服务范围，建立有利于提升评价权威性和公信力的第三方评价机制，减少政府对高校发展的干预。

（四）弥补短板，推动持续发展

培养高质量人才是塑造高等教育的今天和明天、实现可持续发展的内在要求①。“大众创业、万众创新”时代，高等教育的重要使命在于通过创新创业教育改革，培养大量具有创新精神、创新能力的高质量人才，为国家实施创新驱动发展战略、促进经济提质增效升级提供充足的人力资源。培养高质量的创新创业型人才，离不开高质量的人才队伍、前瞻性的培养体系、科学化的学科结构，这恰是我国高校人才培养的“短板”，对高等教育可持续发展产生“抑制效应”。从人才队伍建设来看，高校普遍存在高层次领军人才匮乏、队伍创新能力不强和体量不足的问题；从人才培养模式来看，高等教育发展的软肋集中表现为工具主义的价值取向使人才培养重知识轻实践，官本位文化意识使人才培养唯官不唯实，竞争机制缺乏使人不能尽其才、物不能尽其用；从学科建设来看，高校共同的弱项是学科创新意识缺乏、学科设置重复和前瞻性不足，阻碍着创新创业型人才成长，成为制约我国经济转型升级和产业结构调整的瓶颈。弥补人才培养短板，造就高质量的毕业生，高校要适应经济社会发展对高素质人才的需求及国家的战略发展目标，加快人才工作体制改革，更加注重高层次人才的引进和培养，实现人才总量稳步增长、人才素质大幅度提高、人才竞争比较优势明显增强、人才使用效能明显提高，造就一支师德高尚、业务精湛、结构合理、充满活力的师资队伍；要积极开展教育教学改革，把创新创业教育融入人才培养体系，大力推进高校与政府、社会、行业企业协同育人，厚植大众创业、万众创新土壤，增强学生的创业意识、创新精神和创造能力；要统筹兼顾国家经济社会发展重大需求与高校办学特色和学科优势，统筹兼顾学科发展现实基础与建设高质量大学的未来需求，加强学科发展体系的顶层设计，优化学科设置，打造特色优势学科群。

---

① FADEEVA Z，GALKUTE L，RAZAK D A. Higher education for today and tomorrow：university appraisal for diversity，innovation and change towards sustainable development [J]. Sustainable science，2010，5(2)：249-256.

（五）调整结构，促进共享发展

高等教育布局结构调整直接关系到高等教育资源的合理分配与教育公平，决定着高等教育的发展及其功能的发挥，影响到改革成果的共享及整个社会政治、经济、文化的和谐发展。以高等教育布局结构调整促进共享发展，确保高等教育发展为了人民、发展依靠人民、发展成果由人民共享，是实现更高质量、更高水平发展的目标要求，是全体人民共同进入小康社会的行动准则。当前，制约高等教育发展成果充分共享的障碍有两方面：一是优质高等教育资源稀缺。我国现有普通高等学校 2 529 所[①]，但部属重点高校及省部共建高校数量偏少，高等教育整体实力不强，可共享的优质成果不足。二是优质高等教育分布不均，高水平大学东部多、中西部少，这与区域经济的东、中、西梯度发展呈正相关性。在我国经济加速发展的过程中，优质高等教育的区域差异有进一步拉大的趋势，如广东从 2015 年起，3 年将投 50 亿元建设一批高水平大学，入选的 14 所高校成为“一流”后，将进一步扩大广东优质高等教育增量[②]。毋庸置疑，东部高等教育的快速发展固然能起到“火车头”的作用，但若不采取切实有效的措施促进中西部高校发展，高等教育不公平问题将愈演愈烈，成果共享只能停留在口头上而无实在的内容。在高等教育领域落实发展成果的共建共享，需要在扩大优质高等教育总量的基础上，着力保证中西部高校更快发展，缩小东、中、西部的区域差距，建立“中西并进”的共享机制，深入推进“中西部高等教育振兴计划”，优化中西部优质高校布局，继续做好“中西部高校基础能力建设工程”“中西部高校提升综合实力工程”和对口支援西部地区高校工作，加大教育资源配置向经济欠发达地区倾斜的力度，使优质高等教育机会和教育成就在社会全体人口中的分布更加均衡、更加公平。

---

① 中华人民共和国统计局.普通高等学校数：2014[EB/OL].[2021-10-15].https://data.stats.gov.cn/easyquery.htm? cn=C01&zb=A0M05&sj=2014.

② 韦英哲.中山大学等 7 校入选广东高水平大学建[N].信息时报，2015-07-03.

（六）扩大交流，谋求开放发展

开放发展是借力国外优质、特质资源建设高质量高等教育体系的必由之路。在全球化、信息化不断发展，跨越国界高等教育活动与交流日渐增多的背景下，高等教育国际化已成为一个不以人们的意志为转移的客观存在。开展多层次、宽领域的国际交流与合作，统筹国内外两种资源，吸纳国外优良的教育资源、成功的教育经验和先进的办学模式，是提升高等教育质量、扩充高质量高等教育容量的必由之路。《国家中长期教育改革与发展规划纲要（2010—2020 年）》提出，“到 2020 年，建成一批国际知名、有特色高水平高等学校，若干所大学达到或接近世界一流学水平，高等教育国际竞争力显著增强”。实现这一目标，中国高等教育要以开放扩大对外交流合作，加快“引进来”与“走出去”的步伐，多方汇聚办学资源，提升办学实力。在“引进来”方面，要通过多种形式引进和利用国外优质、特质高等教育资源，促进国外高质量高等教育本土化，包括吸引国外知名大学、教育和科研机构以及企业，合作设立教育教学、实训、研究机构或项目，鼓励高校开展多种形式的国际交流与合作，办好若干所示范性中外合作高校和一批中外合作办学项目；吸引更多世界一流的专家学者来国内高校从事教学、科研和管理工作，有计划地引进海外高端人才和学术团队，提高高等学校聘任外籍教师的比例；吸引国外优质课程教材资源，鼓励引进国外优秀教材，提高高校教学质量。在“走出去”方面，要坚持“支持留学、鼓励回国”的方针，加强出国留学工作，一方面通过创新和完善公派留学机制，选拔更多优秀学生进入国外高水平大学和研究机构学习；另一方面通过加强对自费出国留学的政策引导，加大对自费留学生的资助和奖励力度，培养科技、教育、经济、文化等领域的领军人物，为实施科教兴国、人才强国战略和建设创新型国家培养高素质国际化人才。

（七）加快转型，引导协调发展

地方高校向应用技能型高校转型是高等教育内涵式发展的重要内容，也是普通高等教育与职业高等教育协调发展的现实要求。地方高校转型发展有利于形成高质量的普通高等教育体系和高质量的职业教育体系并存的格局，建立两种高等教育优势互补、良性互动的机制，促进毕业生更高水平、更加充分的就业，增强高等教育发展后劲，使单项发展的动能聚合成辩证发展、系统发展、整体发展的强劲势能。在过去几十年里，我国一直存在重普教轻职教的认识偏差，普通高等教育与职业高等教育相互隔离，缺少融通，普通高等教育相对过剩，职业高等教育相对落后和高质量的技术工人培养不足，不仅造成中国制造业在当前全球化形势下高质量应用技能型人才匮乏的尴尬局面，而且迫使全体高校拥挤在狭窄的普通教育胡同里。当今中国高等教育正在经历发展的两难困境——高校办学规模不断扩大，招生却日益困难；高校毕业生逐年增多，用人单位却难以招到高质量的适用人才。改变高等教育单一发展的偏好，促进高等教育协调发展，要有轻重缓急，按高等教育各要素的内在逻辑①，确立普通高等教育与职业教育并重，加快构建以就业为导向的现代职业教育体系，建立学分积累和转换制度，并打通从中职、专科、本科到研究生的上升通道，引导一批普通本科高校向应用技术型高校转型，为社会经济发展培养大量急需的应用技能型人才，这既是政府与社会的需要，也是学生及其家长的期盼，对于扭转当前就业市场上高质量应用技能型人才短缺的失衡状态，让每个学生都成为社会需要之才和有用之才，都具有重要价值。对此，地方高校不能畏缩不前，而要痛下决心，将高质量的技术人才培养置于高等教育的核心地位，转型发展之路才会走得坚定、彻底。

（八）合理分类，坚持特色发展

办学特色是高校提高质量和形成竞争力的核心。不同层次与类型的高校所承担的职责不同，创建一流的标准和彰显特色的方式也应不同。一流的部属重点大学在于培养高质量的学术型人才，一流的地方本科院校在于培养高质量的应用型人才，一流的高职高专在于培养高质量的技能型人才，这是高等学校按规律办学、展现个性特色的本质要求。遗憾

① 孙绵涛.现代教育治理体系的概念、要素及结构探析[J].教育研究与实验，2015(6)：52-56.

的是，由于我国高等教育评价体系单一化，加之评价理论研究滞后、政策引导不到位，全国高等学校出现分类不清、定位不明、发展方向趋同的现象[①]。一般本科院校罔顾自身特色而向部属重点大学看齐，高职高专忽视自身个性而盲目追求学术化，不仅产生“千校一面”“千人一面”的现象，也使众多高校失去追求一流的勇气。推动高等教育从同质发展向特质发展的转变，必须建立适合我国国情的高等教育分类评价体系，促进不同层次与类型的高校展现个性、办出特色、提高水平。对于国家而言，促进高等教育特质发展的重点是要建立科学合理的高校分类体系和高等教育评价机制，通过分类管理和分类评价，引导高校在分类体系当中找到自己的位置，以便各展所长，办出特色和水平。对于各级政府而言，保证高等教育特质发展的关键是要统筹规划，做好政策引导和监督管理，为高校的理性定位、展现个性和特色发展提供政策支持和竞争空间。对于全体高校而言，追求高等教育特质发展，关键是要合理定位，确立符合自身实际的发展目标，坚持个性发展，有所为有所不为，在自身所属领域办出特色，成为同类型中的一流、同层次中的一流抑或同行业中的一流。

（九）聚焦需求，走向多元发展

培养多元化、多规格的高质量人才，既是大众高等教育发展的一个显著特征，也是社会经济加速发展的迫切要求。我国经济结构转型升级和产业结构调整既需要高质量的知识型、学术型、科研型人才，也需要高质量的应用型、职业型、技术型人才，由此使得高等教育从办学目标到办学体制转变、从学科专业布局到人才培养模式变革、从质量评价标准到运行机制改革，都渐显着与社会经济结构相关联的多元化发展趋势。适应社会需求结构的变化，学生对高质量高等教育的追求也呈现多元化趋势，有人向往学术声望显赫的部属重点大学，有人憧憬办学特色鲜明的行业型、应用型、专业型、区域型本科院校，有人景仰就业质量优异的高职高专。在未来社会里，多元化的高质量高等教育在社会经济

① 潘懋元，董立平.关于高等学校分类、定位、特色发展的探讨[J].教育研究，2009(12)：33-38.

发展中将有着更加旺盛的需求，而赋予每个学生所需要的高质量高等教育机会，则是我国高等教育发展的紧迫任务。因应这种需要，中国高等教育发展必须以多样化的人才观为前提，以多元性的社会需求为导向，确立多元化的人才培养目标，使高校生源渠道、入学标准、招生形式及人才选拔标准和机制更加多元，以满足不同类型与层次高校培养目标的需要；形成多元化的办学模式，淡化高等教育的层级界限，明晰学术为主型高校与教学为主型高校的责任，既培养高质量的学术型人才又培养高质量的应用技术型人才；构建多元化的高等教育质量标准，建设多元性、高质量的高等教育体系，破解我国高等教育“大而不强”“多而不优”的难题，使人才培养与社会需求走向无缝对接。

（十）增强效益，实现跨越发展

增强办学效益是提升高等教育质量、实现高等教育跨越式发展的重要途径。所谓高等教育跨越式发展，就是要坚持以改革的精神和办法扫除制约教育质量提升的种种障碍，集中有限资源扶优扶强扶特，建设既多又优的高质量大学，为经济社会发展提供强有力的人才支撑。从高等教育发展的一般规律来看，高质量大学的形成需要时间的磨砺、历史的沉淀和文化的积淀，需要长期建设。但从国内外不少高质量大学的建设来看，只要找准大学发展的切入点和突破口，切实增强办学效益，提高办学水平，在短时间内建成高质量大学也是完全可能的。例如，英国的沃克大学在短短 35 年内创造了世界一流的奇迹，中国的香港科技大学建校仅 14 年就跨入世界 100 强的行列。我国高等教育资源短缺，加之办学效益不高，在很大程度上制约着办学条件和办学水平的改善，影响到高质量大学建设与高等教育发展，需要采取两大措施加以解决。一方面，国家要通过创造良好的投资环境，推进高等教育投融资体制改革，引入市场融资机制，广泛吸纳社会资金投入，拓宽筹资渠道，建立高等教育投资滚动发展的良性运行机制，逐步形成政府投入为主、社会各方力量共同参与的多元化社会投资新模式。另一方面，教育主管部门要建立健全办学效益评估机制，正确引入竞争、激励机制，使所有高校都争效益、求质量，千方百计盘活现有资源存量，发挥办学资源集聚优势，提高资源使用效益，确保有限资源发挥最大效力。

二、高质量高等教育公平的发展动力追寻

社会发展与高等教育创新始终处于互动之中。高等教育创新是社会发展的产物和有机组成部分，社会发展为高等教育创新提供了合适的土壤。在全面建设小康社会的征程上，高质量高等教育公平发挥着先导性、基础性和战略性的作用。加快高等教育改革与创新，为高等教育质量与公平提供不竭动力，既是促进我国经济社会可持续发展的必由之路，也是建设高等教育强国，实现中华民族伟大复兴的必然选择。

（一）遵循社会发展规律，调整高等教育目的

高等教育目的既受高等教育自身规律的制约，也受社会发展规律的制约。高等教育目的不是超社会、超历史的，而是有其现实的本原的。人们提出的形形色色的高等教育目的，既是高等教育自身发展需要的反映，也是社会对其成员质量规格的客观要求在他们意识中的客观反映，是高等教育所处时代的产物。高等教育目的的发展变化，必然随着社会的发展变化而变化。几十年来，我国的高等教育目的一直存在“五过”——过窄的专业范围、过重的功利导向、过弱的人文素养、过强的共性制约和过多的思想禁锢。面向未来，我国高等教育目的必须进行以下创新和调整：

一是从塑造专才到培养通才。通才与专才相比，拥有更广泛的知识储备和更全面的技能，具有宽口径、厚基础、适应性强的特点，且综合素质较高，在竞争中被淘汰的概率更小。在社会分工日益精细化的市场经济体制下，职业岗位的变化更加频繁，个人很难终生只从事一种职业，市场经济更需要多类型、多规格、多层次的通才。高等教育人才培养的目的，要从塑造专才向培养通才方向转变，“知识与能力的培养，要由精专向广博方向发展，要推动通识教育，着重培养复合型人才”①。

二是从培养精英到服务大众。精英教育与大众教育是高等教育的两

① 顾冠华.论通才与专才[J].上海高教研究，1997(11)：5.

个发展方向：精英教育以极少数人为主的特权阶层为教育对象，着力培养社会精英，是低水平公平的教育；大众教育尊重多数人的权利，通过开办多样化的高等教育机构满足人们对高等教育的需求，是中等公平水平的教育；普及教育将接受高等教育作为一种义务，是人人均可享有的高等教育，是高水平公平的教育。从精英教育到大众教育，再到普及教育，既是国际高等教育发展的趋势，也是中国高等教育发展的必然趋势[①]。在此过程中，大学教育的目的将发生根本性变化，一所大学既要承担培养学术精英责任，更要承担服务大众的使命。高等教育不是以牺牲精英教育为代价去实现大众化教育，而是在坚守高等教育质量底线的基础上去解决国家产业结构调整和经济社会发展对多元人才的需求问题。

三是从个人本位到社会本位。个人本位论者主张根据人的本性中的自我完善来确定教育价值，社会本位论者把满足社会需要视为教育的根本价值。高等教育的目的，既在于促进人的个性充分而自由地发展，更在于推动社会的变迁与发展。培养有用的国家公民是现代大学教育的目的，也是一切高等教育的目的。现代大学教育的中心内容就是通过个人本性的完善来实现为国家服务的目的。因此，现代高等教育根本目的在于，通过个人的完满发展而实现国家社会的发展。从这种意义上讲，高等教育对国家发展的作用是前所未有的，高等教育应该通过执行其正常的职责直接或间接地改变社会。

（二）适应社会发展需要，扩充高等教育规模

高等教育因满足社会的需要而产生，也随着社会的发展而发展。高等教育规模增长的速度，必然受到社会生产力发展水平的影响和制约。在很大程度上，“教育事业发展的规模和速度归根到底是被生产力发展的水平和状况决定的，一定的教育必须与一定的生产力发展相适应，这是学校教育在社会发展上必须遵循的规律”[②]。在知识经济蓬勃发展的

① 潘懋元.精英教育与大众教育[J].中国高教研究,2001(12):1.

② 王道俊,郭文安.教育学[M].北京:人民教育出版社,2009:52.

现代社会里，高等教育规模的扩充必然会加剧社会竞争，进而出现就业困难等问题，但如果因此而限制高等教育规模扩充，必然会使高等教育发展的规模和速度落后于生产力发展的要求，从而导致社会经济发展因高素质人才的缺乏而受到阻碍。纵观世界潮流，无论是发达国家，还是发展中国家，都无一例外地认识到：要提高自己的综合国力，必须扩大本国的高等教育规模，以培养足够多的具有国际竞争力的高素质人才。对于我国来讲，要实践科教兴国的战略，就必须稳步扩充高等教育规模，特别是要扩大高质量高等教育规模，不断寻求高等教育适应社会发展的新途径、新方法。

首先，制定合理的扩充目标。国家"十三五"发展规划提出了大力发展职业教育、提高高等教育质量、促进高等教育公平的目标。在未来一段时间里，稳步扩大规模与切实提高质量是我国高等教育同时追求的两大目标。我国一方面要按照"内涵发展为主与外延适度扩大"的目标实现高等教育规模的稳步扩大，以满足社会与大众需求；另一方面，要通过校内资源共享、高校与社会互动、校与校联手以及国际间的交流与合作等途径，切实提高高等教育质量和促进高等教育公平。

其次，保持适当的扩充幅度。从国外的经验来看，高等教育规模扩充主要是基于学龄人口和经济增长的考虑。我国国民经济目前正处于快速增长的时期，为高等教育规模的扩大提供了条件。与此同时，我国高等教育适龄人口将呈现下降趋势。根据我国国家统计局 2006 公布的第六次人口普查数据，至 2005 年底，全国人口中，0—14 岁的人口为 26 478 万人，占总人口的 20.27%，与第五次全国人口普查相比，0—14 岁人口的比重下降了 2.62 个百分点[①]。在未来一段时间内，中国高等教育适龄人口将进一步减少，各层次类型的高校招生要根据学龄人口的变动调整招生幅度，使高等教育毛入学率保持平衡增长趋势，提升入学公平水平。

---

① 中华人民共和国国家统计局.2005 年全国 1%人口抽样调查主要数据公报[EB/OL].(2006-03-16)[2021-10-15].http://www.stats.gov.cn/tjgb/rkpcgb/.

再次，采取灵活的扩充方式。高等教育规模稳步增长不仅要注意从整体上控制规模，把握速度，更要因校制宜，区别对待，不能搞“一刀切”，不同的高校要根据具体情况采取不同的扩充方式。办学条件好的部属重点高校可通过内涵挖潜的方式适当增加招生数量，为学生提供更多优质高等教育机会，少量基础较差但属需要国家扶持的高校可通过外延扩张的方式扩大招生规模，基础一般且内涵发展潜力不大的高校可维持已有招生规模，部分办学条件差且已出现问题的高校则要控制甚至减小其招生规模。

（三）把握社会发展动力，优化高等教育结构

生产力是社会发展的根本动力，而科学技术是第一生产力。在现代社会里，各种层次与类型高等教育的开展，既是生产力发展的必然结果，也是生产力发展的来源。高等教育结构必须反映经济的技术结构和产业结构的发展变革，高等教育为生产培养的人才在总量、类型和质量上才能满足生产力发展的需求。否则，即使培养的人才在总量上有余，但仍会出现结构性失调，造成有的部门或类型人才奇缺，这样既会影响高等教育公平，也会严重影响经济社会的发展。在我国进行现代化建设的进程中，社会经济结构日趋复杂，高等教育结构应该随着社会经济结构的变化不断调整并使之优化。

第一，预测产业结构的变化趋势，优化高等教育层次结构。科学技术是推动我国产业结构变化的核心动力。随着知识经济的到来与高新技术的发展，第一产业在我国产业结构中的比重逐渐缩小，第三产业的比重逐渐增加，尤其是以信息技术产业为代表的高技术产业和以信息咨询为代表的智能服务业在产业结构中的比重将大大增加。这种产业结构的变化对我国的高等教育在层次结构上的要求是：既要大力发展专科层次的地方性高校与社区性学院，着力培养数以千万计的适应现代工农业生产要求的技能型人才，又要高度重视研究生教育和建设一批国际一流的大学，精心培养大批能迎接信息化社会挑战的拔尖人才。

第二，依据经济社会的发展变化，优化高等教育类型结构。随着科技的进步和国民经济需要的变化，新的学科与专业在不断涌现，这就需

要不断调整高等教育的类型结构。这种调整应突出学科专业的特色建设，着力培养视野开阔的经营管理人才、勇于创新的高新技术人才和善于操作的专业应用人才，克服前一阶段盲目攀高升格和热衷向综合性大学看齐的倾向。为此，从国家层面来讲，要严格控制专门性院校的合并、升格；从高校自身来讲，要合理定位，在所属的专业领域内找准特色、办出特色；从学科专业来讲，有条件的高校应加快发展一批高新技术学科和新兴学科，一般院校则应主动适应人才市场结构的变化，加快发展一些适用性强的专业，以满足社会经济发展对人才的需求。

第三，顺应终身教育的历史潮流，优化高等教育形式结构。终身教育时代，高等教育要尽快形成普通高教、职业高教与成人高教、学历教育与非学历教育、全日制教育与业余教育、学校教育与社会教育相互补充，公办与民办结合，形式多样的教育体系。由于这一体系具有办学的多主体、机构的多层次、投资的多渠道、培养的多目标、课程的多类型、评价的多标准与管理的多模式等典型特征，其构建措施主要包括：在内涵挖潜与确保质量的前提下，扩大普通高校的招生规模；按照服务区域、突出特色、强调“应用”的思路，发展高等职业教育；坚持“调整政策、依法保障”和“积极鼓励、大力支持、正确引导、加强管理”的方针，扶持民办高等教育；充分利用各种社会资源和现代化教育技术，兴办开放型大学和网络学院，发展各种类型的补充高等教育。

（四）顺应社会发展趋势，拓展高等教育功能

高等教育作为一种社会现象，与社会发展趋势存在着必然的联系。高等教育质量的高低、高等教育公平程度的高低，实际上也是与社会相互作用的结果。一方面，高等教育质量与公平被社会发展趋势所制约；另一方面，高等教育也能动地反作用于社会发展趋势。高等教育作为社会的一个子系统，通过人才培养、科学研究、社会服务而实现其社会功能，影响和保障社会的延续与发展。进入 21 世纪后，中国社会开始大转型，社会成分更加复杂，社会结构再度调整，社会利益重新分配，社会生活急剧变化，社会职能不断转变，由此带来了社会发展的新情况、新变化、新问题，需要高等教育去了解、去适应、去解决。高等教育除

秉持传统的人才培养、科学研究和社会服务功能之外，还要进一步拓展与延伸，才能找到提升质量与促进公平的新动力。

一是积极开拓国际合作功能。在全球化背景下，高等教育国际化已成为大势所趋。正如克拉克·科尔（Clark Kerr）所呼吁的：我们需要一种超越“赠地学院”观念的新的高等教育观念，即高等教育要国际化[①]。在新近的发展中，“大学聚集了与知识的发展和传播相结合的所有传统职能：研究、革新、教学和培训，以及继续教育。最近几年变得越来越重要的另一项职能即国际合作，亦应增加到这些职能之中”[②]。当今各国的大学正日益减少对本国环境的依赖，不再局限于从本国社会中寻求自身定位，而是力图通过国际合作在国际社会中重新获得定位，有所作为。我们要在坚持民族性的基础上，加强跨国界、跨民族、跨文化的高等教育交流与合作，在留学生教育、师生互换、学位等值、学者互访、国际联合办学、国际合作研究、国际学术交流、国际教育援助等方面取得创造性成果。

二是充分发挥文化引领功能。文化引领是大学文化与生俱来的品性，也是大学推动社会发展的根本途径。大学是先进文化的传播阵地，是优秀文化的示范区和辐射源，是民族文化与世界文明成果交汇的桥梁和纽带。大学必须把握文化发展的时代旋律，坚持正确的文化立场和文化取向，树立科学的文化发展风尚，大力开展校园文化建设，积极营造浓厚校园文化氛围，着力提升师生文化品位，精心打造校园文化品牌。以科学的文化理论武装人，以正确的文化舆论引导人，以高尚的文化精神塑造人，以优秀的文化作品鼓舞人，不断地引领学习者学习、继承、借鉴、传播和创新民族以及域外的优秀文化，使文化创新发展的源泉充分涌流，形成文化引领社会蓬勃发展的喜人局面。

---

① 李岩松.高等教育国际合作的新趋势：大学国际联盟的产生及其影响[J].北京大学学报(哲学社会科学版)，2009(3)：153-157.

② 国际21世纪教育委员会.教育：财富蕴藏其中[M].北京：教育科学出版社，1996：124.

（五）分析社会发展动因，提升高等教育效率

高等教育效率是指高等教育投入和高等教育产出之间的比值，在投入相同的情况下，产出越高，效率越高，质量越高。高等教育投入主要包括人力、资金、管理、时间等要素。按照经济学的观点，对效率的追求是一切经济社会矛盾运动和发展的最终动因。追求效率、强调竞争既是经济领域永远不变的主题，也是高等教育公平发展的必然要求。在我国社会主义市场经济深入发展的过程中，高等教育市场上的自由竞争将越来越激烈，高等教育唯有不断提高高等教育效率，最大限度地提高产出，才能最大程度地满足社会公众的利益。提高高等教育效率，需要从以下方面努力：

一是提高人力资源的利用效率。人力资源是高等教育诸多要素中最具活力的要素，是高等发展的第一资源。人力资源利用率的高低是判定高等教育效率的第一标准。提高高等教育效率，首先是发挥高等教育的单位效率。在我国高等院校普遍存在着机构臃肿、人员冗余、结构不合理、总体生师比偏高、非教学科研人员所占比例过大的情形下，提高高等教育人力资源的利用效率需要通过施行末位淘汰制、教职定期评议制、人才流动和双向选择的人力资源市场化配置机制等人事制度改革来实现精兵简政、优化人力资源结构、提高教师和管理人员素质。

二是提高组织机构的运行效率。在我国高等教育普及化的进程中，大学组织遭遇到一系列前所未有的管理问题，科层组织的层级不断增加，管理链条日益拉长，信息传递更加困难，上下沟通严重不畅，高校内部管理决策和组织运行速度低效问题日益凸现。提高高校内部组织机构的运转速度，一方面需要精简重叠膨胀的组织机构，挑选精干的人员组成学校的管理队伍，另一方面需要将管理重心下移至院系一级，从而建立起有效的信息交流和调节机制。

三是提高物力资源的使用效率。雄厚的物力资源是提升高等教育质量、促进高等教育公平最大的动力。在物力资源十分有限的条件下，高等学校必须合理核算和尽可能降低教育成本，避免资源闲置与浪费，才能在教育竞争中取胜。高等学校在深化内部管理体制改革的过程中，要

按照大学院、小学科、小专业的思路调整学科专业设置，优化教育资源配置，促进学科的渗透和融合，并根据学校的具体情况确定优势学科和主要学科，逐步形成自己的特色专业和强势学科，获得比较优势。

三、高质量高等教育公平的发展趋势展望

高质量高等教育公平以促进公平为取向，以提高质量为重点，通过创建一种高质量的高等教育体系，不断满足社会公众接受满意高等教育的愿望，借此提升高等教育公平水平和推进社会公平进程。在精英高等教育阶段，人们追求的是高等教育机会公平；在大众化高等教育阶段，随着机会公平水平的逐步提高，人们越来越倾向于追求高质量的高等教育公平。党的十八大强调要“着力提高教育质量”“大力促进教育公平”，不仅是对人们追求高等教育公平的积极回应，也是对未来高等教育改革发展的合理规划与战略布局。纵观国家政策走向和未来经济社会发展对高等教育的新要求，高质量高等教育公平必将成为全面深化高等教育改革的核心内容和重要任务，并在以下方面呈现出新的发展趋势。

（一）核心理念：从分离割裂走向并行不悖

提高质量和促进公平虽然是两个不同性质特征的概念、两种不同追求的理念，却是两条不期而遇的道路，既对立又统一。提高质量的根本目的是保证每个人接受更好高等教育的权利，促进公平的宗旨是保障每个人获得更多接受高等教育的机会，二者可以通过公民的受教育权利和机会有机地统一起来，具体表现为：高等教育质量的提高会增强高等教育公平程度，即使越来越多的公民能够公平地接受高质量的高等教育，从而有效促进高等教育公平的落实、发展；反过来，高等教育公平的实现又促进高等教育质量的提高，使政府、社会、高校更加重视高等教育内涵建设，这也是高质量高等教育公平最核心的内涵。

高等教育改革必须秉承质量与公平并重的价值理念，但在改革前行的道路上难免会遭遇理念与实践的矛盾：高等教育质量提高在一定时期内往往并不会显而易见地提高高等教育公平水平，甚至会引起更大的不公平，高等教育公平水平的发展会出现“一个类似于库兹涅茨倒 U 曲

线的变化过程”[①]。究其根源，由于高等教育质量提升是一个渐进的过程，扩大优质高等教育的覆盖率和惠及面不会立竿见影，急于求成的人们会形成高等教育改革只见政策不见效果的认识。与之相伴而生的悖论在于：一方面是政府的投入不断加大，高等教育质量持续提高，人们获得了越来越多的优质高等教育；另一方面则是社会对高等教育公平的批评成了政府工作的一个难题，人们对高等教育公平的要求越来越高，整个社会对高质量高等教育公平的批评与日俱增。这显然是一个巨大的矛盾和悖论，一个理念与实践上的矛盾和悖论。

坚持运用辩证唯物主义世界观方法论，提高破解高等教育改革发展基本问题的能力，促进质量与公平在对立中统一，是中国提升高等教育公平水平的理论原则与经验总结。改革开放以来，在教育民主化思潮的影响下，中国高等教育政策始终高度关注公平和平等问题，并制定了对少数民族考生、农村贫困地区考生进行补偿的政策，旨在促进弱势群体的入学公平。20世纪末期以来，中国高等教育规模持续扩张引发了人们对高等教育质量的疑虑，社会各界呼唤有质量保障的高等教育大众化，而不只是贴着公平标签却缺乏内涵实质的大众化，高等教育质量越来越成为教育公平的内在规定和本质要求。党和政府准确把握当下高等教育发展的态势，在十八届三中全会部署高等教育领域综合改革战略时，明确把提高质量和促进公平作为高等教育改革发展的核心任务，并强调通过提高高等教育质量实现高等教育公平。教育政策改革的趋向表明，追求高质量的高等教育公平正在成为中国高等教育改革的新常态和重要战略。

（二）根本目标：从机会公平走向质量公平

机会公平和质量公平是两种不同的目标追求，所对应的是不同层次的高等教育公平问题。机会公平致力于解决人们接受普通质量水平的高等教育公平问题，使不同群体的人均有可能平等地获得高等教育入学机

---

① 谢维和，李乐夫，孙凤，等.中国的教育公平与教育发展：1990—2005[M].北京：教育科学出版社，2008：185-194.

会，它是高等教育公平追求的基本目标，是一种起码水平的公平；质量公平着力于解决人们接受高质量高等教育的公平问题，使不同出身的人平等地接受优质、特质高等教育的权利得到保障，它是高等教育公平追求的核心目标，是一种较高水平的公平。如果说机会公平是高等教育公平发展的初级阶段，那么质量公平是高等教育公平发展的高级阶段。

在中国高等教育大众化深入发展的过程中，越来越多的人步入大学殿堂，标志着高等教育机会公平水平上升到一个新的台阶。在此前提下，人们对高等教育公平不仅有“量”的要求，更有“质”的要求[①]，越来越倾向于追求更高层次、更高质量的高等教育公平，提高质量已成为高等教育公平的内在诉求。努力让每个学生获得更高质量、更加公平、更为有用的高等教育，是国家造福人民、促进发展的治本之策。

然而，要真正实现从机会公平向质量公平的转变，仅仅依靠高考招生考试制度改革只不过是治疗“皮外伤”，治标不治本，因为每个人的先赋条件、家庭出身存在很大差异，那些先天禀赋高、家庭出身好的学生，可以凭借其智力和家庭背景获得优质的中等教育，进而通过考试获得优质的高等教育，而那些先天禀赋低、家庭出身差的学生则相形见绌。这样，把他们放在“同一个起跑线上”竞争，结果定然不公平。尽管国家采取种种改革措施来消除阻碍质量公平的各种障碍，包括推广全民教育、实施教育优先发展战略以及向弱势群体倾斜的“补偿性政策”等，但由于目前中国的优质高等教育资源极为有限，特质高等教育资源非常贫乏，仍有不少人被阻隔在高质量高等教育的殿堂之外。因此，唯有通过完善高等教育质量保证体系和高等教育政策体系、健全高等教育质量保证制度和高等教育管理制度，既为人民群众创造更多的高质量教育资源，又建立起公平公正的规则和程序，才能真正保证每个人平等地接受高质量高等教育的权利，从根本上实现质量公平。

（三）本质要求：从同质发展走向特色发展

没有质量的高等教育公平不会有坚实的社会根基。立足社会与个体

---

① 周洪宇.教育公平是和谐社会的基石[M].合肥：安徽教育出版社，2007：5.

的需要，高质量的高等教育体现在两个方面：一方面，适应经济社会发展的多样性需要，促进经济社会可持续发展；另一方面，适应个体发展的多元化需求，促进个体潜能的充分开发和个性化发展。高质量高等教育公平应将二者有机统一起来，以经济社会需要为导向，以学生个性发展为目标，走特色化、差异性的内涵式发展道路，不断提升高校育人水平和竞争活力。

当前，中国高等教育正在遭遇“同质化”发展的现实困境，高校之间更加倾向于比“高”、比“大”，而不是比质量、比特色。高校“同质化”发展的主要表现有：办学目标与发展思路同质化，普通高校普遍追求“高、大、全”，高职、高专热衷于追求学术化；治学方略与发展模式同质化，各高校之间的学科专业设置、课程体系、教育教学方法、人才培养大同小异；管理体制与运行机制同质化，高校普遍遵循行政管理的逻辑，科层问题突出。高校忽略各自特色而盲目趋同发展，导致了千校一面、千生一面，雇主不认可毕业生的质量，不满意毕业生的工作能力，其甄选员工的依据逐渐异变为对“985”“211”高校的过度关注，并由此衍生出高校毕业生就业的“门第”“身份”竞争，这种新的不公平的产生无疑是高等教育公平所面临的新挑战。不仅如此，从某种程度上而言，高校缺乏应有的特色也是大学生就业难的深层原因。为改变这种尴尬局面，特色发展是高校提升质量和办学水平、推进高等教育公平进程的必然选择。政府作为高等教育特色发展的主导力量，应根据不同类型的高校制定不同的评价机制，加强分类指导，使各高校在不同层次合理定位，彰显自身的特色和个性，形成自己的理念与风格，在不同领域与不同层次办出水平，争创一流。高校作为办学主体，其特色的发掘与凝练既要考虑自身办学传统、发展历史和办学条件，又要关照市场的需求，将办学理念、办学思想和治学方略内化为发展战略特色、管理体制特色、运行机制特色，外化为人才培养特色、学科专业特色、校园文化特色，以特色办学带动教育质量和公平水平的提高。

（四）评价标准：从知识本位走向育人为本

育人为本就是要以人的成长作为高等教育改革的出发点和归宿，为每个学生提供公平的、适合的教育，让每个学生都有机会向上流动和实现人生梦想，使高等教育真正成为育人、树人的事业。《国家中长期教育改革和发展规划纲要（2010—2020年）》把育人为本、促进公平、提高质量作为教育改革的基本方针，指明了高等教育改革发展的方向。高质量高等教育公平必须坚持育人为本，“直面人的发展，遵循人的身心发展规律，促进人的发展和完善，为人的幸福生活奠定基础”[①]。

从教育改革的角度出发，育人为本是针对中国长期以来践行的“知识本位”教育观而提出来的，是高等教育质量观和公平观的深刻变革与评价理念创新。不容置疑，知识是创新的基础，是人才成长的必要条件。重点大学在选拔人才时适当看重学生的知识水平也无可厚非，雇主在招聘人才时适当考察毕业生的知识储备也不值得品头论足。但需要指出的是，知识不是创新和人才成长的充要条件，创新精神与实践能力远比知识重要。中国教育廊坊里所践行的“知识本位”教育观，以知识为主要标准评价人才成长，主张人才培养以知识传授为根本，强调知识对人的唯一性，重视学生的知识掌握与建构而忽视学生的全面发展，这恰恰是对学生创新精神与实践能力的抹杀，从而远离了完整的高等教育目标，疏离了人与教育的内在关系。在信息技术并不发达的时代，“知识本位”教育观对育人有一定的积极作用。然而，在“信息爆炸时代”，特别是“互联网＋”时代的到来，培养有创意、善创新、会创造的人才成为高校育人的主攻方向。如果重点大学的招生仅仅以知识掌握程度衡量学生水平的高低，不但会制约学生的个性发展，而且会抹杀人的创造才能，阻碍“创客”的批量涌现。更重要的是，不同家庭背景的考生在知识掌握方面差异悬殊，以知识掌握为唯一评价标尺，对于那些基础教育条件差、家庭文化资本弱的考生来说是一种极大的不公平。

面向未来，高等教育要促进人的全面发展和自由个性生长，一方面要摒弃陈腐的、过时的教育观，另一方面要改革传统的质量评价标准。从高等教育之育人的核心功能出发，衡量一个学生水平的高低，应更多

① 冯建军.坚持教育的“育人为本”[J].江苏教育，2010(10)：1.

地考察其创新精神、发展潜力和实践能力；衡量一所高校教育质量的高低和一国高等教育公平程度的强弱，应当以育人而不是以知识为尺子，即评价标准的制定“要以为每个学习者提供公平的受教育机会，满足每个学习者的学习需要为出发点，以学习者为教育主体，充分挖掘和发挥每个学习者的学习潜能，为每个学习者乃至一切人的自由发展提供条件，以满足人的需要、提高人的能力、提升人的自由个性发展、实现人的全面发展为教育的终极目标”①。为此，教育行政部门和社会评价机构评价高等学校不能只盯着就业率、签约率，以“数字论英雄”，而应该建立符合国情、具有公信力的人才培养质量标准体系，用一种动态的、发展的眼光看待学校，合理评价学校办学水平。如果一所高校的签约率并不高，而人人都是创新、创业之才，是不是教育质量更高？学生的发展机会会不会更公平？

（五）实施主体：从政府独舞走向和衷共建

高质量高等教育公平的发展是一项系统工程，是投资主体、管理主体、责任主体、监督主体等合力作用的结果。因此，当我们追求高质量高等教育公平时，除了促进个体的主观努力之外，更需要整合政府、高校和社会等多种主体的力量，建立公平普惠、质量优异的高等教育体系，协力推进高等教育的内涵式发展，实现高质量、高水平的高等教育公平。

源于中国高等教育传统的管理体制，政府集高等教育投资者、举办者、管理者功能于一身，既是高等教育质量的评价者又是高等教育公平的推进者。在管办评合一的体制下，政府把办学兴教、提升质量、促进公平的第一责任人变成了唯一责任人，履行全能全责，采取行政手段对高校事务进行全方位管理，导致政府与高校的角色错位、权责不明，到头来政府把该管的管了，把不该管的也管了，而高校、学生、家长却并不领情，反而把教育质量不高的责任归咎于政府投入少，把教育不公的责任归罪于制度设计不合理。政府一厢情愿的努力，可谓“费力不讨

① 翟博.育人为本：教育思想理念的重大创新[J].教育研究，2011，32(1)：8-14.

好”。事实上，高等教育发展的主体是包括政府、学校、企业、社区、家庭、社会组织、学生等社会各界的多元主体，高等教育质量的高低和高等教育公平程度的强弱更大程度上应该是政府以外的主体说了算。政府的一方独舞，不仅降低了自身的管理效能，让自己陷入孤立无援的地步，也抑制了高校的办学活力，忽略了社会力量发展高等教育事业的积极性，这是当前社会各界把批评高等教育质量低下、高等教育公平程度不高的矛头指向政府的深层原因。

扎实有效地推进高质量高等教育公平进程，迫切需要深入推进管办评分离，厘清政府、高校、社会之间的权责关系，构建政府、学校、社会之间良性互动的治理格局。政府是高质量高等教育公平的首要责任人，要以公平为价值取向，以质量提升为核心原则，舍得利益，还权于校，才能落实和扩大高校办学自主权，给高校自主、公平、高质量发展的空间，形成政府宏观管理、高校自主办学的共治关系。学校是高质量高等教育公平的主要责任人，要以公平和质量为追求，放下利益，让利于民，才能真正做到开门办学、合作办学，吸纳更多社会力量和资源改善办学条件，提高人才培养质量。社会是高质量高等教育公平的重要责任人，要以公平为准则，葆有公正公允之心，发挥专业正能量，客观公正地对高等教育质量进行评价，才能真正做到支教兴学。只有政府、高校和社会通力合作，才能形成政府监管、高校自主、行业自律、社会监督的多元共治格局，全面推进高质量高等教育公平进程。

（六）资源建设：从定向发展走向转型发展

高质量高等教育资源的供给量决定高质量高等教育公平的水平。高质量高等教育资源供给量越足，学生获得高质量高等教育的机会越多，高质量高等教育公平水平越高，反之亦然。加快高等教育领域综合化改革，推动高校积极转型发展，是高等教育内涵式发展的具体体现，也是扩大高质量高等教育供给和提升高等教育公平水平的重要举措。

中国高等教育最大的骄傲之一，是所谓“穷国办大教育”[①]，但高

① 杨东平.中国教育公平的理想与现实[M].北京：北京大学出版社，2006：65.

质量高等教育供给相当有限，社会各界公认的优质高校——国家重点建设的教育部直属重点高校、教育部与省（自治区、兵团）人民政府共建的高校（省部共建高校）不仅数量很少，而且在定向思维和属地化招生政策的影响下，这些优质高校盲目扩大研究生招生规模而限制本科招生规模，阻碍了考生获得足额优质高等教育的机会。2013 年，中国有普通高等学校 2 491 所，但教育部直属重点高校和省部共建高校仅有 119 所，优质高等学校仅占普通高校总数的 4.77%；普通高等学校招生 699.83 万人，但教育部直属重点高校和省部共建高校仅招生 65 万人，优质高等教育只惠及 9.29%的考生[①]。与此同时，一般地方高校虽然数量众多，招生规模庞大，但教育质量得不到认可，考生的选择度不高。所以，提升高质量高等教育公平水平，需要在继续扩大教育部直属重点高校本科生招生比例的基础上，推动两类高校的转型发展，从整体上提升高等教育质量，创建更丰富的高质量高等教育资源。其主要措施有两条：一是推动老牌省属高校向优质高等学校转型发展，建设既“大”又“优”的普通高等教育。国家要通过加快“2011 计划”“省部共建设高校”项目和“特色重点学科项目”建设进程，把一部分办学条件好、社会声誉高、办学实力强的省属高校建设成为优质高等学校，扩大优质高等教育资源的覆盖面。二是推动新建地方本科院校向应用技术型高校转型发展，建设既“多”又“特”的高等职业教育，打破职业教育之“断头教育”“次品教育”的尴尬局面。国家可以通过政策引导、资源支持等措施，积极创建有特色、高质量的职业教育体系，扩大高质量高等教育的普及率，为考生提供更多、更公平的高质量高等教育机会。

（七）机制创新：从一元选才走向多元录取

高质量高等教育公平不是所有学生都上研究型大学抑或部属重点大学，而是使不同起点、不同兴趣、不同需求的考生各得其所，进入适合自己的学校，实现个性充分而自由地发展。实现这样的目标，高等教育

---

① 张继平.大众化十年：我国高等教育机会公平水平的发展变化[J].中国高教研究，2014(3)：31-36.

入学机制创新就要打破“以分论才”的入学规则，赋予全体社会成员平等地选择和分享不同类型高质量高等教育的一种权利，从而为每个人提供相同的发展机会，让每个人本性的、本能的潜质得到高度发展。

毋庸置疑，“分数面前人人平等”的入学机制为不同家庭出身的考生提供了相对公平的竞争机会，在促进社会良性竞争、阶层顺畅流动、人才合理配置等方面产生了较强烈的公平感，迄今仍被社会广泛认同为最能体现社会公平公正的入学机制，其存在价值不言而喻。但在新的历史时期，特别是在高等教育大众化深入发展的过程中，高等教育质量标准更加多元，社会、家长、学生、学校眼中的高质量高等教育标准各不相同；高等教育需求更加多元，不同天赋、能力、兴趣、特长的考生期待不同的高质量高等教育。考生不再追求单向度的“分数面前人人平等”，更倾向追求多元化、适切性的入学公平。“一考定终身”的入学机制显然已不合时宜，无论对高等学校还是考生来说都不公平，不仅阻碍了高校选拔适切性人才，也为学生选择适合自身特性的学校制造了羁绊。从一元到多元既是高等教育入学机制创新的必由之路，也是新形势下高质量高等教育公平时代内涵的具体体现。

2014 年 8 月 18 日，习近平总书记在主持召开中央全面深化改革领导小组第四次会议时明确指出，高等教育入学制度改革总的目标是形成分类考试、综合评价、多元录取的考试招生模式，健全促进公平、科学选才、监督有力的体制机制，构建衔接沟通各级各类教育、认可多种学习成果的终身学习立交桥。高等教育入学机制创新应该充分考虑中国国情，通过对考试评价制度的改革，形成一个多元的、开放的人才评价体系和有利于促进入学机会公平、有利于优秀人才脱颖而出的多元录取机制，既为国家选拔高水平的学术精英和促进创新型人才成长创造广阔的空间，又把素质教育和因材施教的教育理念结合起来推行渐进性改革，使不同发展起点与需求的考生找到适合自己的学校，为每个人创造成功的机会。

（八）内部治理：从行政中心走向学术中心

筑牢学术根基是建设高质量高等教育体系的必要基础，也是提升高等教育公平水平的内在动力。从学术立校兴校的发展观出发，高校作为学术共同体，其灵魂和核心是学术。因此必须坚持学术立校的理念，以学术为中心进行内部治理结构改革，把学术发展作为办学兴校的价值导向、基本原则和战略重点，积极营造浓厚的学术研究氛围，提高教学学术水平和科研学术水平，使研究为主型和教学为主型高校的学生均能享受高质量的教育服务，这对于学生来说是最可靠、最现实的公平。说得更具体些，当高校都极大提高学术水平之后，学生无论在哪种类型的高校都能接受高质量的教育，而毕业后亦能同等地找到满意的工作，过上有尊严的生活，也就自然不会再因为选择教学型高校或地方性高校而产生不公平的感受。

以学术为中心要求明晰行政权力与学术权力的边界，明确学术权力在高校治理结构中的作用和地位，形成行政权力、学术权力和民主权利相互制衡的机制。在实践中，中国高校内部治理具有很强的行政化倾向，“行政权力往往逾越了行政管理的边界，嵌入乃至代替了学术权力，教师学术权利和主体地位日渐弱化”[①]，以致一些教师不专心教学和科研业务，不关心学生需求和家长愿望，而热衷于追求权术、祈求职位，从而使高质量高等教育公平只能停留在字面上，无法切实落实到教师的行动上。事实上，高校是教育和学术研究机构而不是官僚机构，其主要职责是教学科研而不是行政管理，其权威是学者而不是官僚。高校教师倾心于追逐行政权力而放弃学术理想，这是学生的不幸、高校的不幸、社会的不幸！

让高校回归学术中心，高校内部治理结构变革的当务之急是要以高校章程、规程建设为抓手，确立学术为本的价值观念，淡化学术体制的官僚性，强化学术管理的民主性，突出学术发展的主体性。2014 年，教育部颁布的《高等学校学术委员会规程》提出了高校学术管理要“注重发扬基层学术民主”的要求，并明确要求各高校要依法制订《高校章程》《学术委员会章程》，为高校实现学术立校和民主管理提供了思路。

---

① 沈满洪.三问学术立校[N].光明日报,2015-06-30.

而要真正落实学术的中心地位，各高校必须在依法办学、依法治校理念的引领下，构建科学合理、运行规范、统一协调的学术治理体系，确立学术委员会之最高学术机构、学术管理体系与组织架构核心的定位，明确学术委员会对学术事务的决策、审议、评定和咨询等的统筹权；践行学术与行政相对分离、相互配合的治理模式，形成行政管理为学术服务的运行机制，建立鼓励教师专注学术、发展学术的评价机制；提升学者在学术治理中的地位，充分发挥教授委员会和学术委员会在学科建设、专业发展、学术评价、教学计划、科研方案和学风建设等方面的重要作用，为高校实现教授治学、提高学术水平和教育教学质量提供制度保障。

（九）教学评估：从水平评估走向审核评估

在高校持续扩招后，高等教育步入了质量与公平时代。开展教学评估是提高教育教学质量的有效手段，是促进高等教育公平的重要途径。国务院转发的教育部《2003—2007 教育振兴计划》明确提出，要“实行五年一个周期的全国高等学校教学质量评估制度”，这是让每所学校都成为高质量学校，让每个学生都享受公平、高质量高等教育的重大战略决策。深入实施这一战略，必须强化高校教学评估制度，通过周期性的评估，建立起具有中国特色的高等教育质量评价体系，使高校教学工作更加规范、质量更高，使高等教育改革更富活力、学生发展更加公平。

回顾中国开展高校教学评估的历程，始于 2003 年的普通高校本科教学工作水平评估在促进高校转变教育思想、改善办学条件、规范教学管理、提高教育质量等方面取得了显著成效，但由于缺乏科学合理的设计，评估中的“三不分”问题还比较突出：不分类别——用同一套指标衡量不同层次类型的高校；不分差别——用同一把尺子衡量不同特点的学科专业；不分区别——用固定的等级衡量不同水平的院校。这些评估弊病不仅对不同类型与层次的高校不公平，而且导致了研究型、研究教学型、教学研究型、教学型高校趋同发展，阻碍了高校在各自的领域办出特色、提升水平，制约了优质高等教育资源的扩展和特质高等教育资源的生长。因此，第一轮评估结束后，社会各界的肯定声、赞扬声不少，但抱怨声、批评声更多。这种情况充分显示出，评估非常必要，然亦必须对之进行改革。

《规划纲要》明确提出了“健全教学质量保障体系，改进高校教学评估”的要求。2013 年 12 月，教育部正式发布的《关于开展普通高等学校本科教学工作审核评估的通知》明确提出“全面开展普通高校本科教学工作审核评估，促进高校加强质量保障体系建设”，标志着高校教学评估正式转型，由原来的优良分级评估转为只有合格等级的审核评估。评估的重点由考察高校的办学条件、工作状态转向考察高校教学的“四个度”——人才培养目标与社会需求的适应度，领导精力、经费投入、教师和教学资源对学校人才培养的保障度，教学质量保障体系的有效度，学生和用人单位的满意度。这是教学评估工作认识与实践的一次质的飞跃，使质量保障成为高校教学工作的头等大事。高校只有做好教学质量保障工作，才能在审核评估工作中提交满意的答卷，达成高质量高等教育公平的目标。

（十）借力模式：从全盘开放走向有序开放

在教育全球化背景下，开放办学是中国高等教育借力国外优质、特质高等教育资源实现较快、较好发展的重要途径。在保持高等教育本土化的前提下，积极鼓励开放合作办学，有利于引进国外优质与特色高等教育资源，扩大优质高等教育总量，丰富特质高等教育品种，加快高等教育发展进程；有利于引进国外先进高等教育理念、管理体制机制、优质师资、教学方法和课程教材体系等，从整体上提升中国高等教育水准，缩小中国高等教育的国际差距和地区差距，为教育欠发达地区考生提供更多的高质量高等教育机会，全面提升高等教育公平水平。

回顾中国开放办学所走过的道路，新中国成立之初，虽然没有步入“全盘西化”的误区，却陷入了“全盘苏化”的泥潭，高等教育发展抛弃了自身的精华而全盘移植苏联模式，追求绝对意义上的公平，使新中国成立初期的高等教育质量保证走了不少弯路。改革开放以来，中国高等教育的大门日益向美英等西方国家敞开，国外的优质、特质高等教育开始全面走进中国，中国高等教育步入开放发展的“快车道”。邓小平同志曾经指出，对外开放有新鲜空气流进来，但也有苍蝇、蚊子飞进来。由于东西文化模式、政治体制、价值理念千差万别，西方高等教育质量观与东方高等教育质量观截然不同，“西式”高等教育公平与“中式”高等教育公平大相径庭，西方优质、特质高等教育在中国可能水土不服，单方面强调全面引进国外优质、特质高等教育也可能造成鱼目混珠、是非不明，伤害中国高等教育的本土发展和特色发展，而且这种消极影响在吸引国外优质特色高校来华办学、选聘国外优秀教师来华任教等方面已现端倪。鉴于此，适应高质量高等教育公平发展新形势、新要求，必须推进高等教育有序开放，促进优质特色高等教育“引进来”与“走出去”更好结合。从“引进来”的角度出发，高等教育对外开放政策性强、社会关注度高，必须加强教育涉外法律法规体系建设，依法推进高等教育国际合作交流，本着取其精华去其糟粕的原则，最大程度地发挥中外合作办学的积极作用，吸收国外真正的优质特色高等教育资源，多渠道提高高等教育质量和公平水平。从“走出去”的角度出发，高校开放办学要以“双赢”为导向，控制节奏、调整速度、优化模式，兼顾内涵与公平，提高管理水平，健全和完善公派出国留学等机制，以在公平与公开选拔优秀学生进入国外高水平大学和研究机构学习、支持优秀自费留学生资助和奖励力度等方面取得实效。

结语　高质量高等教育公平：大学是一个梦乡

当代中国的高等教育之梦就是要建设高质量的大学、高质量的学科、高质量的专业，营造高公平水平的高等教育。只有高公平水平的高等教育才能造就高公平水平的社会，只有受到高质量高等教育的一代才会是自由自信的一代、心灵完美的一代。可以这么概括：当代中国的高质量高等教育公平之梦就是人人成功之梦，是个个成才之梦，是家家幸福之梦，是国家富强之梦，是中华民族伟大复兴之梦！

高质量的大学是寻梦的地方。高质量的高等教育作为一种信号，反映的是一个人的能力，是雇主在不完全信息条件下筛选人才的依据，因而获得公平的高质量高等教育入学机会，就可以获得高含金量的大学文凭，并由此获得较理想的职业岗位和优厚待遇，实现个人经济状况的改观和向上的社会流动。可以说，高质量的高等教育入学公平是缩小贫富差距、消除阶层隔离和促进社会公平的一道门槛，其核心理念是所有学生共同享有人生出彩的机会，共同享有梦想成真的机会，共同享有同祖国和时代一起成长与进步的机会。在我国经济社会转型发展的过程中，劳动力市场的工资结构发生了天翻地覆的变化，高质量的大学越来越成为个体实现梦想的一条通道和社会平等的桥梁。

高质量的大学是筑梦的地方。或许上过大学的人们都曾有过瑰丽的设想，毕业后要成为国家领导、企业总裁、职业经理、工程师、教育家、法官、医生……所以当一个出身低社会阶层的学生迈进大学校门的时候，就对未来的生活充满了憧憬，不仅希望通过投资高质量的高等教育而获得丰厚的经济回报——“腰缠万贯”，而且希望通过接受高质量的高等教育而获得个性的自由充分发展——“扬名立万”；而父母自从把孩子送入高质量大学的那一天起，便对整个家庭的未来充满了无穷的希望，不仅期待家庭经济收入发生根本性的改观——彻底摘掉贫穷的帽子，而且期待社会地位实现颠覆性的变迁——活得更有尊严、更加体面。我们完全有理由相信，对于每个学生而言，在排除先天禀赋成为人之成功的决定性因素之外，皆可以通过后天努力公平地获得最有分量的馈赠：就读高质量的大学和点燃对于明天的希望。这就是高质量大学的魅力所在，也是高质量高等教育入学公平的真谛所在。

高质量的大学是追梦的地方。这是一个人人都可以出彩的时代，只要有公平的机会进入高质量的大学，草根的梦想就可能变成现实。在知识改变命运的现代社会里，人们对于高质量大学的希望既是属于过去的，更是属于未来的。属于过去的希望使人满怀信心地踏上求学的征程，积极寻找一张通往美好未来的“门票”，因为相信公平的入学制度会给每一个人带来公平的入学机会，也因为相信接受高质量的大学教育后可以找到满意的工作、改善生活状况和社会地位而产生出无穷的动力；属于过去的希望使人倍感温馨，那些在追梦中流逝的岁月是人生的一笔巨大财富，虽然弄丢了大学课本，烧掉了课堂笔记，忘记了为大学考试而准备的各种细目，却练就了成就一生的技艺和能力，所以每个走出“象牙塔”的人都会因对高质量大学的生动回忆而产生再回首的冲动，并为此激情澎湃。散发在高质量大学每一个角落里的希望，使每个学生的自信心都空前高涨，这是大学的幸运、学生的幸运、社会的幸运、民族的幸运。

高质量的大学是放梦的地方。毋庸置疑，进入高质量的大学意味着有了更多的成功机会，但“高质量大学是一个希望”，并不仅仅是个陈述句那么简单。充满希望的大学，并不是只要获得“985”“211”“双一流”等称号就行，也不是只要在大学排行榜上位居前 50 名抑或前 100 名就足够。从全国范围来看，一些大学提出了创建“世界一流”的口号，许多大学提出了创建“高水平大学”的目标，然而，真正可以堪称“世界一流”“高水平”的大学还是寥寥无几，绝大多数学校孤芳自赏，安于现状，盲目自信。高质量大学并非天生就是一个希望，要使大学能够真的为希望所润泽，每一所大学都要在办出特色和提高质量上进行持久的努力。没有特色，大学就没有生命力；没有质量，大学就没有生存权。一所充满希望的大学，不论它所属的类型是研究型、研究教学型、教学研究型还是教学型，也不论它所属的层次是6星级、5星级、4星级还是1星级，都应该以办出特色和提高质量为主线，走一条特色发展、创新发展的道路。这不难理解，大学要长久存在，必须有可靠的生源；大学要有可靠的生源，必须有良好的社会声誉。如果教学型高校能够培养出高技能、高应用、高就业的人才，那么它的社会声誉完全可能超过研究型大学而成为名副其实的“一流”，反过来，如果研究型大学不能培养出高水平的人才，也可能降格为“二流”甚至不入流。所以，一所没有质量和特色的大学，注定是让人梦碎的地方。

高质量的大学是圆梦的地方。高质量的大学之所以被人们寄予希望，源于人对美好生活的追求。人不仅要生存，而且要发展；不仅要生活，而且要追求高质量的生活。高质量生活的实现，离不开高质量的高等教育。这是人们将梦想的目光投向高质量大学的直接理由。曾几何时，“寒门难出贵子”在中国一度流行，它不仅是中国社会不公的生动写照，也是高质量大学入学不公的间接反映。贫寒子弟难圆高质量的大学梦，一是经济资本、文化资本、社会资本等因素的制约，二是高等教育入学制度不公平，三是高质量的大学过于稀少。从人的公平发展来说，每一个人都是独特的，都有公平地获得优质大学文凭和成功的机会，而不论其种族、性别、阶层、出身如何。就全面深化中国高等教育改革而言，迫切需要建立健全高等教育入学制度和保障机制。与此同时，大学应当意识到裹足不前的危险性，并将来自社会、家庭、学生等方面的压力转化为动力，通过客观的反省找到提高质量的出路，方能从根本上实现高质量高等教育入学公平。如果每一所大学都能立足本身，在自己独特的领域里创建一流，就会形成既大又特、既大又强的高等教育体系；如果每一所大学都能提供高质量的教学，每一所大学的文凭都能同等地受到雇主的青睐，政府就不会为重点大学招生计划的分配不均而伤透脑筋，自主招生的大学就不会因为那些“条子生”“票子生”“点招生”而费尽心机，家长就不会因为学生进不了“985”“211”大学而黯然神伤，因为每一所大学都为学生的成功留有一扇机会之窗。

每个人都应有“人生出彩”的梦想，但在以前，对于贫寒子弟来说，这只能是空想。随着高质量大学体系的建立，高质量的高等教育入学公平就有了基础和希望。人人都将有一个共享民主、自由、公平、正义的机会，人人都有一个与社会共同进步的空间，每个人“上个好大学、找个好工作”的梦想都有可能变成现实。面向未来，一所大学若想成为基业长青而又名副其实的高质量大学，必须在放弃了全部固有的惰性和自我满足感之后，改变其原有的办学理念和发展思路，集中精力提高教学质量、科研质量和人才培养质量，才能在缩小阶层差距、消除贫富分化、促进人的全面自由发展方面有所作为。高质量的大学是办成的，而不是等成的。“好风凭借力，送我上青天。”大学需要借着时代的东风，扬帆前进。

参考文献

[1] HOLLIS M.Education,economics and equity[J].The review of black political economy,1984(13):145-161.

[2] JOEL S.Anachronisms or rising stars: the black land-grant college system[J].Agriculture and human values,1985(2):76-79.

[3] PSACHAROPOULOS G,WOODHALL M.Education for development: an analysis of investment choices[M]. New York: Oxford University Press,1985.

[4] MIXONJR J W,POOL K W.Federal funding of public schools: de facto affirmative action? [J]. Atlantic economic journal, 1990(1): 90-91.

[5] WENNERSTEN R E,WENNERSTEN J R.From negro academy to black land grant college: the maryland experience 1886-1910[J]. Agriculture and human values,1992(2):76-79.

[6] DRESSEL P L. A musing look at American higher education[J]. Research in higher education,1996,24(3):318-324.

[7] GOULD E.The university in a corporate culture[M].New Haven: Yale University Press,2003.

[8] BLANEN J,MACHIN S.Educational inequality and the expansion of UK higher education[J].Scottish journal of political economy,2004,51(2): 230-249.

[9] KARABEL J. The chosen: the hidden history of admission and exclusion at Harvard, Yale and Princeton[M]. Boston: Houghton

Mifflin Harcourt,2005.
[10] 基俊.中国高校招生制度[M].长春:东北师范大学出版社,1990.
[11] 胡森.平等:学校和社会政策的目标[M].张人杰,编译.上海:华东师范大学出版社,1991.
[12] 戴文礼.公平论[M].北京:中国社会科学出版社,1997.
[13] 陈学飞.美国、德国、法国、日本当代高等教育思想研究[M].上海:上海教育出版社,1998.
[14] 徐辉.在发展中求质量:关于规模与质量问题的战略思考[J].浙江大学学报(人文社会科学版),2001(3):1-5.
[15] 克尔.高等教育不能回避历史:21世纪的问题[M].王承绪,译.杭州:浙江教育出版社,2001.
[16] 弗莱克斯纳.现代大学论:美英德大学研究[M].徐辉,陈晓菲,译.杭州:浙江教育出版社,2001.
[17] 博克.走出象牙塔:现代大学的社会责任[M].徐小洲,陈军,译.杭州:浙江教育出版社,2001.
[18] 世界银行学院.中国与知识经济:把握21世纪[M].北京:北京大学出版社,2001.
[19] 滕大春.美国教育史[M].北京:人民教育出版社,2001.
[20] 眭一凡.教育发展理论研究[M].北京:高等教育出版社,2001.
[21] 加塞特.大学的使命[M].徐小洲,陈军,译.杭州:浙江教育出版社,2001.
[22] 金耀基.大学之理念[M].北京:生活·读书·新知三联书店,2001.
[23] 左彦鹏.美国社区学院的发展历程及办学经验[J].中国职业技术教育,2003(4):56-58.
[24] 陆学艺.当代中国社会流动[M].北京:社会科学文献出版社,2004.
[25] 吕达,周满生.当代外国教育改革著名文献:法国卷[M].北京:人民教育出版社,2004.
[26] 谢作栩,王伟宜.高等教育大众化视野下我国社会各阶层子女高等教育人学机会差异的研究[J].教育学报,2006(4):65-74.

[27] 杨东平.中国教育公平的理想与现实[M].北京:北京大学出版社,2006.

[28] 周洪宇,申国昌.我国考选历史的回顾与反思:兼谈我国重点高校录取名额投放问题[J].教育研究,2006(4):43-48.

[29] 常素巧,孔文华.构建高等教育公平的政策体系[J].河北师范大学学报(教育科学版),2006(4):99-101.

[30] 范德格拉夫.学术权力:七国高等教育管理体制比较[M].王承绪,张维平,等译.杭州:浙江教育出版社,2006.

[31] 余华义.从筛选理论的观点看扩招对毕业生就业的影响[J].理论与改革,2006(3):88-91.

[32] 吴华.国家教育公平政策的思路、问题与对策[J].东北师大学报(哲学社会科学版),2007(2):151-155.

[33] 周洪宇.教育公平是和谐社会的基石[M].合肥:安徽教育出版社,2007.

[34] 乔锦忠.优质高等教育入学机会分布的区域差异[J].北京师范大学学报(社会科学版),2007(1):23-28.

[35] 陈如平.走向有质量的教育公平[N].中国教育报,2007-08-18.

[36] 雅斯贝尔斯.大学之理念[M].邱立波,译.上海:上海世纪出版集团,2007.

[37] 博克.回归大学之道:对美国大学本科教育的反思与展望[M].侯定凯,译.上海:华东师范大学出版社,2008.

[38] 潘懋元.现代高等教育思想的演变:从 20 世纪至 21 世纪初期[M].广州:广东高等教育出版社,2008.

[39] 谢维和,李乐夫,孙凤,等.中国的教育公平与教育发展:1990—2005[M].北京:教育科学出版社,2008.

[40] 杨红霞.高等学校的分类分层发展:通向高质量高等教育的重要路径[J].管理科学文摘,2008(3):130-131.

[41] 史瑞杰,等.从精英教育到大众教育:高等发展中的效率与公平问题研究[M].北京:高等教育出版社,2008.

[42] 李岩松.高等教育国际合作的新趋势:大学国际联盟的产生及其影响[J].北京大学学报(哲学社会科学版),2009,46(3):153-157.
[43] 夏学銮.学有所教:有教无类的现代选择[N].中国教育报,2008-01-14.
[44] 秦万山.论教育学意义的教育公平[J].教育发展研究,2008(12):25-28.
[45] 工宇朝.布尔迪厄的文化再生产理论与大众高等教育的负向功能[J].江苏高教,2008(6):30-33.
[46] 周守军,陈佩佩,孙来文.国家重点学科分布及其象征意义分析[J].中国高教研究,2009(1):40-45.
[47] 朱家德.论转型社会中受高等教育权的特权属性:基于社会分层与高等教育互动关系的分析[J].清华大学教育研究,2009,30(1):22-27.
[48] 周洪宇.教育公平论[M].北京:人民教育出版社,2010.
[49] 李廉水,吴立保.和谐社会视野下高等教育公平的制度设计研究[M].北京:科学出版社,2010.
[50] 武毅英,王小五.建设高教强国:高等教育从量变到质变的必然[J].中国高等教育评论,2010(12):231-239.
[51] 周培植.教育生态视域下走向高质量的教育公平[J].大学(学术版),2010(11):48-53.
[52] 马里坦.教育在十字路口[M].高旭平,译.北京:首都师范大学出版社,2010.
[53] 方世南,齐立广.促进社会文明将建设:政府公共管理的价值诉求与目标导向[J].学习论坛,2010,26(3):42-45.
[54] 姜勇,汪寒鹭.入学公平与欧洲高等教育改革[J].高教探索,2010(2):56-60.
[55] 刘海峰.高考改革:公平为首还是效率优先[J].高等教育研究,2011,32(5):1-6.
[56] 翟博.育人为本:教育思想理念的重大创新[J].教育研究,2011,32

(1):8-14.
[57] 李玉梅,葛育新.论需求导向的高等教育发展[J].中国高等教育,2011(11):58-59.
[58] 陈昕.基于不同层面要求的高等教育去行政化探析[J].现代教育管理,2011(5):6-8.
[59] 郭锋.英国高等教育发展的新特点[J].国家教育行政学院学报,2011(10):84-90.
[60] 张烨.走向高等教育质量公平:基于我国高等教育制度建构轨迹的思考[J].高等教育研究,2012,33(10):8-13.
[61] 吴永军.教育公平:当今中国基础教育发展的核心价值[J].教育发展研究,2012,32(18):1-6.
[62] 陈法宝.牛津大学和剑桥大学将提高入学门槛[J].世界教育信息,2012,25(19):76.
[63] 易红郡,缪学超.扩招·公平·质量:英国高等教育大众化政策取向[J].中国地质大学学报(社会科学版),2012,12(1):114-119.
[64] 刘敏.法国高等教育入学制度概览[J].中国教育政策评论,2012(11):107-115.
[65] 李贤智.英国高等教育入学政策:扩招与公平[J].湖南师范大学教育科学学报,2012,11(1):15-18.
[66] 易善武.促进高等教育公平的政策考量[J].河南科技学院学报,2012(1):87-91.
[67] 吴康宁.教育领域综合改革需要怎样的社会支持[J].教育研究与实验,2013(6):1-5.
[68] 刘宏伟,刘元芳.高等教育助推阶层固化的社会资本分析[J].高教探索,2013(4):124-127.
[69] 王国平.教育公平与优质教育研究[M].杭州:杭州出版社,2013.
[70] 李家深,李文军.教育公平政策注意力的演进及走向探析:基于《教育部工作要点》的研究[J].广西社会科学,2013(2):185-188.
[71] 卢彩晨.地方本科转向应用技术型:难点与突破[N].光明日报,2014-

11-11.
[72] 孙启进.横向学历对大学生毕业去向影响的社会学分析:基于对2010级本科毕业生的调查研究[J].教育研究与实验,2014(5):15-21.
[73] 冯成火,王东.实现高考改革形式公平与实质公平的统一[N].光明日报,2014-12-29.
[74] 侯长林,罗静.地方本科高校的转型与回归[N].中国青年报,2014-09-01.
[75] 董仁忠.推动本科高校转型发展的挑战[J].职教论坛,2014(23):1.
[76] 张应强.从政府与大学的关系看地方本科高校转型发展[J].江苏高教,2014(6):6-10.
[77] 汪明.对高考弃考需多方归因综合施策[N].中国教育报,2014-06-11.
[78] 刘海峰,李木洲.高考分省定额制的形成与调整[J].教育研究,2014,35(6):73-80.
[79] 丁学良.什么是世界一流大学?[M].北京:北京大学出版社,2004.
[80] 吴康宁.自我革命:全面深化教育改革绕不过去的坎[J].江苏高教,2014(3):1-6.
[81] 芬里尔.法国高等教育提供的镜鉴[N].中国科学报,2014-01-09.
[82] 吴迪.大学生就业:愿景与现实[J].高教探索,2014(4):135-139.
[83] 张应强,苏永建.高等教育质量保障:反思、批判与变革[J].教育研究,2014,35(5):19-27.
[84] 李洁.美国高等教育公平化的实施路径[J].教育评论,2014(1):153-155.
[85] 张继平.大众化十年:我国高等教育机会公平水平的发展变化[J].中国高教研究,2014(3):31-36.
[86] 沈满洪.三问学术立校[N].光明日报,2015-06-30.
[87] 李见新.转型发展试点高校须积极主动拥抱变革[N].中国教育报,2015-04-17.
[88] 王先民,王杏初.高质量的教育公平是我国当代教育发展的核心价

值[J].安庆师范学院学报(社会科学版),2015,34(6):143-146.
[89] 沈满洪.彰显大学办学特色的三个层次[N].中国教育报,2015-12-14.
[90] 张继平.高质量高等教育公平的挑战与应答:地方高校转型发展与高等教育合理分流的视角[J].学术论坛,2015,38(12):167-171.
[91] 李五一,杨艳玲.有质量的教育公平:理论分析与政策安排[J].国家教育行政学院学报,2015(8):44-50.
[92] 童彤.高教"双一流"与教育均衡发展并行不悖[N].中国经济时报,2015-11-11.
[93] 樊丽萍,姜澎."高原上建高峰",稳步迈向"双一流":2020 年上海高校将有多个一级学科点和学科方向达到世界一流水平[N].文汇报,2015-11-06.
[94] 孙绵涛.现代教育治理体系的概念、要素及结构探析[J].教育研究与实验,2015(6):52-56.
[95] 陈先哲.建设世界一流大学需要"鲶鱼效应"[N].光明日报,2015-09-01.
[96] 黄俭,王传毅.双一流:地方高校不应"置身事外"[N].中国教育报,2016-05-09.
[97] 蔡弘,沈阳.英国高等教育入学公平情况调研:上[J].世界教育信息,2015,28(4):16-18.
[98] 蔡弘,沈阳.英国高等教育入学公平情况调研:下[J].世界教育信息,2015,28(7):13-15.
[99] 黄培,马燕生.法国高等教育入学公平情况调研[J].世界教育信息,2015,28(4):19-21.
[100] 熊丙奇."双一流":中国建设世界一流大学 2.0 版[J].人民论坛,2016(21):52-54.
[101] 周光礼."双一流"建设的三重突破:体制、管理与技术[J].大学教育科学,2016(4):4-14.
[102] 潘懋元.建设一流本科 全面统筹推进[J].中国大学教学,2016(6):4-5.

[103] 卢晓中.“双一流”建设:破除身份固化[N].中国教育报,2016-09-26.
[104] 郑波.围绕“双一流”建设创新我国高等教育管理体制机制[J].北京教育,2016(3):8-11.
[105] 刘佳,方兴.“211 工程”和“985 工程”存废争论究竟争什么:对高校重点建设以及高校身份符号的透析[J].现代教育管理,2016(6):20-25.
[106] 周光礼,武建鑫.什么是世界一流学科[J].中国高教研究,2016(1):65-73.
[107] 张艾情,曾智.“双一流”建设的出发点和归宿[N].新华日报,2016-11-17.
[108] 戴春晨.多地对接双一流,985 和 211 高校仍是赢家?[N].21 世纪经济报道,2016-07-05.
[109] 张继平.高质量高等教育公平的主要特点及实现机制[J].高等教育研究,2016,37(2):13-18.
[110] 张继平.高质量高等教育公平的十大发展趋势[J].北京社会科学,2016(5):94-102.
[111] 齐勇.新时代高校院(系)基层党建工作质量评价体系构建探析[J].北京教育(高教),2021(1):92-95.
[112] 林苗羽,王建华.高等教育高质量发展:“共同利益”的视角[J].中国高教研究,2022(2):6-12.
[113] 方芳,钟秉林.“双循环”新发展格局下高等教育高质量发展的理论逻辑与现实思考[J].中国高教研究,2022(1):21-27.
[114] 施晓光.识读我国高等教育的“高质量发展”[J].北京教育(高教),2022(1):14-19.
[115] 陆根书.对高质量高等教育体系建设的思考[J].江苏高教,2022(1):1-7.

后　记

又是收获的季节。成果的问世不是偶然发生的，它是长期努力、多人智慧的结晶。

至此著作出版之际，特向关心、支持、帮助我的亲友们致以诚挚的感谢！

感谢华中师范大学教育学院董泽芳教授！董先生既为经师又为人师，既从经济上资助我又从学术上帮助我，既关心我的学术发展又关心我的家人，可谓“全职导师”。本书的出版，是先生精心策划的结果。先生的良苦用心和无私帮助让我感激涕零，没此难忘！

感谢厦门大学教育研究院的谢作栩教授！我在厦门大学教育研究院学习期间，谢先生在生活上和学业上都给予我莫大关怀，本书的诸多观点都得益谢先生的启发，谢先生的恩情我永世不忘！

感谢华中师范大学教育学院和厦门大学教育研究院的老师们！你们在课堂上、讲座上、学术沙龙上、学术会议上所展现出来的教育智慧，为本书的写作提供了莫大的启迪。

感谢云南师范大学研究生院的刘瑛经济师！当我接到出版任务后，她见我周末不休息、晚上在加班，于是主动请缨，希望分担一部分写作任务。起初我还有一点担心她不能胜任该工作，后来看到她做的统计表既规范又美观、写出来的内容比较有逻辑，于是把第二章、第三章及第六章的部分初稿写作任务交给她，我在她的基础上修改，工作任务就变得轻松多了，在此表示感谢！

感谢三峡大学田家炳教育学院的硕士研究生李亚儒、刘晓蕾、黄丹、陆俐励、马会丽、邓可，我调到云南师范大学工作后，这些老东家的学生们依然跟随我做研究，积极参与了本书的资料收集与整理、数据统计与分析、文字编辑与校对等工作，在此深表感谢！

感谢云南师范大学！特别要感谢云南师范大学教育学部！云南师范大学给我提供了良好的工作氛围和优越的研究条件，教育学部从生活上、工作上多方面关心我，给我的研究提供了极大便利，让我得以静心研究。

感谢华中师范大学出版社冯会平主任的精心策划及曾艳老师对本书进行认真细致的审稿及校对！

感谢所有关心、支持本书出版及本人发展的友人！

张继平

2023 年 5 月 8 日